文人落難記

——田漢、孟超、陶君起、張君秋、郭小川的文革遭遇

胡金兆——著

目次

引言

五十多年前，北京的商業中心在王府井。一九五五年建成的北京市百貨大樓，與其對面是還保持著原貌的東安市場，以及諸多名店，構成了昔日北京王府井的商業購物中心，真個是車如流水馬如龍，萬般的繁華興盛。

從王府井往北，經過狹窄的八面槽大街，過燈市口，就到了過去稱王府大街，後改名人民路，今天乾脆亦延伸稱王府井大街了。這條街以過去的標準衡量，寬敞，幽靜，有如奔騰的長江，出三峽後，流經在寬闊平坦的江漢平原上，水流那麼徐緩、鬆弛，讓人們心胸為之一寬。

這條大街的往日寧靜已大為減少，幾乎不復存在。在這條街上已矗立起若干座豪華的大廈、酒店、商場，如世紀大廈、王府井大飯店、國際藝苑等。而上世紀五十年代，這條街上只有路東的三座新建築，北頭的華僑大廈（今已炸平重建，步入豪華者流）；中間路東的首都劇場——這是五十年代中期興建、後來又大加改建裝修的現代化劇場，設備完善，音響良好，還有轉臺，北京人民藝術劇院長期在此演出，名劇《茶館》、《關漢卿》、《蔡文姬》、《駱駝祥子》、《天下第一樓》等都誕生在此，此劇場現今仍保持著藝術殿堂的風範。再往南，隔幾座小建築，是一座灰磚的六層樓，它的造型實在不怎麼樣：有如兩個火柴盒一橫一豎戳在那裏，灰不溜丟很不起眼，與今天周圍那些豪華耀眼的高樓大廈相比，它好似一個佝僂著腰、衣衫襤褸的老貧婦，是那麼簡陋，不受看。

不過，可別小看了這座只因趕上一九五四年反浪費運動而一再被削減預算（每平方米從九十元降至六十元）才弄成這個模樣的舊樓房，如今是商務印書館在使用；上個世紀五六十年代，它卻十分風光，是有名的文聯大樓：中國文聯、作家協會、戲劇家協會、音樂家協會、美術家協會、曲藝家協會、民間文學研究會、舞蹈家協會等，都在此辦公。成立於一九五六年的電影家協會及再後一點建立的攝影家協會，在此樓中已無立足之地，而分別設於西單舍飯寺街和東單無量大人胡同。至於再後的中國書法家協會、電視家協會、雜技家協會等，都是七十年代末「文革」之後才建立的。

文聯大樓中的各協會，主持工作的都是老一輩知名的作家、藝術家，像中國文聯的陽翰笙、阿英，作協的邵荃麟、劉白羽、郭小川，嚴文井，劇協的田漢，音協的呂驥，美協的蔡若虹、華君武，舞協的吳曉邦，曲協的陶鈍，民間文學研究會的賈芝等；這還不算那些任職而不具體管事的茅盾、齊白石、周揚、老舍、趙樹理等人。《文藝報》、《人民文學》、《戲劇報》、《美術》、《漫畫》、《人民音樂》、《舞蹈》、《曲藝》、《民間文學》等十幾個文藝期刊，也設置於此樓中，編者多是學冠一時的方家名流，如張光年、張天翼、陳白塵、馮牧、張庚、伊兵、張穎……，上世紀八十年代以後名揚四海的已故老作家汪曾祺，那時不過是《民間文學》的一名普通編輯，一九五七年因在黑板報上的一則短文，被百分比給框成了「右派」，而被逐出文聯大樓。可以說這座大樓是出入皆鴻儒，往來無白丁，在一定程度上左右了當時的中國文壇。

大樓中有個能容納四五百人的禮堂，禮堂中的椅子是有活動時臨時擺的，有個很不錯的舞臺。這裏除開會外，每週有兩次新影片的觀摩，還時常有戲曲演出。

外地劇團進北京演出，首場是例行的招待文藝界和首長，上世紀六十年代，他們的首場招待演出常在此舉行，而不在他們正式演出時的劇場。一九六十年秋，關肅霜率雲南京劇院首次進京，頭一場《白蛇傳》就是在文聯禮堂演出的。梅蘭芳、田漢、夏衍、歐陽予倩等文藝界知名人士來看戲，演出結束後梅蘭芳等上臺接見演員道乏，夏衍指著關肅霜說：「多好的人材，梅先生，何不收她為徒？」梅蘭芳含笑未語，機靈的關肅霜立時跪倒在臺毯上，向梅先生行了認師大禮，之後才舉行正式拜師儀式。

文聯禮堂中的川劇演出最多。由於語言隔閡，北京普通觀眾對川劇不大熱衷；而其優美、深雋的劇目和表演，在文藝界卻備受推崇。時任中國文聯副主席兼祕書長的陽翰笙是四川人，對家鄉戲十分迷戀，當然大力支持；他與文藝界的川人名流：美學理論家王朝聞，時為部隊文藝工作領導人的陳其通和當時中國青年藝術劇院院長、後任文化部

老文聯大樓的正門

攝於一九五九年秋，舉行全國文教群英會時，中國戲劇家協會舉行招待會後留影。一排正中是田漢，其左後二排是梅蘭芳，後面還有北京著名戲劇界名家吳雪、金山、耿震、荀慧生、袁世海、崔嵬、于蘭等，與會代表有河北梆子韓俊卿、豫劇馬琳、黃梅戲潘璟琍、越劇呂瑞英等，作者也在其中。如今多數已作古，在者也是耄耋老人了。

副部長的吳雪，號稱「川劇四大金剛」，每演必到，還寫文章介紹鼓吹。一九五七年《人民畫報》編發川劇專頁，在文聯禮堂拍劇照，王朝聞則是「總導演」，哪個戲拍哪個鏡頭，演員的神情怎麼樣才合適，他都親自坐鎮指揮。一個上午拍下來，大家又累又餓，王朝聞便讓設在文聯禮堂樓下的文藝俱樂部茶座送來精緻的叉燒包、餛飩，招待大家午餐，自己掏錢請客。好在那時吃的東西很便宜，一人一份不過幾角錢，上百人也不過幾十元，用不了王朝聞一篇文章的稿費；不像後來稿費低、物價高，恐怕誰也請不起了。

這個設在地下室的文藝茶座是專為文藝界的朋友清談相聚而設的，全是咖啡館式的包廂座，東安市場的森隆飯莊也曾一度在此設點經營，供應簡單的飯菜、麵點。朋友們在此聚談以至開座談會，安靜無紛擾。老舍、陳荒煤等人常來此小坐，或喝茶或便餐。

文壇六老

照片右起郭沫若、歐陽予倩、田漢、李伯釗（楊尚昆夫人）、夏衍、陳其通在老文聯禮堂的後陽臺留影。

文聯禮堂中還常有一些當時在外面「不宜公演」而在此「內部觀摩」的電影和戲曲。如放映美國老片《魂斷藍橋》、《翠堤春曉》時，禮堂幾乎被脹破，門都關不上。當年看過這些經典名片的人，十幾年後再睹，有如「他鄉遇故知」；沒看過的青年人，更希望補上一眼一窮究竟。這種情況還屢屢出現在外面被「禁」而在文聯禮堂卻能演出的戲劇中。一九六一年初，隨周信芳北來的江南名丑劉斌昆在此演出過當時的「禁戲」《活捉三郎》；紹興大班在此演出過老本的《男吊》、《女吊》和《斬經堂》，還配合放映周信芳、袁美雲主演的京劇老影片《斬經堂》；川劇名角「面娃娃」彭海清和「紫蓮」（男旦，影視明星鄧婕之父）在此演過老本《活捉王魁》，其燭火滅而復明及王魁的「屍身飄蕩」等特技，令人叫絕。這些戲十分難得一見，且又不花錢白看，「上座率」高得驚人，禮堂中擠得滿坑滿谷，後面和兩側的牆邊也站滿了人。一代京劇名旦芙蓉草（趙桐珊）就是站在禮堂後面看的《活捉三郎》，見當年的老夥伴劉斌昆在臺上仍然生龍活虎，不禁感慨繫之：昔日老哥兒倆這齣戲沒少演，如今自己卻端了痰盒，本該應當則份的「活兒」卻演不動了。

中國大陸的黨和國家領導人也不時蒞臨文聯禮堂看戲。除毛澤東、劉少奇兩位主席沒有來過外，周恩來、朱德、賀龍、陳毅等，都不止一次在這裏同文藝界朋友坐在一起看戲。那時對國家領導人的警衛戒備遠不像今天這樣森嚴，不過在文聯大樓門口設幾個交警崗哨，指揮一下車輛而已。周恩來總理等也很隨便，同文藝界朋友談笑風生。我那時年輕，曾幾次坐在周總理身後看戲，從未受到干預。有一次在人民劇場看周信芳的《海瑞上疏》，我竟然坐在陳毅元帥夫婦身邊，無人過問；陳老總到場後，含笑同熟人握手寒暄後，還問我：「小鬼，你是哪裏的？」令人如沐春風。

這個文聯禮堂中還開過不少有名的會議。那時開會，不過是清茶一杯，也不備飯，既沒有今日的「誤餐紅包」，也不發紀念品。禮堂中也開過一些在文藝史上留下污點的會議，如批判丁玲、陳企霞「反黨集團」，批判吳祖光、秦兆陽的「右派言行」……總的說，二十世

挨整的陳企霞

紀五六十年代的文聯大樓，雖難於擺脫已經興起的「左」的影響，但還是有著較為祥和、奮進的氣氛。一九六六年「文革」驟起，文聯大樓首當其衝，內外夾攻，演出了一幕幕令人心碎或啼笑皆非的活劇。

筆者從一九五六年起供職於中國戲劇家協會《戲劇報》，在此樓中工作、生活了十四年，一九六九年秋，同大家一起被驅趕到「五七幹校」。本書所錄，皆筆者親歷目睹，事情已經過去了四十多年，許多當事人近年來陸續羽化仙去，我這個當時的年輕人，也已年近八旬而住進了老年公寓。但往事種種，仍歷歷在目，並深感這是一段歷史，有價值的歷史，如果不記敘下來，再過幾年，一段段詭異的史料，也許真無人得知了。

所以，我以忠於事實的原則，把它寫出來。堅持以親歷目睹為準則，耳食之言概不入文。至於寫這種文字會對自己有何影響，也在所不計，因為我遵循的原則是：尊重並忠於歷史，不讓其湮沒；述而不論，不妨礙時政和他人，且不渲染苦難，以輕鬆筆法為文，不時插敘一些有那個時代特徵的別有風趣的小故事。

上個世紀六七十年代的文革厄運堪稱是一場劫難，對各行各業的人說也可說是一次落難。但身在文聯各協會的知名文藝家和年輕的工作者們，卻奮鬥不屈，苦中求樂，對未來充滿信心，堅信嚴冬必然過去，春天定會到來。

第一章
山雨欲來風滿樓

一九六〇年至一九六二年，大陸人民經歷了全國性的三年大饑餓的極端困難時期，缺吃少穿，生活極度困苦，有的地方甚至餓死了以千萬計的人。這是一九五八年「大躍進」極端「左」傾所製造的惡果。大家忍饑挨餓、勒緊褲帶、艱苦奮鬥，再加上中央政策的及時調整改變，那些過左的東西不得不暫時偃旗息鼓，情況立即有很大好轉。到一九六三年初，吃穿供應明顯地好起來。

誰也沒有想到：如此嚴重的困難短短三年就能扭轉過來；那時，很多人包括筆者都認為沒有七八年，局面是難以改觀的，可只用了三年呀，奇跡！

人民希望也有理由要求：別再瞎折騰了，安居樂業，好好建設國家。這期間，中央召開了一系列會議，也包括文藝方面的會議，重新調整政策和部署，力求穩步前進。

然而，事與願違。當人民剛能吃飽肚子，額手稱慶時，新一輪「鬥爭」又開始了。因為毛澤東一九六二年又提出了「階級鬥爭」引發了天下大亂。

毛澤東文藝批示出臺前後

一九六三年八月中秋，風和日麗，秋高氣爽。一大早，我就出城奔赴頤和園，找正住在「雲松巢」與張光年、黎之、馮其庸等人一起閉門撰寫「文藝反修」文章的李希凡取約稿——趙燕俠主演的京劇《碧波仙子》的藝術評論。這是貫徹由周揚、林默涵主持的首都戲曲工作座談會的精神。在這個會上，重新強調了「百花齊放，推陳出新」和「優秀傳統劇、革命現代戲和新編歷史劇三者並舉」的方針，提出「方向要明確，道路要寬廣，步子要穩當，措施要跟上」，要樹一批有改革有出新的好戲好演員。請李希凡寫京劇名家趙燕俠此劇的藝術評論，目的正在於此。

那時候，平日裏頤和園中遊人就不多，中秋那天早晨，園中幾乎寂靜無聲，盛開的桂花布滿昆明湖畔各殿堂前，滿園飄香，沁人心脾，使我對京劇《捉放曹》中曹操出場的頭一句唱「八月中秋桂花香」，有了真切具體的感受。

我在難得的清靜無人和撲鼻花香中，漫步於頤和園長廊，瀏覽湖光山色，真是心曠神怡。「雲松巢」在長廊將盡的半山腰，待我叩門而入，見李希凡正在接電話，一面示意讓我坐下稍等，一面隨說隨手記下一些劇名：滬劇《蘆蕩火種》、《革命自有後來人》，話劇《杜鵑山》……放下電話，李希凡把寫好的稿子交給我。記者的職業本能，使我向李打聽剛才的電話是怎麼回事？因都較熟，李希凡也不見外，告訴我電話是張釗（趙燕俠的丈夫，已故，與李希凡在中國人民大學的研究生同學）打過來的，說昨晚燕俠在中南海有演出任務，江青找她談話，讓她排演現代戲，拿出剛才電話中提到的幾個戲的劇本給趙讓改編，還讓她把過去演過的《白毛女》加工提高再演，明確說大搞京劇現代戲，這是方向。

據我所知，江青找趙燕俠談話這一舉措和內容，是之後八個革命樣板戲統治舞臺十年之久的最早的源頭。這可是個重要的資訊，回來趕緊向當時主持《戲劇報》工作的張庚、趙尋彙報。因茲事體大，張、趙當時沒有也不便表態，我等青年之輩卻不免滿腹狐疑。因為剛召開的戲曲工作座談會上，中宣部副部長林默涵在總結報告中還明確地說：要全面正確地理解「推陳出新」，推陳出新不等於就是現代戲。對此我是贊成的。還在《大公報》上寫了一篇短文加以闡釋。主管文藝的周揚、林默涵與江青所主張、提倡的不大一樣，若如此這般，會不會又回到一九五八年「大躍進」時「以現代戲為綱」的一窩蜂的老路上去？可是江青並非常人，她的特殊身分眾所周知，此說定有來頭，莫非……

那時的人真老實，真心誠意地相信共產黨、聽話，並不想多問幾個為什麼，對這明顯調子不同的兩種聲音也沒引起多大注意，更沒想到這涉及最高領導層的矛盾鬥爭。

一九六三年中秋之後的十一月，毛澤東兩次點名批評：「《戲劇報》宣傳帝王將相、牛鬼蛇神」，「《戲劇報》淨是牛鬼蛇神」。如此嚴厲地批評《戲劇報》，並把刊物和辦刊的人給一勺燴了，進而否定了建國後十幾年的戲曲工作。當然，這些批示是在「文革」中才得知的，當時沒有也不可能傳達。想不到我們這不足二十人的編輯部竟得到毛澤東點名批評的「聖眷」。

這時，我們還糊塗著：從各地報刊上發現大搞現代戲一窩蜂的現象，已在各省市普遍出現，這簡直又要走一九五八年的老路。我們幾個年輕人的劇目思想還是周恩來的「三者並舉」，建議刊物發社論糾偏。記得當時兼任《戲劇報》主編的張庚，聽了我們的建議後，一言不發，踱來踱去地沉思，最後堅定地表示：「社論不能發，不能給現代戲潑冷水，否則要犯錯誤。多注意觀察，搜集情況，當時機成熟了再說。」這是一九六三年十一月的事。幸虧張庚有政治鬥爭經驗，沒有聽我們的，否則這禍就闖大了。

同年十二月十二日，毛澤東做出了那影響一個時代的關於文藝工作的批示：「……許多共產黨人熱心提倡封建主義藝術，卻不提倡社會主義藝術，豈非咄咄怪事。」這一批示是十分嚴厲的，幾乎把一九四九年以來的文藝工作全部否定掉，這對當時主管文藝的領導人及文聯各協會、文化部的壓力非常大。當時毛澤東的批示還屬於機密範圍，黨內也要層層傳達，要在一定級別以上，一般黨員一時還輪不上，更何況我們這些非黨的普通青年編輯。不過，大家已經明顯地感到文聯大樓中，籠罩著一股緊張之氣。

過了一兩個月，毛澤東的批示才向群眾公開。那時，我們的思想已被逐漸扭到「現代戲是方向」這一點上了，這還與江青的直接出面宣揚有關。

在此之前，江青很少公開露面，一九六三年底，她卻頻頻出來「亮相」：一九六三年十二月，常香玉率領以專演現代戲聞名的河南豫劇三團來京演出豫劇現代名劇《朝陽溝》，常香玉也參加演出，與高潔（原創演者）分飾拴寶娘。江青到劇場看了戲，戲後上臺接見，對常香玉說：「這回你的方向就對頭囉！」常香玉把這話告訴了我，由我以此為精神，為她整理成一篇文章表態，發表在《戲劇報》上。而此時正是毛澤東「雙十二」批示時。

直到一九六四年春節前，我才聽到毛澤東批示的正式傳達；不是在北京，而是在哈爾濱，由黑龍江省委宣傳部向文藝界統一傳達的。

我奉命與文化部藝術局的劉英華、中國戲曲研究院的陶君起去參加黑龍江京劇現代戲匯演，旅行看戲，幾乎走遍了黑龍江的主要城市。曾遠赴大興安嶺的森林之都伊春，單獨採訪了《智取威虎山》（小說《林海雪原》）的原型地——牡丹江市柴河林場的二道河子、「老道廟」和「夾皮溝」；那時，大慶油田還保密不公開，對外稱安達，火車從哈爾濱西去齊齊哈爾，往返經過此地時要放下窗簾不許往外看。

黑龍江省委宣傳部的傳達是個綜合報告，把毛澤東的批示全文糅於報告中，中心是：「興無滅資」。記得報告中還有一條：禁止再跳交誼舞。哈爾濱跳交誼舞一向很流行，這一禁，使工廠、學校、機關在過春節時誰也不敢再舉辦舞會，顯得清鍋冷灶。可是，正月初一晚上，在哈爾濱的高級俱樂部青年宮，照樣為市里的領導官員舉辦舞會，省裏和其他高級領導部門也可能有這類專場舞會。

黑龍江匯演結束後，我沒有立即回北京，而是在哈爾濱過年，以便多瞭解一些哈爾濱市京劇團梁一鳴、雲燕銘等正演的、與京劇《紅燈記》題材相同的《自有後來人》。我覺得此戲相當不錯，那時還沒有《紅燈記》。年三十晚上，我在著名老生梁一鳴先生家中吃年夜飯，正月初一下午給雲燕銘拜年後，隨她到劇場，看她和梁一鳴演的《打金枝》。此刻，傳統戲已經很少，因過年，《打金枝》這類「吉祥喜劇」才破例演的。散戲後，雲燕銘對我說：「你回旅館吧，我有任務：陪首長跳舞。」說完，帶著幾個年輕漂亮的女演員走了。

撞在槍口上的「迎春晚會」事件

一九六四年三月初我回到北京，一進文聯大樓，就感到氣氛不對，見劇協上下十分緊張，原來出事了：一是二月三日的劇協迎春聯歡會，受到嚴厲批評；二是田漢去上海參加華東話劇匯演，受到侮辱。兩者都形成了政治事件。

劇協會員迎春聯歡會，每年一度，從二十世紀五十年代興起，至今仍援例舉行。這是由於戲劇工作者整年忙於舞臺演出娛民服務，春節時更忙更累，在過年前後搞次大聯歡，朋友相聚，聊一聊，玩一玩，稍做輕鬆。五十年代，迎春聯歡會常在北京飯店舉行，有一次是有獎化裝舞會，得獎的是畫家葉淺予。他裝扮成齊白石，身穿長袍坐著輪椅，胸前飄拂著美髯，被推入北京飯店大廳，一時真把人們弄懵了，以為白石老人今天興致好，也來湊湊熱鬧；待知道是葉淺予化妝扮的，連到場的周恩來總理都哈哈大笑。

三年困難時，迎春晚會不得不暫時中斷。一九六三年初，經濟形勢好轉，劇協祕書長李超有意要恢復這個迎春晚會，為戲劇界服服務。一九六二年中秋，在政協禮堂搞過一個綜合性聯歡會，有跳舞、電影、謎語、茶座、酒吧等。這次要迎春了，怎麼搞？有人建議搞一次京劇大反串演出，花臉演旦角，旦角唱武生，自娛娛人，哈哈一樂，何況在京劇界素有此傳統：過去年底戲班「封箱」，最後一場戲總是這類與民同樂的「大反串」，常演的是《虮蜡廟》、《法門寺》等，跨行反串就來了。這方面很有一些有能耐的好手，早年余叔岩在《虮蜡廟》中反串朱光祖，芙蓉草（趙桐珊）的褚彪是一絕，梅蘭芳則演黃天霸，李萬春、李少春常演旦角張桂蘭或彩旦小張媽。而袁世海更有這方面才能，此前不久在中國京劇院內部聯歡演出中，他又唱了一次旦角。我曾聽過袁唱《法門寺》中的宋巧姣，用獨特的程（硯秋）腔。當時，袁世海兼任中國劇協書記處書記，若搞京劇大反串聯歡演出，此事非老袁出面主持籌備莫屬。我受命先去找袁世海聯繫，之後祕書長李超又由我相陪請袁主持籌備此事。袁開始爽快答應，後來又有些猶豫起來。一天下午，他電話約我到他家說此事不大好辦，又一起去劇協找李超，談的較晚，都沒吃上飯。袁世海拉我們到八面槽有名的萃華樓，因時間較晚已八九點鐘，灶上已封了火，袁世海面子大，人家挑開火給做了幾個拿手菜。這次大反串沒有搞成，大概是放了個好電影算是迎春晚會的恢復。幸而沒搞成，否則必是授人以柄，罪狀一條。

一九六四年的劇協會員迎春聯歡會二月三日在政協禮堂舉行，仍是舞會、電影、猜燈謎、茶座等，在舞會上還搞了幾個小節目，其中之一是四位男扮女裝，表演《天鵝湖》中的「四小天鵝舞」。在「匈牙利舞曲」伴奏下，四個身穿芭蕾舞女妝的彪形大漢，做出種種滑稽動作，無非博眾人一笑而已。這個反串「四小天鵝」在戲劇界也是個「保留節目」，在文聯大樓機關內部的聯歡中，我還參加過這個節目的表演。雖然我沒見到一九六四年二月三日政協禮堂聯歡中的「四小天鵝舞」，但可以想見大概是什麼樣子，無非是大家熱鬧一下而已，同我們前一年要搞而沒搞成的京劇大反串異曲同工。

沒想到這個小節目惹惱了幾位頗「革命」的部隊文藝工作者，他們上書告狀，指責這是「公開宣揚資產階級腐朽沒落的生活方式」，連晚會的組織者、劇協祕書長李超，那天身著西裝，在開場白中說的「女士們、先生們」，而沒用「同志們」，還隨手來了彎腰揮手的外國紳士禮，也成了一條「罪狀」。

告狀信呈到了主管文藝和文聯工作的中共中央宣傳部部長陸定一手中。可能是懾於毛澤東主席剛做出不久的措辭嚴厲的「文藝批示」，偏偏劇協又給惹事，遂在告狀信上做了嚴厲的批語，其中竟有「劇協某些人已經腐敗」句。劇協只好立即檢查，並連累其他協會也要檢查。我從東北回來時，劇協的十七級以上黨員幹部全部拉到西山八大處一處長安寺開會學習檢查。那時的長安寺還歸文聯管，在這裏設立了一個文藝創作之家和機關副食基地，知名作家可以來此休息、寫作；機關人員經常來此參加勞動，田漢的傳世絕作話劇《關漢卿》，就是一九五八年初作於長安寺的。「文革」中，文聯各協會被撤銷，八大處一處長安寺也就被劃撥給北京軍區了，至今仍是軍事禁地。

「迎春晚會」事件，雖然整不到我頭上，但我也不寒而慄：如果一九六三年那個京劇大反串真要是搞成了，也許那時就會「翻車」，車上准有我。再有，我在東北知道連交誼舞都被「禁」，在北京卻搞這麼大型的聯歡舞會，不是自己往槍口上撞嗎！李超首先挨批，上綱到「社會主義和資本主義兩條道路的鬥爭」。至於陸定一批語中的「腐敗」，享年八旬、逝世沒幾年的李超，工作一貫熱情負責，生活樸素，自律較嚴，與「腐敗」是不沾邊的；若說是：「政治上腐敗」，在那「階級鬥爭」的歲月，則另當別論了。

田漢在華東話劇匯演中受辱

時任中國戲劇家協會主席的田漢，是個才華橫溢，受人敬重的大戲劇家。這位老人一貫正直不苟、嫉惡如仇，關心戲劇界疾苦，敢於仗義執言，深受梨園同行的擁戴。平日，他的北京細管胡同家中，客人不斷，多是戲劇界同仁找他商討藝術，反映情況，以至向他求助，他都熱情相幫，盡己所能地予以排憂解難，甚而建國後首演他改編創作的京劇《白蛇傳》的劉秀榮、張春孝小夫妻在家中抬槓拌了嘴，也把田漢當親人長輩去找他訴說一番，請他評個理。少不得田漢還要當當和事佬，有如《打金枝》中的唐王，對雙方勸慰安撫。他經常深入劇團瞭解情況，把藝人們的困難和戲劇工作中的問題，以全國人民代表和劇協主席身分，反映給黨和政府予以統籌解決。對戲劇工作中的官僚主義、簡單粗暴，他予以猛烈抨擊，不斷為民請命。在戲劇界同仁尊稱為「田老」的身上，確實有著一種關心群眾疾苦、對事業非常負責、不計個人得失的十分可貴的品格和精神。這是十分難得的，卻也引起了某些人的不滿和不快。

田漢在上海受辱，牽扯面很大，直接涉及主管文藝工作的周揚、林默涵以至領導他們的劉少奇、彭真等，與主持華東工作的柯慶施、張春橋及他們背後的江青以至最高領導人之爭。這個爭論早就開始了。北京方面把表現五四以後的革命歷史生活的現代戲和經過整理改編的優秀傳統劇、新編歷史劇，都納入社會主義文藝範疇，周總理提出的「三並舉」的戲曲劇目方針就體現了這種精神。華東方面，首先

田漢在工作

由柯慶施在一九六二年提出「大寫大演十三年」即建國後的生活題材，以此界定社會主義文藝。這不是單純的文藝理論之爭，而是一場尖銳的政治鬥爭，亦即誰更符合毛澤東的思想路線和政策精神。偏偏在一九六三年下半年，毛澤東所作的文藝批示和通過江青傳達出來的聲音，逐漸偏向支持柯慶施的主張，尤其是十二月十二日那第一個文藝工作批示，毛澤東就批在華東柯慶施報送的一個關於農村文化工作的報告上。這樣雙方的鬥爭也就更富有重要的現實的政治意義了。華東的理論主張是明顯的「左」，若照此辦理，民族傳統文化中很多優秀的東西會被排斥而湮沒，把文藝完全作為政治的宣傳品和傳聲筒。在北京，很多人都這麼認為，包括時尚年輕的我這個小蘿蔔頭兒。可是華東方面很堅持，在他們管轄的六省一市範圍內強力推行。這就形成了北京（中央）和上海（華東）各吹各的調，有些分庭抗禮的味道。當然，那時還不清楚：華東柯慶施之所以如此，除自恃他們的主張「正確」，更貼近並貫徹毛澤東的思想路線外，甚至背後還有江青以至更高的領導人的贊許和支持。田漢當然站在北京的周揚、林默涵這一邊。以他對民族文化優秀傳統的熱愛和鑽研，對華東的虛無主義和否定一切的那套很不以為然。另外據「文革」中的「揭發材料」：

一九六三年冬天，江青曾找田漢談過一次話。江青原名李雲鶴，山東諸城人，二十世紀三十年代初入趙太侔、王泊生主持的山東實驗劇院學習，與崔嵬、魏鶴齡等同班，主攻話劇；也從京劇四大名旦之一尚小雲的業師、清宮內廷供奉孫怡雲學過京劇，唱青衣。後由於蔣、馮、閻中原大戰，山東政局變化，實驗劇院停辦，李雲鶴先隨王泊生的戲班跑碼頭唱京戲，見混出名來太難，又去青島投奔時任山東大學教務長的趙太侔，得與趙的內弟黃敬相識並同居。後分手，李雲鶴又回濟南，在王泊生當院長的山東省立劇院小住，偶爾演演戲。三十年代中期，她更名藍蘋，初闖上海灘，舉目無熟人，曾慕名投奔田漢，一度還借住在田家。田漢及其弟田洪，對她進入影劇圈很幫了一些忙，田老太太對她在生活上也很關照。江青在一九六三年底要「破門而出」，就要有自己的人馬。她以三十年代的老關係和「第一夫人」的身分，對田漢加以籠絡，要他「認清形勢」，跟著「正確路線」走。對此，田漢沒有接受。

一九六四年初，田漢到了上海，參加華東話劇匯演，在同三十年代影劇界老朋友會見敘舊時，忍不住對華東「左」的一套有所指摘，在影劇界人士中引起共鳴。這惹惱了柯慶施。柯對田早就有看法，如今在上海他的眼皮底下，田漢居然敢如此分庭抗禮，焉能容得！所以，在華東話劇匯演開幕式的主席臺上，竟然不給德高望重且有相當職級的中國戲劇家協會主席田漢一個座位，而讓他坐到觀眾席中的邊座上。田漢素為戲劇界所熟悉景仰，這樣的「待遇」是從沒有過的，這是在大庭廣眾之下，柯慶施對田漢的公開羞辱；與此同時，《文藝報》、《戲劇報》派去採訪華東話劇匯演的記者，處境也很困難，處處受到限制。

發生在上海的事件很快傳到北京，田漢是中共中央宣傳部、組織部歸口管理的部級幹部，故而通知劇協，趕緊派人去上海化解，把田漢勸離，避免矛盾激化。劇協的張穎（黨組成員，二十世紀四十年代在重慶時曾任周恩來的文藝祕書，今仍健在）、賈霽（文藝評論家，曾是柯慶施的部下，已故）匆匆赴滬斡旋。田漢被勸到蘇州暫避，滿腔鬱憤無以排解，在蘇州遊司徒廟，觀古柏，寫下了寄寓心志的著名無題詩：「裂斷腰身剩薄皮，新枝依舊翠雲垂。司徒廟裏精忠柏，暴雨飆風總不移。」

柯慶施接見了張穎、賈霽，嚴厲指責了田漢及其領導的中國劇協，說這是無產階級和資產階級的鬥爭，斥責田漢這些年來的文章和活動是代表了資產階級的立場和利益；更點了《戲劇報》一個編輯的名，說他寫了「壞文章」，「攻擊誣衊了黨」，不過作者還年輕，之所以如此，是田漢引導他走上了邪路，責任要田漢負。

這位編輯指的是當時《戲劇報》話劇組的陳剛（後來曾任過中國劇協書記處書記、祕書長、黨組成員，已離休）。一九六二至一九六三年，上海誕生了一部當代題材的話劇《年輕的一代》，描述兩位學地質的青年，大學畢業後一個工人子弟服從分配奔赴邊疆奮力拼搏成績卓著，另一個出身幹部家庭的卻畏懼艱苦賴在大城市不走，自己不服從分配還扯女朋友的後腿，從而引發戲劇衝突。最後，這個幹部子弟原是被收養的革命烈士遺孤，父母的遺書促他猛醒轉變。當時這個戲在中國很「紅」，眾口稱讚。陳剛在《文匯報》上寫了一篇〈從話劇《年輕的一代》談作者的膽與識〉的長文，指出作者敏銳地把握並寫出這個當代青年的重大題材是可貴的，可惜開掘不深，缺少膽識，其實高幹子弟背棄父輩的革命理想和情操，貪圖安適畏懼艱苦，利用特權逃避革命的題材，大有開掘深挖的潛力，現在的處理似顯表面，因而也減弱了社會震撼力和教育力量。「高幹子弟變壞」今已不稀奇，四十多年前還是個敏感忌諱的話題。陳剛敢於直言無諱，倒有點膽識和勇氣。此文刊出後被時在上海市委研究室工作的姚文元發現有「問題」，上報給柯慶施。柯對陳文及另外九篇選中的同類文章極為不滿，認為宣傳了修正主義思想觀點，是反社會主義的。他派人進行祕密追蹤調查。查陳剛此文是否為田漢授意所寫？答案是與田漢無關；查陳剛與劇作者是否有祕密串聯商談？答案也是否定的。陳剛又不在上海，整他鞭長莫及，倒可借機轉手一掌打在田漢身上，而「開脫」了陳剛。陳剛可稱萬幸，逃過一劫，心中未免感念「柯老講政策，愛護青年」。可是柯慶施在對待另一青年記者，卻滿不是這麼回事了，容後敘。

一九六四年初，華東話劇匯演中的這場爭鬥，背景大得很，是「文化大革命」前的未雨綢繆，田漢不過是撞在槍口上了；即使田漢不去上海，也會有其他代表性人物成為柯慶施的射擊靶子。田漢受到如此「待遇」，不知與他此前不久未聽命於江青、不肯就範屈從有無關係。眾所周知，上海是江青二十世紀六十年代長駐的活動基地，與柯慶施的關係極密切；如今柯、江二人都已歿，死無對證，留下了一個難解的歷史謎團。

田漢北返後，當時還不能把他怎麼樣，劇協又值多事之秋，「迎春晚會」事件鬧得不亦樂乎，他這個黨組書記只好「學習」檢討了。可是一個小人物卻隨之倒了大楣：《文藝報》派去上海採訪華東話劇匯演的記者張葆莘，新聞觸覺十分敏銳，發現華東的調子與北京不一樣，就收集各種資訊寫信向編輯部彙報，信寫得很頻繁，動作很快。他自嘲為「此行是充當了『包打聽』的角色」，其實這本是記者的應盡職責。當時中宣部一直要求文聯各協會及所辦的報刊，不斷地搜集各種反映，讓領導及時瞭解有關情況。記者外出包括我都是這麼做的，這本身沒有錯。但由於當時華東與北京之爭的特殊背景，卻使張葆莘成了犧牲品：時為中國作家協會黨組副書記、也是位著名部隊作家劉白羽，大概「左」一點，也可能為了向華東方面「表態明志」（據《戲劇報》派去華東採訪也同樣受氣的記者說，柯慶施對張葆莘的活動很不喜歡，點了名），借「迎春晚會」各協會都要學習檢查之機，狠整了張葆莘一傢伙，把他逐出作家協會，發配到張家口市晉劇團工作，致使這個有才華又多產的記者兼青年作家半生蹉跎，今已故。後來，劉在「文革」前榮升文化部副部長，不知與此有關否？

從一九六三年中秋，江青讓大搞現代戲，到田漢、李超倒楣，劇協挨批，文聯各協會全要檢查，時間還不到半年，形勢就急轉直下了。

京劇《智取威虎山》橫起風波

江青本來是很少參加公開活動的，並不大為人所知。自從她一九六三年「中秋講話」後，就從躲在幕後改為公開露面，四處看演出、接見人，以「首長」的特殊身分頤指氣使起來。大家那時對毛澤東十分尊敬，也蔭及到她；但她的一些表現卻讓人不敢恭維。在「文革」前，至少有兩次我直接見到了她那目中無人，睥睨一切的特「狂」樣子。

一次是一九六四年春末，在北京東四八條中國戲曲研究院四樓小禮堂彩排現代京劇《朝陽溝》。此戲移植於豫劇，藝術革新的步子比較大，目的是實驗，演出者是以劉秀榮、張春孝等為首的中國戲曲學校實驗京劇團。從東北回來後，我的工作重點一直是京劇現代戲，中國京劇院、北京京劇團正在創作、排練的《紅燈記》、《蘆蕩火種》、《杜鵑山》（指馬連良、裘盛戎、趙燕俠那個演出，不是後來楊春霞演的那臺樣板戲）都在我的工作視野之內；《朝陽溝》也不例外。那晚，我去看戲，是內部彩排，也沒發票。因與戲曲研究院的人很熟，我進門上樓就往前走，卻被兩個彪形大漢攔住。啊，門口停著一輛大「吉斯」（蘇聯名牌汽車，二十世紀五六十年代副總理以上的人員才能使用），一定有首長來了。但，我同周總理、陳毅副總理等幾次坐得很近看戲，還從未見如此陣勢，是何人光臨此地，如此戒備森嚴？不許往前，我只好在後面尋一空座遠覷。中間休息時，只見江青身著灰色毛料男裝，外披米色夾大衣，頭戴灰色八角帽，昂首闊步，凡人不理，在一些人的簇擁下，直奔禮堂外的小休息室。我近在咫尺地見到了江青。

這時我的腦子中突然蹦出了「男裝麗人」四個字——這是在日偽時期炙手可熱的女漢奸、特務金璧輝即川島芳子的綽號。我曾見過她。那是京劇名伶金少山過生日，在西琉璃廠八十三號家中做壽。北京夙有「早道喜，晚拜壽」之俗。晚上在院子裏辦生日堂會，一堂曲藝雜耍，有「架冬瓜」的滑稽大鼓，「快手劉」的古彩戲法……賀客們坐在大院子中瞧。我家與金家是一牆之隔的芳鄰，我們孩子淘氣，上了房，騎在房脊上津津有味地看堂會。這時金璧輝到了。身著長袍團花馬褂的壽星佬趕緊迎出垂花門，陪著身著男式軍裝、外披黑斗篷、戴著墨鏡的「金司令」進來。在座的賀客大多是梨園中人，紛紛站起拱手招呼，金璧輝也點頭示意。我們坐在房上的孩子，也沒有警衛保鏢干涉驅趕，照樣看我們的。因為江青與金璧輝全是男裝打扮，我不由地在腦中湧現出金璧輝的形象和外號來。只不過江青的個子比金璧輝高，譜兒比金更大。當然這只在我腦子中一晃而過，不敢深想，趕緊靜下心來，「必須要緊閉口慢露真言」（《四郎探母》唱詞），絲毫不敢流露，以免惹禍招災。

另一次是同年夏初，在解放軍後勤學院禮堂看《紅燈記》的「審查演出」。中國京劇院的《紅燈記》，也是奉江青「懿旨」所排，一九六四年春已有前五場（至「痛說革命家史」）。看了彩排後，大家拍案驚奇，認為基礎太好了，期望它順利誕生，人們十分讚賞編導阿甲、翁偶虹，主演李少春、高玉倩、袁世海和劉長瑜的藝術才華，紛紛對這個戲看好。六月初，全國京劇現代戲匯演開幕了，各地都帶來不錯的現代京劇，哈爾濱的《自有後來人》也演出了，《紅燈記》卻千呼萬喚難出來。我們也看了全劇，覺得不錯，可是據說江青有意見，還要修改。所以才有解放軍後勤學院禮堂那場再修改後的「審查演出」。那天，我們去得較早，正在院中散步聊天，只見幾輛黑色大「吉斯」魚貫而至。頭一輛汽車下來的是江青，第二輛汽車才是周恩來總理。已經習慣了中國共產黨和國家領導人嚴格排位次序的我們，覺得江青怎敢這麼「不講規矩」。而江青下汽車後，也不等周總理，自己率先進場，坐在前排保留席的正中；周總理只能隨其後而入，坐得靠邊一些，違反了中央嚴格的禮儀次序。目睹此情景，深感江青目中無人，狂妄無禮。

一九六四年六月初在北京舉行的全國京劇現代戲匯演，按中宣部、文化部原來的計劃是個小型調演，著重探討京劇演現代戲的藝術革新問題。由於毛澤東的「雙十二」文藝批示下達後形勢大變，全國大演現代戲之勢已成，再加上江青等人的鼓噪，京劇演現代戲已成了「方向、路線」的政治問題，所以京劇現代戲匯演的規模不能不一再擴大，搞了近兩個月，而且風波迭起，冤獄叢生。

矛盾是從上海的《智取威虎山》而起。事先就傳出：《威》劇是重點；《人民日報》也一反慣例，在此劇演出前就發表了改編創作經驗的長篇文章，吹得很厲害，引起眾人關注。可是首輪看了此劇的演出後，文藝戲劇圈中的朋友大多搖頭（此時的《智取威虎山》與後來拍成電影的「樣板戲」相去甚遠），認為不怎麼樣，「言過其實」，陳舊無新意，楊子榮打虎上山一場，套用短打武生傳統的「走邊」程式，以韻白念詩對兒：「皚皚白雪……」其口碑遠不如同一輪的、事先一無所知的山東省京劇團宋玉慶、方榮翔主演的《奇襲白虎團》。已故的文藝評論家馮牧，看了兩齣戲後，對《威》劇苦笑，一言不發；對《奇》劇則讚不絕口，主動為《戲劇報》寫了評論文章。上海代表團由張春橋率領，擺出一副「惟我獨革」的架子，禁忌限制很多，很招人反感。北京和各地的朋友也不願意與上海代表團多聯繫，敬而遠之；上海的同志，包括周信芳先生，也不敢同北京的朋友多接觸說說心裏話，中間好像隔有一堵高而厚的牆，這牆是柯慶施、張春橋人為砌起的。大家知道上海不好惹，連田漢都碰了釘子，故對《智取威虎山》的不足有所議論也都是在私下熟人之間說悄悄話，公開場合是誰也不肯說真話。只是原已答應給我們寫文章的北京評論界有點名氣的朋友，對約稿卻打了退堂鼓；再約其他人，大多碰了釘子，誰也不肯寫：說捧它的假話犯不上，說真話會惹禍，乾脆不如不寫。所以一時我約不到稿子，很著急。

偏偏中國戲曲研究院的林涵表不知水的深淺，竟然在大會的《會刊》上寫了一篇短文，直言指出《威》劇的某些不足。這個亂子可闖大了。本來《威》劇演出後，北京各報刊沒什麼反映，江青就很生氣，而林涵表的文章恰恰是送上口邊的獵物，大可利用，於是江青、康生突然駕臨京劇匯演的辦公處北緯飯店，召集會議說，現在有一股反對革命現代京劇《智取威虎山》的逆流，「這是階級鬥爭的信號，是對堅持毛澤東革命文藝路線的革命現代京劇的惡毒攻擊，不可等閒視之，必須予以反擊！」於是下令京劇現代戲匯演暫停，與會的各地劇團、觀摩代表集中「學習」，命前幾年問世，近已不大公演的北京人民藝術劇院的話劇《智取威虎山》和北京京劇團譚元壽、馬長禮、小王玉蓉等人的京劇《智擒慣匪座山雕》限時重排恢復，與上海的京劇《智取威虎山》同時為大會演出，讓參加匯演的各地文藝工作者比較分析，以「提高階級鬥爭和路線鬥爭的覺悟」。林涵表當然倒大楣了：回戲曲研究院接受批判，直至被打成「反革命」！

三個「威虎山」我全看了，兩個京劇是重瞧，話劇是頭一次看。此劇誕生於一九五八年，當時我去河北省涿鹿縣下放勞動，同行的就有那個倒楣的張葆莘，所以當年沒看上。說心裏話，當時的感受是話劇最好，童超扮演的楊子榮，有一股大義凜然的陽剛之美，尤其是最後楊子榮「攤牌」時，渾身捆滿手榴彈，甩衣昂立，戟指群匪的造型，使人至今難忘。而再看上海的《智取威虎山》時，我以「努力提高階級鬥爭和路線鬥爭的覺悟」的政治眼光，睜大了眼睛，盡力尋找其政治上和思想上高超之處，以期受到「教育」。我的座位是天橋劇場頭排正中，可謂看得清楚聽得明白，卻實在找不出它的長處，反而使我這平日為睡不好覺而痛苦的失眠者，竟不知不覺地睡著了。同去的夥伴不時捅捅我，怕我看這麼「政治」、「受教育」的戲時竟然睡大覺，豈不又湊成了「上綱上線」的材料！

北京的各報刊也非常緊張：京劇《智取威虎山》的評論一時上不來，江青等人又發了話，親自抓，這可怎麼辦？到這個時候，一般的兩千字的評論已難以應付，何況就是這種文章也很難組織到。要發就需發重頭文章，主要在政治上充分肯定和評價，要說透，這種大文章的組稿又談何容易。但哪家報刊也不敢怠慢，文章不好組織，各報負責人就親自動手寫署名文章，《光明日報》是穆欣，《人民日報》是李希凡，都是一個整版，在政治上和藝術上對該劇做了高度的評價；內中即使有違心之論，恐怕在那種情景下也難以避免。他們發表署名文章，某種意義上是代報紙表態「過關」，以求不被追究，至於內心裏真實的觀點是什麼，難說就與文章表述的完全一致。至少李希凡初看上海《威》劇後，就不怎麼恭維，私下裏我們曾對該戲交換過意見；此時，出於政治壓力，他不得不寫遵命文章，我也不敢再透露半點他當初的真實意見，否則會將陷朋友於不利。四十多年後，我才頭一次公開此事，而希凡兄已從中國藝術研究院常務副院長職務上退下來「無官一身輕」了。

《戲劇報》也照此辦理，劇協黨組決定：由剛到任不久、來自上海的第一副主編劉厚生發表署名評論。主編張庚是兼職，他主要的工作在中國戲曲研究院，一個林涵表已經夠他受的了，實無力再顧及文章之事。可是劉厚生當時被調往匯演辦公室任宣傳處長，忙得不可開交，沒空動筆，就由劇協的「筆桿子」吳啟文（後為中國戲劇出版社編審）先寫初稿，發表時劉、吳聯合署名。我與啟文兄同住一宿舍，星期日天氣很熱，我見他揮汗如雨伏案疾書，寫得很苦，不由得勸慰幾句：「這是何苦呢？不就是一齣戲嘛！」啟文兄正色而言：「這是政治鬥爭，你老兄千萬不要胡說。哈爾濱的《自有後來人》，你先後寫了兩篇文章，我勸你趕緊寫一篇《紅燈記》的，要不然有薄有厚，你會吃虧的！」我聽了大吃一驚，說良心話，我絕沒有輕慢《紅燈記》之意，相反卻很看重，正積極約稿，只是覺得北京大手筆很多，我何必搶前爭功呢，沒想到這裏面有那麼多學問！唉，文藝評論搞到這種地步，真是令人悵然。

三千人大會上康生公開點名發難

一九六四年七月底，京劇現代戲匯演的閉幕式在北京展覽館劇場舉行。近兩個月的起伏折騰，使與會的數千名代表個個有如驚弓之鳥，好不容易盼到閉幕了，不知閉幕式上還會不會鬧什麼風波？

閉幕式在大伏天的下午舉行，天氣很熱，大家都早早地來到了北展劇場。康生、江青也來了，坐在主席臺上的主要位置。周揚做了長篇總結報告後，康生起身即席講話。他用濃重的山東口音，殺氣騰騰地公開點名辱罵也坐在主席臺上的田漢和陽翰笙，說田漢改編重寫的京劇《謝瑤環》（寫武則天時代抑豪強，平冤獄故事）和正在放映的陽翰笙編劇的影片《北國江南》（寫大躍進時，張家口壩上地區興修水利故事），是「反黨反社會主義的大毒草」；罵陽翰笙是「瞎了眼睛的共產黨員」！還不點名（其實誰都清楚）地攻擊了國務院副總理兼祕書長習仲勛（習此時受小說《劉志丹》的「反黨」牽連，已不露面，被整了十六年，此事亦是康生策劃發動的，即所謂「利用小說進行反黨是一大發明」云云），要與習有聯繫有往來的戲曲演員揭發檢查。他還列舉了若干「文藝界階級鬥爭現象」和「嚴重的資產階級思想的腐蝕」，必須要抓要整，氣勢洶洶。坐在主席臺上的田漢、陽翰笙被罵得垂頭不語，面色難看，田漢受辱程度遠甚半年前華東話劇匯演於柯慶施面前；大概大家誰也沒估計到：二十世紀二十年代末，田漢、陽翰笙與康生都在上海，是相識的，雖然後來康生在共產黨內的地位飛黃騰達，此時榮任中共中央政治局候補委員，但田、陽二位也是資格很老、很有影響的部級幹部，按「黨內鬥爭」的原則，是不該在大庭廣眾的公開場合這樣辱罵的，臺下兩千多位來自全國各地的文藝界代表，其中包括不少各省市主管文藝工作的官員，面對著閉幕式上的「突然襲擊」，眼看著主持大會的周揚的尷尬無奈，康生的咆哮如雷，江青的滿臉冷笑，田漢、陽翰笙的低首無語，大家毫無思想準備，大多面面相覷，不知所措，更不知這一切怎麼向下傳達？

康生敢於如此放肆橫行，除了倚仗他的中央政治局候補委員、中央書記處書記和中央文教五人領導小組副組長的官高爵顯的特殊身分外，更重要的是有兩條使他有恃無恐：一是摸準了毛澤東「階級鬥爭」的理論主張、政治路線的「脈」，從一九六二年八屆十中全會上毛澤東重提「階級鬥爭」之後，康生積極回應配合，以極「左」面貌出現，整了這個整那個，頗得毛澤東的讚揚信任，並與江青等人結成聯盟，默契配合；二是毛澤東對近一個時期的文藝工作現狀大為不滿，從一九六三年下半年的一系列批示，特別是十二月十二日第一次重要而十分嚴厲的文藝批示後，文藝界已大為震動，最近毛又做了更為嚴厲的關於文藝工作的第二次批示，這就給康生、江青等撐了腰，使他們敢於掄起政治殺威棒，搶先發難，首先打擊的是田漢和陽翰笙這兩位文藝界德高望重的長者，從此處打開缺口，先在文藝界「擴展開來」。

毛澤東這第二次重要的文藝批示，是一九六四年六月二十五日批在中國文聯關於中國劇協「迎春晚會」的整風檢查報告上，即那有名的「這些協會和他們掌握的刊物的大多數（據說有少數幾個好的），十五年來基本上不執行黨的方針政策……」，最後一段更可怕：「如不認真改造，將會成為匈牙利反革命裴多菲俱樂部那樣的團體。」一下子，把文聯大樓中的各個協會，全部推上「被告」席，成為「階級鬥爭」的對象。因為不僅「十五年來基本上不執行黨的方針政策」一句，對文聯各協會的工作全部否定，更重要的是「裴多菲俱樂部」那一段，按當時的觀點：一九五六年的匈牙利事件是一個反革命政變，由匈牙利作家、藝術家組成的這一俱樂部在反對蘇聯軍隊干涉，提倡民主、自由，主張社會和經濟改革，這在當時被認為是大逆不道的，因而蘇軍出兵干涉後，受到了殘酷的鎮壓，定性為「反革命」。把文聯各協會說成「裴多菲俱樂部」，其前途命運可想而知。

毛澤東的「六二五」批示，壓了近一個月，在七月底京劇匯演結束前後，才在文聯大樓中展開學習傳達。採取十分祕密的方式，先在各協會黨組領導層中，繼而是十七級以上的黨員幹部開會，對一般黨員和普通幹部極端保密，諱莫如深。但紙包不住火，陸陸續續傳出一星半點；文聯大樓內的緊張氣氛，已使我們這些普通工作人員感覺到：發生了大事，此次要比「迎春晚會」厲害！

事件從「迎春晚會」而起，劇協再次首當其衝，成為重點，其他協會也被涉及，以至到夏衍等人執掌的文化部，都無一例外地受到「清算」，誰也跑不了。文聯大樓內的各協會以及在樓外的電影家協會、攝影家協會，都開始「學習毛澤東批示，進行整風檢查」，各有各的重點對象，文聯當然是陽翰笙，劇協仍是田漢、李超，新帳老帳一起算。一九五六年田漢在《戲劇報》上發表的〈切實關心並改善藝人生活〉和〈為演員的青春請命〉兩篇文章，當時起了很大作用，是抨擊官僚主義漠視人民疾苦的佳作，還促成周恩來總理簽署減免娛樂稅兩年和撥專款五百萬元救濟貧苦戲曲藝人的決定。如今，卻被一一抖摟出來重新「批判」，調門是「右派言論，向黨進攻」，「反黨反社會主義」，進而提出田漢一九五八年創作的著名話劇《關漢卿》「是針對辱罵誰的？」至於田漢一九六〇年冬去山西、陝西視察，據碗碗腔《女巡按》改編的京劇《謝瑤環》，因被康生點了名，更是重中之重，說戲中影射攻擊了人民公社、大煉鋼鐵，更借謝瑤環死後其戀人袁行健告誡武則天之話，說是反黨反毛澤東，等等奇談怪論不一而足。李超寫文章不多，可一九五七年應蘇聯報刊特約而寫的〈百花齊放的文藝春天〉，雖經過層層審查後送往蘇聯發表，此時卻被說成「歪曲毛澤東的『百花齊放，推陳出新』的方針」。各種大帽子紛至遝來，若和「文革」那狂風驟雨相比，這還是「溫和」得多了。

「整風」是逐步而行，先黨員領導，再擴大到一般黨員，進而吸收一部分「黨外積極分子」參加。這就把人分成三六九等對待，未被「擴大」進來的，立時降為「落後分子」。我平日在業務工作上倒還受重用，但在政治上老是跟不上，差那麼一步，所以傳達毛澤東批示，揭發批判田漢、李超，我是無緣躬逢其盛的。不參加就不參加，照編我的刊物；不過，我的眼睛對有些人和事又看不慣：有的人過去「靠攏領導」，追隨田漢、李超跟得很緊，「田老」、「李超同志」叫個不停，聲調軟綿綿的，無限親切，有事沒事往人家家裏跑；瞬時間，卻立刻變了臉，「原則」得跟，「上綱上線」批得比誰都凶，同住一個院，朝夕得見，過去主動登門搭訕，以示親近，現在視同陌路，仰臉不理。我實在看不過去這種「湯勤」式的小人嘴臉，不禁私下與人談論了幾句閒話，有「現在真是人心難測，世途維艱」一語。不想被密報上去，我被抓了典型，專門開了我的「批判會」，向我排炮轟擊，說我「資產階級思想嚴重，對陽光燦爛的社會主義有陰暗心理，這實質上是反黨反社會主義的思想萌芽」。好大的「帽子」，再往前一步大概就是田漢、李超、胡金兆了。我清楚自己不夠格，還「差得遠」，而且對我「轟」完了也就完了，大概是殺雞給猴看，警告我等之輩要老老實實，一切聽從安排，不要亂說亂動有非分之想。此事使我也學了乖：以後再親近的人也不能隨便掏心裏話，說不定言者無心、聽者有意，給你密報上去，就夠你喝一壺的。不過，我還幸運，沒有像《文藝報》的張葆莘那樣被「掃地出門」。

各協會在酷暑中，都在搞內部整風批判，除了文聯的陽翰笙、劇協的田漢外，作協集中火力批判副主席、黨組書記邵荃麟的文藝理論主張「中間人物論」，所謂在人群中突出的好的和壞的都是少數，大部分是「不好不壞、亦好亦壞、中不溜秋的芸芸眾生」，文學描寫、人物創造不能忽視了這一大批「中間人物」。其實這一文藝理論主張並不是邵荃麟首創，而是茅盾先生說的，著眼點是文學要創造各階層、各種各樣的人物典型，後由邵荃麟在一九六二年大連創作座談會上加以概括提出。這一理論主張顯然與後來發展到極致的「文藝的根本任務在於塑造無產階級革命英雄形象」相悖，挨批是不可避免的。

毛澤東的第二次文藝批示雖然批的是文聯各協會，但這把火燒到了整個文化界，文化部那邊也搞得「熱火朝天」，夏衍等副部長都是「革命對象」，被「揭發批判」。

內部搞鬥爭，外面也要有所交待。文聯各協會都辦有刊物，都要做檢查。《戲劇報》是被毛澤東點過名的，更要公開進行自我檢查批判。我們逐一翻查歷年的刊物，雞蛋中挑骨頭，所有的「問題」——其實很多是吹毛求疵、沒事找事、根本不成為問題的「問題」，一律匯總到主持工作的第一副主編劉厚生處，由他執筆寫這個準備公開發表的「檢查」。主編張庚此時已無心他事，戲曲研究院也是運動的重點，他自顧不暇。「檢查」寫好，黨組討論再修改，總算通過了。就一式兩份，一份送到印刷廠發排，一份送中宣部審查。刊物要按時付印，劉厚生和我們一起下工廠校讀清樣，同時等待中宣部的批示。突然來電話，說「檢查」不行，讓劉厚生趕緊去面聆指示，要大改。劉厚生匆匆去領命，回家重寫，我們在印刷廠等著。多虧劉厚生心裏沉得住氣，氣氛這麼緊張，工廠等著付印，他居然能照寫不誤，實在讓人佩服。

「檢查」重寫後再送審，被林默涵用紅鉛筆又做了一番修改，總算批准可以見報了。這樣，《戲劇報》下廠付印創下了三天三夜連軸轉、現寫稿子等米下鍋的記錄。等刊物印出，編輯部人人筋疲力盡，有好幾個人病倒了。

至一九六四年十月，文聯各協的「整風檢查」總算初步告一段落，落實到人事調整：李超靠邊站，田漢保留劇協主席名義，黨組書記不再管事了；陽翰笙也是，中國文聯副主席職務保留卻虛起來，由也曾被「整」數年的原文化部副部長劉芝明調中國文聯，接任陽翰笙的祕書長之職主持工作。田漢、陽翰笙的全國人民代表也被「選」掉，改任全國政協委員。同時，其他協會以至文化部都調整了班子。文化部免去了建國後一直擔任部長的沈雁冰的職務，由中央宣傳部部長、國務院副總理、中央書記處書記陸定一兼任文化部長，常務副部長是從南京軍區政委任上調來的蕭望東中將，副部長還有武漢軍區的顏金生少將，部隊作家出身的中國作家協會領導人之一劉白羽等；夏衍等人則被整下了臺。

一九六五年一月，新一屆全國人民代表大會及全國政協會議召開。江青此時「破門而出」，榮任山東省「選」出的全國人民代表，得意揚揚。兩會期間，由周揚主持召開了一次文藝界的全國人民代表和政協委員的聯席會，對田漢、陽翰笙展開面對面的「批判」。會議開到深夜一兩點，據說「火力」很猛。

「整風檢查」結束後，文聯各協的工作人員抽出近一半下鄉參加「四清」，鍛煉改造，去的是孔子的家鄉山東曲阜。由漫畫家華君武、戲劇家李之華等，率領文聯大樓的二三百人，身著價撥的舊棉軍服，浩浩蕩蕩出發了。第一批下鄉「四清」的是「革命光榮」，以積極分子居多，當然輪不到我這剛挨過「批」的落後分子。但刊物要編，工作要做，要努力「挑重擔」。

每逢「兩會」，各協會都要邀請「兩會」的文藝界中本行的代表、委員座談一番，上下通氣，聽聽意見。一九六五年春的「兩會」時，劇協仍援例辦理，主持工作的黨組第一副書記趙尋將此事交給我籌備，會期就定在那天晚上周揚主持狠「批」田漢、陽翰笙的次日上午，通知也已發出（我面送的），會場等也都準備好。趙尋讓我晚上給他打個電話再落實一下。晚飯後，我從九點鐘起，一直坐在傳達室中給趙尋家中打電話，打通一次說：「還沒回來」，一直打到深夜兩點，剛剛到家的趙尋才接了電話。他很驚奇：「這麼晚你還沒睡，仍在負責地等著」——其實我剛挨完「批」，不敢放肆；而那個時代，工作任務交下來都很負責，泡湯、甩手的事極少。趙尋在電話中講：明天（實是當天）上午的座談會不開了，因為今天晚上由周揚同志主持，「兩會」文藝界代表、委員開了聯席會，對田漢、陽翰笙進行了面對面的批判，「火力很猛」；你的任務是：清晨找一輛出租汽車，到京西賓館、前門飯店等地向代表們說明會不開了，並向人家道歉，別讓人家空跑。任務交下來，得想辦法完成。那時北京出租汽車是獨家經營，車也很少，卻可以電話預定，電話號碼還記得：五局五五六一。我立即撥電話訂了一輛車，早晨七點到我宿舍門口。這一夜，我基本上沒睡，早七點就乘車出發，到代表、委員駐處送訊，攔住人家別空跑。大家都剛起床，我這不速之客就到了。代表們都很客氣，有的說，昨天晚上在會上已知道今天的會不開了，還讓你這麼早跑一趟。只有一位曾連任多屆人民代表的上海越劇名家的態度及言語，讓我至今難忘。她主動提起昨晚開的聯席會，很「義憤」地說：「要死啦！田漢怎麼有那麼多問題？不狠批是不行的。昨天晚上的會開得很好，革命就是要這樣。」我聽著只能含笑點頭，心裏卻不大是滋味。眾所周知，田漢早在二十世紀四十年代的上海灘，就對越劇革新以及越劇界同仁幫助很大，同她們的關係較深，尤其這位袁代表曾得到過田漢不少支持和幫助，怎麼忽而變得如此「堅決」？噢，她來自上海，形勢和壓力迫使她不能不這樣表態，寧「左」勿右，否則自己就要倒楣了。此時在政治壓力下，是「革命」還是「朋友」？二者只能擇其一，這迫使一些人做了違心的選擇，屈從壓力傷害了多年的朋友。至於周揚到底以什麼心態，組織了這次「別開生面」的「聯席批判會」，是出於保護自己虛張聲勢不得不然，還是其他什麼原因，就不得而知了。從表面看，周揚狠批田漢、陽翰笙，要把自己與他們「區別開來」，但實際上是分不開的：一年之後，周揚、田漢、夏衍、陽翰笙「四條漢子」被一起打翻在地，一個也沒跑掉，還是拴在一塊了。

對田漢這樣一個深孚眾望，成就卓著的大戲劇家，就因為他耿直不屈、仗義執言，而被誣指為「反黨反社會主義」，「文革」雖然尚未開始，他已被「整」得七葷八素。即使如此，田漢老人仍滿腔熱情地投入工作。一九六四年夏，京劇現代戲匯演期間，毛澤東做出了針對文聯各協的第二次文藝批示，到匯演後期，田漢已在黨內領導層中挨「批」了。但他此時仍出面邀請京劇老藝術家蕭長華、周信芳、尚小雲、荀慧生等座談，熱情支持京劇現代戲，會後他請大家到江西餐廳吃飯。這是他與這些素有相交的老朋友的最後歡聚。下午回來在劇協黨組會上接著「學習」挨「批」，越「整」越凶。此時，我見到的倔強不屈的田漢老人是：面容嚴肅，腰板挺直，從走廊而過的步伐堅實有力，絕沒有被打敗服輸的軟相。這也是他不屈至死的悲劇結局的徵兆。

從一九六三年的八月中秋，到一九六五年初春的「兩會」聯席批田、陽，以文聯大樓為中心，就發生了這麼多驚心動魄的事件。這時離「文化大革命」爆發還有一年多，但在文聯大樓中，已是「山雨欲來風滿樓」了。

第二章
霹雷閃電砸下來

暴風雨前夕在農村

一九六四年秋天，文聯各協的所謂整風初步告一段落後，下面就是幹部下放，這也是例行有年的公事。這時正在全國開展四清運動，下放參加四清當是題中應有之意。文聯大樓中第一批去了二百多人，以積極分子居多，由美協華君武、劇協李之華等帶隊去的是山東曲阜孔子的家鄉。第一批四清工作隊一九六五年回來後，我們第二批去北京郊區順義縣四清的，在一九六五年九月就出發了，其中有我。

我們劇協去的是今天以「牛欄山二鍋頭」聞名的、離北京整一百里的順義縣牛欄山鎮，分布在鎮周圍的各村中。那時這裏的「牛欄山二鍋頭」人們並無所知，馳名的是這裏新建了一座從日本進口的現代化的維尼綸廠，當然現在早已落後而沒了。我在鎮北的先進大隊，這裏離在鎮東街的「牛欄山燒鍋」即今天牛欄山二鍋頭酒廠的前身，很近。「燒鍋」不大，三間門臉，後面是老式的造酒作坊，已經公私合營，也沒聽說有多大名氣。今非昔比，高度現代化的牛欄山酒廠新廠房，與在北京一直名列重點中學前列、卻由一些出身不好被貶到遠郊區的北京師範學院優秀畢業生創辦起來、那時捲縮在鎮東街藥王廟中的牛欄山中學、如今已見起嶄新的現代化的新校舍，今天在鎮東的潮白河灘上遙遙相對，成為牛欄山的一條風景線。

田漢、陽翰笙因為犯了「錯誤」，在我們下鄉後，也被「下放」到牛欄山「學習改造」，只觀察、聽會，而不具體參加四清工作。他們都化了名：陽翰笙化名「華漢」，住在牛欄山中學；田漢更名「陳瑜」，住在公社中。田漢這年大概是六十八歲，身體又有病，劇協就派了給他多年開車的老司機李光華師傅跟隨著下鄉照料一二；陽翰笙比田漢小兩歲，身體較好，住在牛欄山中學的藥王廟的一個小跨院中，環境清幽，一切生活自理。他們都在食堂打飯吃，相對說，生活比我們在生產隊裏「同吃同住同勞動」要好一些。儘管他們都換了裝，也是布衣布鞋，但年紀在那兒，氣度又雍容，農民們雖然不知道他們的真實身分，但從外表、氣質看，大多能猜想出這二位一定是「大首長」，尤其田漢，還有「跟班」的。他們到牛欄山周圍較近的生產隊去參加四清會，只是聽和看，從不發言，居然一段時間相安無事。

一九六五年十一月底，姚文元的點火文章〈評新編歷史劇《海瑞罷官》〉首發《文匯報》，隔了一些日子，被全國各報轉載後，風雲陡變。儘管我們身在農村，一腦子「四清」工作，但對這顯然又要從戲曲歷史劇開刀而掀起政治風波，還有一定的敏感。因為，此前已點了京劇《謝瑤環》和崑曲《李慧娘》（孟超作）的「反黨」問題，已有「批判」文章見報，但都沒有姚文元文章上綱這麼高、火力這麼猛，故而我們也有點緊張。《戲劇報》的戲曲組長劉珂理（後任燕山出版社社長，離休後已故），從鎮南他所在村跑了幾里路，憂心忡忡地來找我，問：「咱們對《海瑞罷官》都發過什麼文章？姚文元的稿子寄給過咱們沒有？」他擔心萬一失察，扣壓了姚文元的文章，那這個婁子就捅大了。當然，那時我們都不知道姚文元文章的背景、來頭，以為就是一篇稿子而已。我讓他放心：「《海瑞罷官》咱們只發過一篇評介性的短文，是我約的稿。因為當時我覺得此戲較平，藝術上不夠精緻，馬連良、裘盛戎也沒能在藝術上充分發揮，比

《趙氏孤兒》要差，所以就沒有約重頭文章。另外姚文元的稿子沒有也不會寄給咱們，咱們跟他素不相識，也從沒有文字來往。」劉珂理這才心中一塊石頭落地，踏實地走了。

姚文元的文章出籠後，掀起了鋪天蓋地的「批判」，從批《海瑞罷官》轉到批吳晗、批鄧拓，再發展到批「三家村」，形勢越來越緊張。此時已進入春耕大忙，四清工作隊要忙於案子結尾做結論，準備整黨，還要部署春耕生產，下地勞動，實在是又忙又累。晚上開完會後，還要抓緊讀報、看「批判文章」。這不是四清工作隊組織的，而是個人自發地進行。大家忙於農村工作，可北京的「運動」的形勢越來越緊張，我們身在農村，心裏卻惦記著北京以及文藝界。大家都是吃這碗飯的，這樣「批」下去，形勢將發展成什麼樣，將會發生什麼事？心中無數。我只是覺得這次與我從一九五六年參加工作起，所經歷過的歷次政治運動有點不大一樣，心中不免惴惴不安。大家只能從報紙上分析揣測。當天的《人民日報》，傍晚就能送到牛欄山，還算方便快捷。那時禁忌多，也不敢隨便議論。發生在一九六六年春天的一些大事如中央的「二月提綱」（彭真等制定）和《林彪同志委託江青同志召開部隊文藝工作座談會紀要》（由毛澤東親筆修改幾次後批發的）的針鋒相對，以及後來部署全面發動「文化大革命」的《五・一六通知》，我們都一無所知，就是不下鄉仍在城裏正常工作，也不見得清楚，因為這些傳達不會到我們這一級。只是見同我們一起下鄉、擔任四清工作團分團領導人的劇協黨組第一副書記趙尋，行色匆匆，奔忙於順義和北京之間（後來才得知，他還努力同林默涵進行電話熱線聯繫，周揚此時因肺癌手術後在天津休息），儘管他不發一言，從不涉及「運動」之事，但看得出他神情緊張，負擔沉重。大概他擔心文藝界要出大事，火山已開始活動，正在醞釀一次噴發，只不知這大噴發在何時！

風雲乍起，文聯大樓變了樣

一九六六年六月初，聶元梓等人的所謂「第一張馬列主義大字報」，立即轟垮了以彭真為首的中共北京市委和以陸平為首的北京大學黨委，接著中央宣布調中共中央華北局第一書記李雪峰，吉林省委第一書記吳德重組新北京市委，分別任第一和第二書記，取代了彭真和劉仁。這使北京城幾近沸騰，因為從一九四九年北平一解放，就是彭真任北京市委書記，執掌北京市十七年，又是中共中央政治局委員、中央書記處書記，中央排名僅在鄧小平之後，位居第八，一下子被掀翻，能不讓人吃驚？他是「彭、羅、陸、楊」的所謂「反黨集團」的頭號人物，另三位也是中央書記處的成員，分別執掌軍隊、意識形態和中辦大權。但我們更關心的是文藝界和文聯大樓。到底怎麼樣了？

六月三日，文聯的一輛斯科達大轎車把我們及簡單行李拉回了文聯大樓。

我們既興奮又緊張。報紙上，除周揚、田漢、陽翰笙被點名之外，還涉及到若干文藝界知名人士，其中有一些人就在文聯大樓工作。有些雖未具體點名，也能猜出一二。文聯大樓成了什麼樣子，實難估計。

汽車到了機關，把行李歸堆兒放在院中，先上樓看看。從一樓起就是大字報，到劇協所在的三樓，迎面就是一張一垂到地的大字報「劉厚生是一條又黑又粗的大黑線」——黑線之說，是從《林彪委託江青召開部隊文藝工作座談會紀要》中來的，說文藝界在建國後一直存在著一條反黨反社會主義的文藝黑線，與毛澤東的革命文藝路線相對立；這條黑線是封建的和資產階級文藝思想、現代修正主義文藝觀同上世紀三十年代舊文藝的結合。進而又把「黑線」說擴大到政治領域，這以江青主持寫作、署名高炬的文章〈向反

研究會的賈芝、劉超等各協會和各刊物有頭有臉的負責人，都被大字報點名「揪」了出來。在劇協的一些領導人（主要是黨組成員）被「揪」出之後，很快就波及到張真、戴不凡、葛一虹這樣既負點責任又是戲劇理論名家的人物。張真是共產黨員，另兩位是黨外人士。張真、戴不凡雖然都管管刊物，卻主要以戲曲理論文章見長，二十世紀六十年代時，他們的理論文章在各大學文科中頗具影響，幾乎與戲曲理論權威張庚、郭漢城齊名；葛一虹三十年代就有戲劇譯著出版，建國後主要從事戲劇出版工作。這三位都是平日埋頭自己的工作，其他事情不大過問，「文革」伊始，他們也難逃此劫。「揪」他們的口實也委實可笑，如有張大字報說張真「惡毒攻擊『肅反』」，所執理由是他在一九五七年寫了一篇反對粗暴對待戲曲傳統劇目的文章，題為〈多洗臉少殺頭切忌活埋〉，望題生義，認為這是一個「極反動的政治口號」，其實，這是張真在玩文字俏皮，所論不過是不要輕易否定戲曲傳統劇目，將其打入冷宮，而要取其精華棄其糟粕，加以整理改編，恢復新的藝術生命力，故曰「多洗臉少殺頭」。不想卻被大字報說成「這是赤裸裸地攻擊『肅反運動』，替被鎮壓的反革命分子招魂張目」。其實，寫大字報的這位調來劇協、進入戲曲工作才不久，對整個情況瞭解極其有限，但在這樣一場「觸及人們靈魂的大革命」中，必須及時表態，迫於無奈翻了翻過去的刊物，衝這個標題寫了這麼一張她自己看著都發笑的大字報，根本沒考慮將會對張真產生何種影響。還有大字報說張真「攻擊毛澤東」，這在當時可是極大的罪名，論據是他寫過一篇批評戲曲樂隊使用西洋樂器的隨筆，內有「只要大提琴他老人家一『發言』，聲音就充滿了環宇」句，大字報說：「大提琴怎麼能擬人化？這是借此影射攻擊毛澤東！」張真這個人的性格風趣詼諧，平日中俏皮話不斷，他走到哪裏笑聲隨到哪裏，跟他一起開會都顯得輕鬆愉快。他有個小本，專門用來記錄隨時聽到的各種生動的語言。文如其人，他的文章，哪怕是逾萬字的論文，也絕不晦澀枯燥，而是妙趣橫生。例如他說京劇《玉堂春》是中國式的《復活》，王金龍與聶赫留多夫、蘇三與瑪絲洛娃有某種相通之處，前兩個都是在懺悔傷害過善良無辜的女子，後兩位都把純真的愛情所付非人，行文又十分活潑，在二十世紀五十年代初這麼論述戲曲傳統名劇是難能可貴的。不想，「文革」使他撞在了「槍口」上，真應了京劇《野豬林》中林沖在「白虎堂」上對高俅設計誣陷他的反駁念白：「縱然是渾身是口，也難以分辯。」沒別的，低頭「靠邊」。今天老人已九旬開外駕鶴西行了。

那時，只要大字報一「點名」，被「點名揭發」者就自動「靠邊」，低頭「交待檢查」。不足百人的劇協，一下子揪出了十幾人。這個比例各協會皆如此。大樓內上百位文藝界的知名之士，一下子都成了「反革命」，進入「黑幫」隊伍；而這支隊伍，可以驕傲地說：是高品位地集中了文壇精英。

文聯大樓中各協會的領導層都呈癱瘓狀態。新調來不久、算是與「黑線」牽連不深的如中國文聯的劉芝明，中國作協的許翰如和劇協的劉亞明等，勉強支撐著「領導」局面，不知火何時燒到自己？後來這幾位也無一例外地被打倒了。因而，人們戲稱他們是文聯各協會的「末代皇帝」。

這年六月，運動在各大學中蓬勃興起，聲勢浩大。然而文聯大樓中的人，大多關注於自己本機關的事，不太注意也沒有時間、精力去關注外面發生了什麼事。各大學運動初期發生了什麼事，僅是耳聞而已；近在咫尺的同難單位，如中宣部（被毛澤東「打倒閻王殿」而一炮轟倒改組，陶鑄調來接任中宣部長，陸定一、周揚等當然全是「黑幫」）、文化部（那時鬧得也很「熱鬧」，夏衍、陳荒煤等人再被「揪」出，「鬥」得很厲害），也沒顧上去看一看。

文聯大樓很快就進駐了工作隊，清一色的解放軍，南京軍區的。由於文化部的常務副部長蕭望東原是南京軍區政委，從南京軍區調工作隊來很正常也順理成章。工作隊的領導人是南京軍區的政治部主任、一位姓曾的少將，老紅軍；到文聯大樓的工作隊大多是團級幹部，作風很好，沒有發生工作隊整人、打「反革命」的事。至於搞沒搞「黑名單排隊」的事，咱們不知道，因為沒有表現，對大家都很客氣，用人也不拘一格。

他們一進來，首先抓起了鬥「黑幫」的事。因為文聯大樓中被揪出來的人上百，「黑幫」一大批，「材料」也初具規模，比較容易組織起對「黑幫」的鬥爭批判。劇協的工作隊立即著手組織對田漢的大會批判，其他協會也分別對自己的「頭面人物」開會批判。這時，容納五百人的文聯禮堂又派上了用場，批判大會一個接一個地在這裏開。例如對田漢的批判會，大家念事先寫好並經過審查修改的發言稿，呼喊口號；田漢則是先站後坐，在旁靜聽並記筆記，的的確確是「文鬥」（這時「十六條」還未發布，發布是八月上旬，此時是七月），沒有發生辱罵、打人等過火行為。恐怕這也與文聯大樓中主要是知識分子、比較懂政策有關。

發言者是事先指定的，發言稿事先寫好。連我這個一向被視為「思想落後」、業務上倒有兩把刷子、從來無緣充當積極分子、參加什麼政治運動的人，這次居然被破格垂青，分到一個批判田漢的發言——從田漢一九五六年發表的〈必須切實關心並改善藝人生活〉和〈為演員的青春請命〉這兩篇文章，批判他的「反黨反社會主義」思想。我真有點受寵若驚，沒想到我這個「落後分子」，居然也能和那些一貫受重視的積極分子參加第一線戰鬥。好在我同田漢沒有什麼來往，他這兩篇文章都刊發在《戲劇報》上，那時我剛到職，還校閱過兩文的清樣，來龍去脈較熟悉——是田漢先去湖南、廣西，後去上海，以人大代表身分視察聽取意見的結果，遂抖擻精神，好好「表現」，以摘掉我這「落後分子」的帽子。

發言提綱事先討論通過後，晚上不回家趕寫發言稿，就睡在外賓接待室的地毯上。夏夜涼爽，微風習習，隔壁燈市口中學的操場上傳來了中學生的陣陣辯論聲浪：「老子英雄兒好漢，老子反動兒混蛋，鬼見愁！」那時，在青年學生中，「血統論」甚囂塵上，那些出身不好的人備受欺凌。我憑窗遠眺，凝神靜聽，我的心也隨之「沸騰」，頗有「天將降大任於我」的自豪責任感，遂奮筆疾書，倚馬千言，上綱上線，把種種武斷的不切實際的政治推論，一股腦兒砸向田漢老人的頭上。當時，我被宣傳煽動得也很「左」，認為田漢是「同黨中央毛澤東對抗」，在共產黨領導下，你「為民請命」、「關心藝人疾苦」，那把「黨的領導置於何地」？不是「反動」又是什麼！我的發言稿順利通過，還受到表揚，說我「認識深刻有覺悟」，這一下我「升班摘帽子」了，甚為高興。所以在大會上發言時，我更為理直氣壯、義憤填膺，不僅發言語調鏗鏘，還配合上戟指怒斥的手勢，竟沒想到還被留下照片，放在了是年九月在北京展覽館舉行的「紅衛兵戰鬥成果展覽會」上放大展出。當時我很得意自豪，後來每思及此真是汗顏內疚。這照片（我沒有留存）成了我不光彩的一段歷史見證。後來我還公開寫了文章說明此事並自責，我感到對不起田漢老人，不知他當時聽了我們這些人的種種誣衊不實的「批判」，心中作何感想！

各協會在文聯禮堂中搞的批鬥陽翰笙、邵荃麟等人的大會，與批鬥田漢的大會大同小異，有時我也去聽聽，就跟其他協會的人來聽批判田漢大會一樣。

在文聯禮堂中，曾有一次把病後的周揚揪來「批鬥」，那可不是鬥田漢時那樣有準備地念發言稿，而是一種圍攻式的質問，文學的、戲劇的、電影的、音樂的、曲藝的、美術的……各種領域、各種問題無所不包，你一言我一語逼周揚立即回答，不滿意就呼口號、「打態度」。大病初愈、皮膚白皙的周揚，此時汗流浹背，一件短袖白襯衫都濕透了。好像這不是有組織的，而是臨時湊成的「遭遇戰」，或許此時解放軍工作隊已經撤出。

關於派工作隊的問題，引發了黨中央的一場大爭論，毛澤東指責劉少奇、鄧小平犯了「鎮壓群眾」的「資產階級反動路線錯誤」，迫使劉少奇在人民大會堂的萬眾面前公開檢討。劉少奇從此地位迅速下降，直至劉、鄧被一一「打倒」。起因既然是工作隊，那所有的工作隊必須撤出。進駐文聯各協會的解放軍工作隊，在八月中旬也匆匆撤走了。那些大學生們的「革命造反派」，把工作隊描述「青面獠牙」、「兇惡十分」，我一直是不大相信的。像進駐北京大學的工作隊隊長、時任高等教育部副部長的張承先，是我們北京師大附中的老校友（比我要高十幾屆）、原中共河北省委文教書記。我在一九五九年參加河北省戲劇匯演時同他有過接觸，印象是彬彬有禮、作風穩重、學識豐富、很有政策水平。那時他要在匯演上做一個報告，很認真地進行準備，還把我們幾個從北京去的所謂中央機關的觀摩代表請去，傾聽我們的看法和意見。這樣的領導人怎麼會亂來呢？那是在北大，我未身歷其境，不好妄言。可是派進文聯大樓的解放軍工作隊，我沒有發現他們有什麼打壓群眾的事。並且還成就了一樁好事：

解放軍工作隊中還配備有一位女衛生員、南京軍區總醫院的年輕未婚護士，高挑身材，溫柔文靜，作風穩重，被常留宿機關的劇協單身漢陳大彬（後任《瞭望》雜誌主編）看中，在暗中祕密發起愛情攻勢。雖然工作隊有嚴格紀律，但紀律阻擋不了年輕人火一般的愛情，只能悄悄的「地下工作」。工作隊撤走後，此事逐漸公開，姑娘請假北上看望大彬，幫助大彬收拾那髒亂無序的光棍生活，後終結秦晉，如今都已古稀開外了。

紅衛兵大鬧文聯大樓

文革爆發後的前兩個月，文聯大樓內雖然各種業務工作停擺，往日的文雅氣氛無存，代之以一片喧鬧聲，但秩序還算正常，沒發生什麼越軌的事。

到了八月就不同了。先是召開了中央八屆十一中全會，頒布了《關於無產階級文化大革命的決定》即「十六條」，八月十八日毛澤東身著綠軍裝，和他的「親密戰友」林彪登上天安門接見百萬紅衛兵後，形勢立即大變。紅衛兵衝上街頭，以「破四舊」名義，抄家，打人，可以說北京變了樣。

我和新婚妻子的工作所在地都是東城，而我們住在西城，中間隔著天安門。由於毛澤東接見紅衛兵，多少次被攔住上不了班。開始還心急，後來也就安之若素了，因為這算公假。在那年一個秋高氣爽、萬里無雲的好天氣中，又是接見紅衛兵，上不了班。我們早早吃完午飯，兩人騎自行車鑽胡同向西，本想上街瞧瞧熱鬧。誰知鑽來鑽去，竟鑽出復興門，過了當時新修建還未修完的三環路，再往西北一路暢通無阻。那乾脆騎車去頤和園。頤和園門前冷冷清清，我們連自行車也沒存（沒存車的），就鎖在門口，買了門票進去。整個頤和園此時可用「寂靜空靈，人跡寥落」八個字形容，幾乎沒有遊人。由於大接見，交通斷絕，再加上紅衛兵上街後所造成的種種混亂不安，誰又有閒心逛頤和園？在頤和園的諧趣園只有我們夫妻倆坐著，周圍靜得一點聲音也沒有。難得的清靜，我十分愜意，妻卻靜得有些緊張害怕。走到長廊、石舫，才偶見一兩個遊人。我們遊得非常暢快，而且經歷了一個「最」：此前和此後再也不會出現世界聞名的頤和園內少有遊人，致使形成這空前絕後的清靜的事了，這讓我趕上了，我感到自豪。

話頭還要拉回到八月。「八一八」後的一個最大變化是：紅衛兵上了街，到處插手「造反」，搞得社會秩序大亂，形勢也隨之大變。

此前，雖然各單位都在搞「運動」，但遵循「內外有別」原則，互相不大來往、交流。「八一八」後，這個原則守不住了，紅衛兵來了，無孔不入，身著舊軍服、腰繫軍用皮帶、臂掛紅袖章的「革命小將」，不再滿足於本校內「鬧革命」，而要「殺」向社會，哪兒都要伸一腳，以「破四舊」為名，抄家打人之風陡起，北京街頭充斥著混亂、恐怖氣氛。而文聯大樓有這麼多有名氣的文藝界「黑幫」，有人被報紙點了名，立刻成為紅衛兵新的攻擊目標，他們一批批衝向文聯大樓。大家從沒見過這個陣勢，窮於應付。

八月下旬某日深夜，我在家聽見隔壁院內鬼哭狼嚎，是紅衛兵在抄家打人。次晨，我推出自行車上班，剛一出門，就見隔壁鄰居、曾教我練過氣功的和善老人，被打得臉腫得像個大發包，蜷縮在胡同一角。這是紅衛兵的「傑作」，說老人是「漏網富農」。我心中很不是滋味，卻不便也不敢言聲，推車低頭匆匆而過。到燈市口想吃點東西，因鬧了一夜，早晨沒心思在家吃早飯。我進了萃華樓，往日這裏精製的燒餅、豆沙包、餛飩都不見了，只賣窩窩頭——京師的一流著名大飯莊、同時能擺七十桌宴席的萃華樓，竟然賣起窩窩頭，這也算「革命創舉」，在「中國飲饌史」上寫下了獨特的一筆。還沒容我買，就受到厲聲斥責，一個紅衛兵指著我喝問：「瞧你，什麼樣子？到這個時候了，還敢穿這個？」原來那天早晨天氣較涼，我在白襯衫外面套了一件日本仿毛的灰色兩用衫，沒繫扣。這當然與滿街的舊軍服、大皮帶、舊衣褲很不諧調。我不敢應聲，趕緊拿著窩窩頭到文聯大樓，和大家一起應付紅衛兵的衝擊。

最先衝擊文聯大樓的是北京的中學生紅衛兵，時間是八月下旬紅衛兵「殺」向社會不幾天。他們來勢洶洶，一副居高臨下、君臨一切的架勢，上來就是衝、吵、鬧，再就是解下帶銅扣的軍用皮帶揮舞，企圖打人。文聯各協會趕緊把靠外的禮堂、樓道大廳及每層外側的五間大會議室都讓了出來，退守到南側樓道另有門的辦公室中。紅衛兵還是一批批往裏衝，一個個兇神惡煞般，手中掄著皮帶，挨屋搜索，厲聲喝問：「誰是田漢？」「田漢在哪兒？」「把田漢交出來，別當保皇派！」他們終於發現了田漢，不由分說，立時揪下三樓，到後院中去「鬥」，紅衛兵掄起軍用皮帶就是一頓打。之後，有個紅衛兵居然一隻腳踩著撲倒在地的古稀之年的田漢，亮了個昂揚的「像兒」，讓同去的夥伴給拍照。這還有個說詞，即毛澤東的語錄：「把反動派打翻在地，再踏上一隻腳！」

他們還以搜索的目光在各層樓中尋找文聯各協會工作人員中的「四舊」，不外乎髮式、衣服、鞋子。大家事先都做了處理，無隙可乘。吳孟鏗是中山大學畢業剛來不久的青年，他天生的捲花頭，這可難辦了。紅衛兵分辨不清是天然的還是電燙的，也不容許解釋，撞上可了不得。雖然天氣很熱，他也只好戴上一頂帽子，有人還開玩笑，最好胸前掛一個書面聲明：「本人頭髮係天然生就，非人工所致，請勿誤會。」

然而，紅衛兵終於找到了攻擊對象——前劇協領導人後調外交部新聞司司長的張穎。張穎在「審查對象」集中的屋裏寫檢查。那天她穿的是一身整潔的灰制服，黑皮鞋。皮鞋的質量很好，只是鞋頭略尖。這可惹惱了紅衛兵，命令她脫下皮鞋光腳站在水泥地上，這個紅衛兵手拿著皮鞋敲著桌子斥責道：「瞧瞧你是什麼樣子？真是做官當老爺，不知羞恥。都什麼時候了，還穿這個？對資產階級生活方式你可稱是一往情深。」這位十六歲從廣東來到延安參加革命、曾在周恩來身邊工作多年、後來又歷任駐多國的外交官的老大姐，哪裏受過如此奇恥大辱，眼淚只能在眼圈中轉，不敢放悲出聲。

舞蹈家盛婕（吳曉邦的夫人、舞協祕書長）、戲曲評論家戴不凡等，都被紅衛兵剃了「陰陽頭」——一半剪光，一半留有頭髮，奇形怪狀，這是紅衛兵對「地、富、反、壞、右」和「黑幫分子」所作的「形象標誌」和懲罰。還強迫被「揪」出的人唱「牛鬼蛇神歌」，也稱「嚎歌」，腔調怪模怪樣，不斷自嘲自罵，純係人身侮辱。對人的這種羞辱、折磨，在哪裏都是如此。

晚年張穎（右）與本書作者

面對這些還不大懂事，卻被煽動得頭腦熱昏的十幾歲的孩子，又能說些什麼呢！當田漢在後院中被打得滿地翻滾時，一位女幹部實在看不過去，說了一句「十六條」中的話：「要文鬥，不要武鬥」時，被打人者推得踉蹌後退摔了個屁股蹲兒，紅衛兵還惡狠狠地說：「這是打壞人不打好人，你要是再當保皇派，連你一塊揍！」說著，手中的皮帶舉了起來。另一位急得跑到辦公室說：「趕緊給中央文革、公安局打電話，照這樣打下去，田漢會被打死的，可不能出人命！」可是，在那種大亂的形勢下，誰又阻止得了。

抄家、毀物、打人，以至打死人，在北京那個時候是不少的，有的家道殷實些的人家，更嚇得不行，把多年積蓄的金戒指、小元寶，偷偷扔在公共廁所的糞坑中，我曾看見清潔工人掏糞時，糞中夾雜著不少金光閃閃的一兩一個的小金元寶。這些在北京展覽館舉行的「紅衛兵戰果展覽會」上都有展出。

以滑稽的「示衆」轉移減輕壓力

由於毛澤東一次又一次接見紅衛兵，形成了外地學生紅衛兵成百萬地來北京大串聯。北京的街道上、各大學以至頤和園等名勝，到處都是外地的紅衛兵學生，以致北京居民的生活秩序全被打亂。他們要吃要喝要行要瞧要玩，這百萬以上的紅衛兵輪番進北京，壓力十分巨大，而且他們的飯白吃（每人每頓一碗紅燒肉加大米飯，免費供應，各單位食堂、飯館都有供應任務），車白坐（坐公共電、汽車不買票，往返乘火車也不花錢，北京的公交車上擠的全是外地學生，甚而車還不夠用，從外地緊急調來公交車接送學生，那時北京街頭上行駛的公交車，哪個省的全有，甚至竟有從貴州省調來的。即使如此，北京人也難以擠上車，一時只好轉而改騎自行車，於是自行車供貨立時趨於緊張），到北京又大開眼界，毛澤東又接見，備受重視，何樂而不來！

外地紅衛兵到北京的高潮是一九六六年九月。他們來京後大都必去的一個地方就是文聯大樓，此時的文聯各協會及擁有的知名人士，是「門縫吹喇叭——響聲在外」，所以樓前人山人海，衝擊的壓力越來越大，終日吵吵鬧鬧。每日單純躲讓、應付不是辦法，要另想主意。我們發現這時來文聯大樓的紅衛兵，北京的已十分稀少，他們玩膩了，另找他路，或出京周遊全國去串聯，反正也是白吃白坐車不花錢；而外地來的「革命小將」，大多數是不明究竟，有好奇心理，來文聯大樓是瞧「黑幫」大人物，看熱鬧的，那就搞些活動吸引他們的注意力，別鬧得太厲害，以致出事。

所搞活動之一便是「黑幫示眾」。據說這是學的團中央。那時團中央在正義路今北京衛戍區司令部的所在，青年學生「造反」，團中央機關及其領導人胡耀邦、胡克實等都在劫難逃。在巨大的壓力下，只好在臨街的大樓陽臺上，讓胡耀邦公開「示眾」挨鬥，而耀邦同志昂然不屈，拒不承認自己是「黑幫」。這「示眾」團中央能搞，文聯也能搞，且頭面人物要大大多於團中央。被毛澤東點了名的中宣部是「閻王殿」，文化部是「帝王將相，才子佳人部」，也都是「革命重點」，對「示眾」也做了「引進」。這時，文聯禮堂又派上了用場：文聯各協會「揪」出的「黑幫」都轉移到地下室，按時在禮堂中搞「示眾」，《大海航行靠舵手》的樂曲一響，各協會的「黑幫」，由文聯的人押著輪流上臺（不容外人插手接近，以保安全），上臺後自報：「我是田漢」、「我是陽翰笙」、「我是邵荃麟」……然後由文聯各協會的人做幾句「批判」，呼一通口號，再押走。外來的紅衛兵，只能坐在臺下看。過半個小時，再來一場，「示眾」的人也有所更換，大家輪流上臺，只因田漢、陽翰笙目標太大，所以每次必須「出場」。主持人是大學畢業剛分配到曲藝家協會的殷可善。他臨危不亂，很有駕馭本領，把每天上下午各有三四場的「示眾」

搞得有聲有色，吸引了不少來這裏「串聯」的外地紅衛兵，轉移了他們的注意力，使樓內員工暫時鬆了口氣。不少人對文聯大樓這「活電影」十分感興趣，擠進禮堂看了一場「示眾」後，卻坐著不肯走，有如放「循環電影」，再等著樂曲響後接茬兒看下一場。這樣，後來的人就進不來，難免發生口角爭執，我們還要勸架疏導。對「示眾」你怎麼瞧都行，哪怕多看幾次，但是有一條：觀看者不許接近舞臺和「示眾」對象，這時「文聯紅衛兵」就發揮震懾作用了。

對這種「示眾」方式，各方皆大歡喜。首先，來文聯大樓瞧熱鬧的紅衛兵看得開心，他們沒想到在這裏能親眼看到這麼多知名的大人物；田漢、陽翰笙等一些被「示眾」者，對此也覺心稍安，他們真怕紅衛兵胡鬧打人，在自己機關的人手中，相對安全些，少受不少皮肉之苦，即使擱在陰暗的地下室，也意識到是一種保護；各協會只要抽出少數人應付「門市」就成了，多數人能做點事。

文聯大樓的「黑幫示眾」搞了一個多月，名揚四海，凡外地紅衛兵來京「串聯」的，到文聯大樓看「黑幫示眾」，有如今日外國旅遊者到北京旅遊登長城，吃烤鴨一樣，是必不可少的事。這完全是被逼無奈臨時想出來的主意，或許也算個「文化大革命」的「創舉」。

外地的學生越來越多，單靠「示眾」已經穩不住了。殷可善召集我們幾個人想辦法。有人建議到各大學去抄首長講話的大字報，回來張貼，吸引大家。這任務落在我頭上。通訊員騎摩托車帶者我，穿梭於北大、清華、人民大學，我專找周總理等人講穩定秩序的講話抄，回來組織人趕緊抄寫張貼在前院牆上，吸引了不少人在抄看，禮堂「示眾」的壓力減輕了。殷可善緊握我的手，用累得沙啞的嗓子向我致謝：「你可幫了大忙。」

整個秋天，全在應付文聯大樓的混亂，無暇他顧文藝界的「運動」。老舍孔廟受辱，憤而投湖自盡，我的好友程（硯秋）派名家趙榮琛被關被打、被誣指為「特務」等等，都是事後才得知的。我們的芳鄰中宣部、文化部、北京人民藝術劇院，運動都鬧得很凶，也無暇他顧。

我趁外出之便，溜到北池子中國京劇院看大字報，看見我平日熟悉的京劇名家、名編導李少春、葉盛蘭、阿甲、范鈞宏、翁偶虹等，一一被戴上各種「政治帽子」，大字報極盡侮辱之能事。只不過囿於京劇演職員的文化水平，大字報寫得空泛沒文采，虛聲恐嚇而已。他們低頭勞動，破衣爛衫，默然無語，見到我，把頭一低當然不敢交談，我心中很不是滋味。

聽說已逝的梅蘭芳先生在北新華街舊簾子胡同的故宅被抄，梅夫人受辱；馬連良、荀慧生等都在挨鬥，我不由惦念起程（硯秋）家的安危。因為我是研究程硯秋的，程先生一九五八年病逝，生榮死哀今當如何？遂專門跑到西四北邊的報子胡同，見程宅朱門緊閉，門口貼著當時聲名顯赫的首都三個紅衛兵司令部的聯名布告：此處由我們檢查管理，任何紅衛兵組織不得干預入內。我噓了一口氣，為程家母子慶幸。據說，這是周恩來總理做了工作，對程家進行了特殊保護。真是德政！

田漢深夜被抓走

天逐漸冷了，但文革的熱度一點沒減。外地紅衛兵逐漸走了，又搞起了「資產階級反動路線」的批判反擊，目標逐漸指向劉少奇。單位裏矛頭指向按「十六條」成立的文化革命委員會和已撤走的工作隊，一鬧好幾個月。

突然通知十一月二十八日晚在人民大會堂有個文藝界的大會，讓我們參加。中國文聯屬中直機關，重要活動、大會是經常參加的。文革一開始，我們是毛澤東點名的單位、運動的重點，什麼都沒份了。這通知讓我們意外。

那天大風降溫。去人民大會堂的人很多，我們被安排席地坐在宴會廳中聽大會廣播。記得這次大會主要有兩個內容：一是宣布江青被任命為解放軍「文革」小組的顧問，提出了「江青在政治上很強」，是「文化革命的旗手」；二是江青的長篇講話，她除了照例代表毛澤東問大家好外，主要集中攻擊所謂「舊中宣部」、「舊文化部」和「舊北京市委」，說他們「封鎖對抗毛澤東、黨中央，推行反革命修正主義路線，是針插不進、水潑不進的獨立王國，必須發動群眾徹底摧毀砸爛之，清算他們的罪行」。還大罵京劇名演員趙燕俠，說趙對抗她，不聽她的話，送她毛衣居然敢不要，死心跟著彭真等人走，「要當舊北京市委的殉葬品」，那就要批倒批臭。還說演《紅燈記》、《沙家浜》的中國京劇院、北京京劇團有功，可劃歸解放軍建制。會後是照例的接見，身穿軍服的江青和陳伯達、康生、王力、關鋒、戚本禹、姚文元以及周恩來總理、陶鑄等，都手執「紅寶書」到群眾中巡走接見。最後他們來到宴會廳，向到會者揮手致意。當然又是一陣驚天動地的口號聲，其中已經有了「向江青同志學習、向江青同志致敬」的說法。

這是向「三舊」發動新一輪攻擊的動員會。按我當時已很左的思想，覺得江青的講話「非常正確」，全盤接受毫無疑問；只是她在這麼大的場合公開辱罵趙燕俠，心裏稍覺彆扭。因為我熟識趙燕俠夫婦，也深知一九六二年以後江青與趙的親密關係。江青很多關於「文革」性質的思想精神，不少是通過趙燕俠傳播開來的；趙貫徹江青的意圖很積極賣力，不僅排演了《沙家浜》、《杜鵑山》（與馬連良、裘盛戎合演），還著手準備排演根據歌劇改編的《江姐》。她搞京劇現代戲很努力，怎麼一下子與江青掰了，成了「反革命」？江青一講話，有如鐵板釘釘，夠平日性格倔強的老趙（熟人對趙燕俠的稱呼）喝一壺的。但這時候誰也顧不了誰。

也許是「一一・二八」大會的直接影響，一週後北京發生了驚天動地的「一二・四事件」。那天早晨我騎車上班，途經天安門廣場，見北側紅牆上刷有大標語「『一二・四』行動好得很！」「『一二・四』事件是徹頭徹尾的革命行動！」開始我還有點摸不著頭腦，到了機關才得知：一九六六年十二月四日凌晨，彭真、陸定一、劉仁等原北京市委、中宣部的領導人和從「文革」一開始就被「點名」罷官的中央大員，突然被一些身分不明的人從他們的住宅中綁架而走——這些人雖然是「文革」開始時的矛頭所向，但他們仍住在原來的宅邸中，甚至原有的警衛也照常未撤。同時被綁架抓走的還有田漢和曹禺這兩位文藝界名人。後來，曹禺被放回來了，嚇得渾身發抖，問他是誰抓的？被關在哪裏？他一句也不敢說。

田漢被突然綁架抓走，對文聯各協會不啻是一次「地震」，各協會的人都來詢問。田漢是從細管胡同六號他的住宅中被抓走的。田漢從二十世紀五十年代起一直住於此。文革開始後，他每天上班，到文聯大樓交待檢查，專用汽車當然沒有了，近七十歲的他每天擠公共汽車上下班。那天深夜，他家的大門被砸得山響，湧進一大批不明身分的青年人。管理這座房子並一直照顧田漢生活的阿楊師傅和住在外院的幾個劇協員工聞聲而起，立即被氣勢洶洶的來人逼回各自的住房，不許出來，不許過問；院內的電話線立時被割斷，他們輕車熟路地直撲內院北房，把剛從睡夢中驚醒的田漢架起就走，開車揚長而去。田漢的妻子、著名作家安娥，此時已中風十年，言語、行動不便，面對一夥綁架的強人，毫無能力也不敢反抗；住在中廳西裏間的田漢的九旬老母，還沒弄清怎麼回事，她那極為孝順的兒子就沒了，從此母子咫尺天涯，遂成永訣。這些人綁走田漢，時當深夜，住在前院的劇協員工無處可報案，俟到天明，才趕到劇協如此這般地報告。

後來才得知，一夜之間綁架走六七個要員名人的是中央戲劇學院的一群紅衛兵所為，為首的是軍隊高級幹部的子女，背後有中央文革的成員授意支持，故意製造事端，針對目標是彭真、陸定一、羅瑞卿、楊尚昆，目的是向周總理施加壓力。因為是戲劇學院的人幹的，也就順便捎上戲劇界的頭號人物田漢和在戲劇學院也有職務的曹禺。而戲劇學院主要負責人李伯釗（楊尚昆的夫人），已早在他們掌握之中。大概是曹禺的「份兒」小不夠格，所以抓了又放了，其他人都扣在他們手中，連夜滿城刷出「一二・四革命行動好得很！」的大標語，大造聳人聽聞的輿論。據說，周總理立即進行了干預，命令他們把人交出來，交給北京衛戍區。田漢從此沒有再回來，而被「監護」在北京衛戍區。

一年以後，我曾見到參加過此次「一二・四」行動的中央戲劇學院戲劇文學系的一位青年教師。他不無得意地描述了那次突然綁架行動的細節：如何翻牆跳入彭真等人的住所，趁警衛戰士不備，迅速完成了綁架，並說服解放軍警衛人員不要干預他們的「革命行動」，未發生衝突；至於田漢、曹禺，不過是順手牽羊，不費吹灰之力。

文聯大樓被「佔領」

劇協的主要鬥爭對象田漢沒了，這是我們從沒有經歷過這樣的事，也不知該怎麼辦。各協會的朋友雖然關切，也沒主意。

就在這時，文聯大樓又遭到第二次衝擊：外地文藝界的造反派突然紛紛來到北京「串聯」，湧向文聯大樓，要吃要喝要住，一副兇神惡煞模樣。各協會沒辦法，只好騰房子，買草墊、新棉被，食堂添人幫廚，安排這些造反的大爺大奶奶。大樓裏人滿為患，混亂不堪。外面有房子的大協會，只好退出大樓，留下幾個人應付，其他人暫時轉移，作協退到了文聯大樓建成前的原來機關所在地：東總布胡同二十二號；劇協則挪到了細管胡同田漢的住處，田漢被抓走後，後院空著，田漢夫人安娥已遷住到東四頭條她兒子田大畏家中，就劇協幾十個人，加上「審查對象」，完全擱得下。

田漢的三間北正房很寬大，用好多個擺滿各種書籍的書架，分割開來，這裏成劇協人員開全體會的地方。大家每天按時到細管胡同上班，沒有食堂，中午大家帶飯在爐子上熱了吃。西屋是田漢的飯廳，與北上房通過西耳房相連。記得一九五七年冬天，我去細管胡同挑選話劇運動五十週年的的老照片準備刊發。話劇五十週年辦公室臨時設在這三間西飯廳中。我正在看照片，田漢過來吃早飯。他身著舊羊皮長袍，光腳穿著皮拖鞋。早飯很簡單：大米煮泡飯、醬鹹菜、醬豆腐、一個松花蛋（皮蛋）。他吃得很快，還問我吃早飯沒有？讓我再吃點。這可以說是我近距離與田漢唯一一次個別接觸。

劇協的人在細管胡同暫時安身後，每天在那裏學習、搞運動。這時劇協的人隨著社會風氣，也成立了群眾組織，一個以《劇本》月刊的同志為主，人數多一些，包括劇協其他一些小部門，名曰「革命造反團」；還有一個以《戲劇報》的人為主，小一些，名曰「盡朝暉」，那時時興以毛澤東的詩詞句為群眾組織命名。當然都是革命群眾，不包括「黑幫」。

在細管胡同，大家按自己參加的群眾組織活動。那時上面的號召是批「資產階級反動路線」。可是工作隊早撤了，按「十六條」成立的文化革命委員會也名存實亡，沒什麼可批的了。大家沒什麼事幹，就是學習，開開會。田漢三間正房中豐富的藏書吸引了我們，有些是二三十年代出版的絕版本，這時翻看田漢的藏書，似乎比開會「革命」更使我們感興趣。

在細管胡同居停了一個多月。這時正是上海大鬧「一月革命奪權」時。劇協有兩個群眾組織也在醞釀此事。

臨近春節了，雖說已宣布春節不放假，照常搞革命，可是強住在文聯大樓的外地文藝界造反派搶著離京回家過年，臨走時還趁機撈了一把：把裏面三新的棉被拆開，抽出棉絮，被裏被面塞入旅行包偷走（棉絮太厚扎眼不好帶，只好「割愛」，雖然那時的棉花也很緊張），這可以省幾十尺布票，還不花錢。不僅如此，聽留守的人說，這些造反派，男女間串房亂搞的有的是。大樓裏又髒又臭。這些大爺大奶奶可走了。雖然其中一些人我們認識，可這時沒有來往。大樓騰出來了，在外面避難的協會還要搬回去，人數較少又無處可去的協會也長噓了一口氣，終於「解放」了。大家打掃了好幾天衛生，才搬回去。

大樓派仗頻仍，「黑幫」落得清閒

一九六七年一月，以上海為開端，實行了「革命派聯合起來向走資派奪權」，一時間奪權之風全國盛行。文聯大樓各協會也要跟著走，何況這時已沒有領導，成為無政府狀態。那就「自己解放自己，自己管理自己」。

劇協兩個群眾組織聯合成立了中國劇協革命造反團，宣布接管「劇協黨政財文一切大權」。可是半年多的文革，使很多人養成了「老子天下第一」的「唯我獨革」的自我膨脹意識，聯合奪權不久就發生了裂痕，而分裂成兩派。這是普遍的，百人的小小劇協怎能例外？何況中央文革插了手，風雲一時的人物戚本禹在公開挑撥。

《戲劇報》有個女編輯叫朱青，中央戲劇學院戲劇文學系研究生畢業，很有才華，在文藝界公關活動能力很強，此時她屬於「盡朝暉」組織。一九六七年二月初，朱青在下班回家的路上突然被便衣公安人員逮捕，次日公安部通知劇協：朱青的罪名是「反革命」，案情沒有宣布。只聽說她與老詩人、老革命家蕭三之案有牽連。蕭三已被打成「蘇修特務」被捕入獄，平日與蕭三有些來往的朱青，當然難逃厄運。那時沒有審判，專政部門說你是「反革命」就一定是反革命，老百姓相信政府，從不懷疑。朱青在監獄中被關了近十年，受盡折磨，後來蕭三之案平反昭雪，朱青也只好釋放。但獄中十年折磨，不僅其身體、精神垮了，得了精神分裂症，連她的家也沒了：她的丈夫張守慎，北京大學外語系的高材生，五六十年代戲劇界出色的俄文翻譯，因為朱青的牽連及戲劇學院方面的其他原因，他不斷挨整挨鬥，最後被逼得跳了樓；遺下一雙兒女，沒人管，致使四處流浪。好端端的一個知識分子家庭，橫遭摧殘，家破人亡，找誰說理去！

朱青出獄後，被安排回劇協，她的身體已難以勝任工作，只好提前退休，孑然一身，靠菲薄的退休金孤單地生活，不斷犯病，無人照管。今已年近八旬的朱青，開始時有些不想活下去了，但後來抱著「人爭一口氣」的信念，奮力自強，努力調養身體，重拾舊業，進行戲劇研究寫作，不斷有論著發表，可謂身殘志不屈。

當年朱青以「反革命」罪突然被捕，她所在的那個群眾組織「盡朝暉」出了個「反革命」，當然就要自行整頓。偏偏身居「中央文革」成員高位的戚本禹，不知從哪裏得到密報（那時很多人和群眾組織都向江青等人遞「材料」，中央文革也派出不少人以《紅旗》記者身分四處搜集材料，有人也來過劇協調查），在一次公開講話中，拐彎抹角提到朱青被捕這件事，矛頭指向朱青所在的劇協這個只有十幾人的群眾組織，用了個含糊其辭的概念點了名：「中國劇協有個『盡朝暉』嘛，其中出了個反革命，被捕了嘛，看來這是個不好的組織嘛……」

由於戚本禹官高爵顯，他這一番話，尤其那個「不好的組織」的政治定性，立即在文聯大樓內引起軒然大波，大家紛紛表態：緊跟「中央文革」，堅決擁護戚本禹的「正確」講話。朱青所在的那個「不好的組織」立時陷入四面楚歌的境地：被開除出掌權的中國劇協革命造反團，劇協的「黨政財文大權一概與之無涉」；在強大的政治壓力下，這個組織只好宣告解散，所有成員都要檢查，還要受大字報的圍攻、指責、侮辱。這些人逐漸忍無可忍，遂奮起反抗，重新拉起新組織，使劇協分裂成兩派，打起了「派仗」。

當時不只是戚本禹直接插手挑撥的劇協如此，文聯其他協會以及社會上的群眾組織也大多從聯合走向分裂，「內戰」風起雲湧。不過，文聯大樓的「派仗」與社會上的不同，不動槍不動炮沒有「武鬥」，真正是「文鬥」：文聯各協會中，筆桿子雲集，大多能寫一手好文章，於是全憑大字報交鋒，一寫就是一萬多字，一貼就是幾十張，很有文采妙詞，還配詩配畫。院中樓內的牆壁上貼不開，就在樓前院子中豎起了席棚貼；因為臨街，倒吸引了不少過路行人進院觀看。

由於「派仗」頻仍，那些被「揪」出的「革命審查對象」反而清閒了，除了每天例行的打掃衛生等體力勞動外，就坐在桌前寫「交待檢查」，回顧歷史，巨細無遺，而且都很規矩，屋內集中了不少人，卻從不交頭接耳多言少道。這些人都是很能寫的，平日忙於各種工作、會議，很難有集中的時間寫東西；這倒好，每個人的「交待材料」，成了自己大半生的文藝生活回憶錄。舞蹈家吳曉邦在「文革」結束後出版了一本書，就是根據後來退還給他的「交待材料」整理而成的。

一些挨「整」的人，由於這一段生活相對平靜，倒也安適，鬆了一口氣。作家協會副主席、黨組書記邵荃麟，身體本來很不好，幾乎風一吹就要倒，一頓飯只能吃一片薄薄的精白麵包。被「揪」出後，每天上班勞動，還要手不停筆寫「交待」，中午在食堂吃飯，胃口也大開，一頓能吃一個半窩頭，人也精神了胖了。大家見到邵荃麟的變化，不禁私下開玩笑說：「看來『粗飼料』（指窩頭）還是比『精飼料』養人。君若不信，邵荃麟即為明證也！」

冰心老人的工作關係也在作家協會，沒有擔任實職，平日主要在家寫作，若有重要的會議、活動，作協派車去接，否則老人是不來的。「文革」一開始，冰心雖不是當權派，卻是「權威」，而權威則必「反動」，於是也就「靠邊站」了，每天早出晚歸乘公共汽車來作協上班交待檢查。她總是一身乾淨整齊的或藍或灰的布制服，腳下黑布鞋，俐落又精神。中午和大家一起在食堂買飯。她不大吃好的，飯菜很平常，吃得也不多。有時在靠食堂門口的大方桌上吃，若食堂沒地方坐了，就把飯菜端上四樓去吃。在眾目睽睽之下，冰心老人臉上依然是那麼從容恬靜，與平日無二。文聯大樓中幾乎所有的人，可以說都受過冰心的作品滋育，對這位知名老作家很為崇敬。但此時是「文革」的非常時期，她已成為「階下囚」，大家在表面上誰也不便也不敢公開說些什麼，心裏卻對這位挨「整」的瘦弱老人有些同情，而且以她大半生的經歷和為人，絕不可能是什麼「反黨反社會主義反毛澤東」的「反動學術權威」。從冰心那樸素整潔的衣著和安詳自如的神態看，恐怕她在作協算不上什麼「重點人物」，大概也沒有受到太大的難為。

第三章
故宮祕密鬥田、陽

文革中的怪事無窮。有的人會瞬時立變，不過也鬧了一些笑話。若光憑脫下時髦漂亮的衣裙、高跟鞋，換上舊軍服，揮舞「紅寶書」，宣布自己是「最最革命的」，那是不能算數的。

「文革」伊始，美術家協會在中國美術館搞展覽的一批年輕姑娘，就這樣演員似的變臉：這些平日很注意打扮的女孩，中午吃飯時，都換上了舊軍裝，其中一人站在食堂的桌子上發表了一個「嚴正聲明」說，今後吃完飯，碗筷要自己洗，「改掉資產階級老爺的臭作風」，否則要採取「革命行動」，由此而膺「造反派」頭銜。大家一笑而已，因為她們太年輕了，大多二十歲上下，甭說她們，連我們這些年紀稍大一點的，也弄不清楚文革究竟要幹什麼，要只是換換衣服、自己刷刷碗，那倒簡單了。這只是文革開始時的一個笑話。

沒想到二十多年後的一九八七年秋天，我應邀去香港訪問講學，歸來前，總要買點免稅的「大件」和「小件」。去華潤公司一家門市部選購，挑中了一臺錄影機和一臺中檔收錄機，算來算去囊中差那麼幾十元港幣。這時，門市部的經理、一位風姿綽約的中年女士走過來，用京腔客氣地問我：「過去您是不是在中國文聯工作？」我點頭承認，經過仔細辨別回憶，想起來這位女經理就是當年「大鬧食堂」的年輕姑娘之一，後來結了婚，再後來隨丈夫來到了香港。我們稍稍敘了舊，當然沒提「大鬧食堂」那檔子事，她向我打聽美協、美術館一些熟人的情況，還看出我的窘迫，慨然給我選中的收錄機打了折，省掉幾十元港幣。她又說，還有什麼困難只管直講，她在這裏總比較方便些，要我回北京給熟人帶去問候。這時她已是一位很成熟的女性了，也許見到此書時會觸發她對當年的幼稚行動的回憶，甚而會為之忍俊不禁。

搶旗搶「鬥」，一時成風

一九六七年春天，文聯大樓和社會上，兩派的鬥爭很厲害。先只是在本單位內部，後來大搞橫向聯合，擴展到社會上大造聲勢和影響。那就要搞些眾人關注的大事才成，要找熱門。

「鬥田漢」是當時北京文藝戲劇界的最大熱門，何況田漢的《謝瑤環》、《關漢卿》，以及一九五六年的兩篇「毒文」，借「為民請命」「向黨惡毒進攻」，已經是眾所周知，鬥鬥他來勁。可是，田漢自「一二・四」被綁架走之後，一直由北京衛戍區「監護」。把田漢再拉出來公開批鬥，要費點周折。劇協掌權的一派，聯合了中央戲劇學院、中國青年藝術劇院、中國戲曲研究院、中國戲曲學校和人民文學出版社等單位「同觀點」的群眾組織，發起舉行「批劉（少奇）鬥田（漢）大會」。那時劉少奇已被冠以「中國的赫魯雪夫」之名，在報刊上受到不公開點名的批判，只有上掛到劉少奇，把綱上得高高的，才會得到上面的支持，而這樣的活動必須要得到中央文革的批准。為什麼要幾家聯合辦？一是人多才能勢眾，幾個單位中以劇協人數最少，一共才百餘人，其他都是數百之眾，尤其有學生。二是劇協之外的這幾家單位的「頭號走資派」都是有頭有臉的文藝名人，可以上掛到田漢，再往上掛到劉少奇。他們是李伯釗（中央戲劇學院常務副院長，楊尚昆的夫人，恰同「彭陸羅楊」——劉少奇有直接關係）、吳雪（中國青年藝術劇院院長，文化部電影局長，話劇界的權威人物）、史若虛（中國戲曲學校常務副校長，建國後一直主持戲曲教育工作，新中國培養的京劇名家從劉秀榮、馮志孝到李維康、耿其昌，皆是史若虛的學生）。此外還有人民文學出版社的孟超和中國戲曲研究院的陶君起，這孟、陶二君並不是這兩個單位的當權派，可卻有其特殊的「身分」。把他們作為田漢的「硬配」——陪鬥者，倒也「紅花綠葉」，頗有「戲劇效果」。

「批劉鬥田」這麼大的活動，必先要籌備，由每單位出一兩個人組成籌備組。中國戲曲學校派出的是青年教師葉強，即今日之京劇小生的頭把交椅、享有盛名的葉少蘭。那時他畢業不久，嗓子還沒出來，小生又被「槍斃」，就留校任教，同時學導演；他的父親、京劇小生一代宗師葉盛蘭先生一九五七年「劃右」，一九五九年雖獲「特赦」摘了「帽子」，「文革」中又新帳老帳一起算，正在倒楣，所以當時的葉強鬱鬱寡歡，在籌備組中不大言語，讓幹什麼就幹什麼，不像那些戲劇學院的大學生那樣「口似懸河，舌如利刃」，那麼飛揚跋扈。但又不能不承認這些大學生的本事大，七弄八弄，「批劉鬥田」大會居然被他們搞起來了，而且獲得批准：田漢準時「出場」。

大會於一九六七年五月初在能容納近三千人的北京展覽館劇場舉行。主「鬥」對象田漢按時由解放軍押到。不到半載的獄中生活，田漢明顯地較前瘦了，也憔悴了，但他還是那樣昂然不屈，脖子梗得直直的。陪鬥的李伯釗、吳雪、史若虛以及孟超、陶君起等，在臺側站成一排，烘托著田漢，垂首挨鬥，當然還要低頭做「噴氣式」狀。不做也不行，每人身旁左右都有押解的，擲胳膊硬按頭，不遵命也辦不到。那時開這種會都有一套程序：由一男一女兩個紅衛兵領著呼口號——戲劇學院的學生練過聲，嗓音圓潤飽滿。震天動地的口號聲，上綱沒邊的一個接一個的批判發言，中間還穿插著追問，再以高呼口號「打態度」。搞了大半天，臺上的臺下的都累了，最後收場；田漢仍由解放軍押走，吳雪等人由各單位押回繼續「檢查交待」。還放了一場電影：田漢一九五八年寫的《十三陵水庫暢想曲》供「批判」——那倒是田漢真心歌頌被吹得天花亂墜的「大躍進」的，原是話劇，青藝演過，後改編成電影，因「三年困難時期」隨即而至，這「美好遠景」的吹牛電影只好被收起，很多人沒看過，這次倒開了回眼。

如果說李伯釗、吳雪等人是各單位的「走資派」，作為田漢的「陪鬥」還說得過去，那孟超不過是人民文學出版社的戲劇編輯室負責人，而陶君起只是中國戲曲研究院的一個普通研究人員，論「資格」怎能會拉出來為田漢「陪鬥」呢？其中另有文章，直接涉及江青。

田漢挨鬥

孟超為《李慧娘》、陶君起為《劇目初探》蒙冤

筆者同孟超、陶君起二位很熟，可稱是忘年之交。孟超原在中國戲劇出版社任副總編輯，分管戲曲書籍出版，朝夕相見。二十世紀五十年代後期，在他主持下出版了《六十種曲》、《盛明雜劇》、《中國古典戲曲論著集成》等古典戲曲名著，以及大量戲曲名家的文集、藝術經驗談等很有價值的著作。六十年代初，因精簡機構，中國戲劇出版社被撤併到人民文學出版社，縮編為一個編輯室，他不過是分管戲劇圖書出版方面的負責人之一，在人民文學出版社中數不著他。可是，孟超的資格卻很老，二十世紀二十年代在上海就負有才名，是著名的文學團體「太陽社」的成員之一，且與陳伯達、康生在上海大學同窗。這位老

詩人多年坎坷，五十年代不過以十二級幹部在戲劇出版社負點責任，與飛黃騰達、官居中樞政要的昔日同學陳伯達、康生，相距十萬八千里。

孟超這個老資格的作家，十分隨和沒架子，常與我輩小青年一起聊天、看戲、吃小館、泡澡堂子，無拘無束。那時他已年過花甲，我們尊稱他為「孟老」。孟超喜歡球賽，可是身體又極差，彎腰駝背，瘦骨嶙峋，面容又醜，活脫一個京劇《打瓜園》中的陶洪，卻又沒有陶洪那一身令鬼神驚奇的絕世武功，風一吹幾乎就要倒，當時人們送他一個「老鬼」的綽號，他也笑而默認。他想去體育場（館）看球賽，又受不了那份擁擠和緊張，每有足球、籃球、乒乓球大戰，他都是在家中抱著老式收音機聽中央人民廣播電臺著名體育播音員張之的現場實況轉播解說（一九五八年以前還沒有電視、半導體收音機），就這樣還緊張得喘不過氣來。次日上班，他又不放心，再找我等去現場觀看比賽的人相詢印證。我們故意賣關子不說，逗得孟老頭直著急；要說也行，那就要請客洗澡，去澡堂子說。中午吃完飯，大家浩浩蕩蕩直奔離文聯大樓不遠的八面槽清華園澡堂，孟超掏錢請客。那時洗澡很便宜，每位兩角六分，去五個人才一元三角，不到孟超月工資的百分之一。這清華園澡堂在北京很有名，梨園界的同仁也常來光顧，五六十年代京劇名家張君秋常從菜市口附近他家出來乘公共汽車長途跋涉到清華園洗澡，我與他不時相遇；馬長禮等也是常客。到前二十年，名淨郝壽臣先生哲嗣郝德元教授、著名影視藝術家李丁等，還常光顧這裏的老人早場，每週按時在清華園相約相會，目的是一洗澡一聊天。筆者以後輩身分不時擠入這老人圈中，又洗又聊受益匪淺。後來洗澡價格上漲，住樓房的家中大多安裝了熱水器淋浴設備，這每週的定時清華園老人相會是否還堅持，就不大清楚了，因筆者已很少去。而後來擴建王府井，這著名的清華園澡堂也就沒了，只剩下一個同名的「腳病治療室——人的各種腳病，昔日澡堂的修腳工有特技修治，遠勝於醫院外科。不過今天這個捲縮在燒酒胡同（現名「韶九胡同」）的清華園修腳室還存在與否，不得而知了。

孟超擱筆多年未寫什麼東西了。一九六一年他寫出崑曲劇本《李慧娘》，由北方崑曲劇院李淑君、叢兆桓等演出，堪稱詩情畫意、文采斐然，這使孟超在文壇上聲譽鵲起，連一向自恃甚高、身懷絕技的天津京劇名角厲慧良，也把孟超和著名京劇導演、執導過名劇《楊門女將》等戲的鄭亦秋一起邀到津門，盛情款待，懇請「孟老給我寫個戲，請鄭導給我排」，還議及重新編寫《走麥城》等題材。

在《李慧娘》備受注目、佳評如潮時，身居中共中央高位的康生，居然給孟超寫來親筆信，對此劇大加讚揚，祝賀老友的成就。能得到康生親筆專函褒獎，孟超不禁受寵若驚，有些得意。為擴其影響，他在劇協的一次大會上，將康生此信原文宣讀，以為「傳達」，筆者是當場耳聆者之一。孟超在興奮之餘，又寫了長文〈試潑丹青塗鬼雄〉，以四六駢體，洋洋灑灑地闡釋了《李慧娘》的創作意旨，抒發了寫作此劇的胸臆。文章寫得很漂亮，同其劇本一樣頗具文采。此文在發表前，孟超曾攜往天津會晤厲慧良，適時筆者也在天津參加觀摩研討有爭議的河北梆子《蝴蝶杯》，不僅參加了孟、厲的聚晤，而且還先睹了孟超此文的手稿。一九六二年前

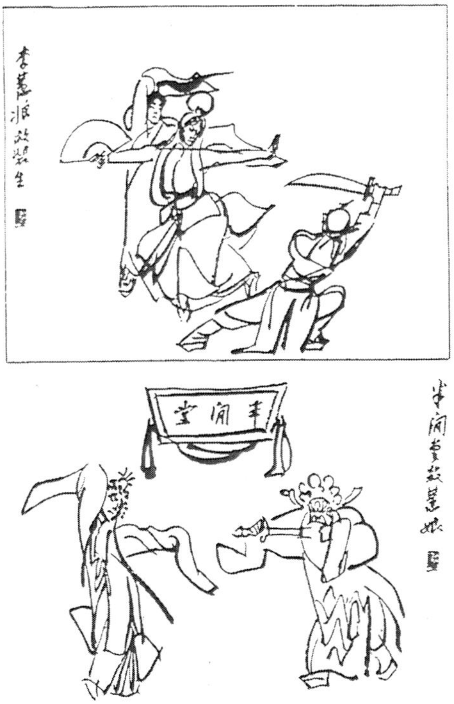

崑曲《李慧娘》葉淺予　速寫（引自《大成》）

後，孟超寫了不少文章，〈論楊小樓〉等接踵而出，儼然劇評界一「新」湧現的「老權威」，此時是孟超晚年文機勃發時，由於孟作文采斐然，頗有口碑。

然而，好景不長。一九六二年冬天起，「大抓階級鬥爭」，形勢突變，而「鬼戲」則是文藝界「階級鬥爭」的重點之一。《李慧娘》作為新編的「鬼戲」，自是首當其衝，說此劇結尾的「死慧娘鬥倒活平章」是「代表被鎮壓的反動階級向無產階級復仇進攻」；以〈有鬼無害論〉一文評論《李慧娘》的廖沫沙也因之大倒其楣，最後與鄧拓、吳晗一起被羅織成「『三家村』反黨集團」的罪名打倒。康生見風聲不對，立時翻臉變調，大談《李慧娘》是「大毒草」，一九六四年七月底的京劇現代戲匯演總結大會上，他即席發言，聲色俱厲地辱罵田漢及其《謝瑤環》、陽翰笙及其《北國江南》時，也包括有孟超及其《李慧娘》，「上綱」之高，態度之壞，令人咋舌！我等知道康生在一九六一年春天的紫光閣講話中，提倡過早已被廢棄的庸俗劇目《十八扯》、《胭脂虎》（又名《妓女擒寇》）等，有講話錄音在，已廣泛傳達；又口筆並用鼓吹支持《李慧娘》，也有文字在。時不過兩年，怎麼一下子來個一百八十度的大轉彎，翻臉不認帳，立刻就整人！

江青對孟超這位山東同鄉、文壇前輩，也是緊抓住不放狠整。早在一九六二年十月，江青就指令中共中央辦公廳追查廖沫沙寫的〈有鬼無害論〉。電話直接打到戲劇報編輯部，是筆者接的，只不過告知是讓查找「寒星」的一篇談鬼戲的文章（廖沫沙寫此文用的是筆名繁星，刊於《北京晚報》副刊「三家村札記」專欄）。「中辦」有令，當然不敢怠慢，向領導彙報後，我去資料室查找，因署名不對，又沒提供時間、文題及刊載報刊，一時沒找到。後「中辦」未再催，此事就擱下了。到一九六四年孟超及其《李慧娘》被康生大會點名後，從此厄運連連。一九六五年報刊開始公開批判《李慧娘》，文章著力上綱，寫得很吃力（劇協就有個寫作班子）。「文革」前夕，孟超及其《李慧娘》上了林彪委託江青炮製的、經毛澤東親筆修改過、以「中共中央文件」名義頒發全國的《部隊文藝工作座談會紀要》。《紀要》一點名，孟超更是在劫難逃，陷入兩位山東諸城同鄉所羅織的冤獄中。而「繁星」也被驗明正身是廖沫沙，因「三家村」一案與鄧拓、吳晗同時被揪出。孟、廖兩位昔日「太陽社」的文友，如今厄運相同。一九六七年的「批劉鬥田大會」上，年邁體衰的孟超被押上臺陪鬥，彎腰低頭「噴氣式」，頭幾乎垂地，會一開幾小時，他實在支持不住，雙手稍扶了一下臺板，以支撐一下自己搖搖欲倒的身體，立即招來一頓斥責和毆打，使在臺下開會的我輩熟人，實在於心不忍。

一九六九年秋，中央機關掀起下放五七幹校熱潮。年近古稀的孟超以待罪之身，隨其所在的人民文學出版社下放到湖北咸寧的文化部五七幹校勞動改造，一住「牛棚」數年。在夜深人靜或陰雨不能出工時，他曾與難友們聊起往事，說陳伯達在上海大學時比他高一班，平日自命不凡、目中無人。陳每天寫日記，題名《不几日記》；問之何以名此？陳答：「這『几』本是個『凡』字，人生當不凡，但『几』字加點成『凡』，這一點，我不能輕易自己點，要讓未來的歷史給我『點』上。」好狂妄！可是歷史終於沒在這「几」字上點上這一「點」，卻把《不几日記》的主人掃進了歷史垃圾堆了！

孟超在咸寧五七幹校的「牛棚」中，敢於當眾如此說，那當然是在一九七〇年夏天的廬山會議開始了「批陳整風」之後。而他始終不敢道及他的諸城同鄉兼親戚的康生在《李慧娘》上搗的鬼，以及這位昔日上海大學的同屆學友（孟讀文學系，康是社會系）曾親筆致信讚賞他的《李慧娘》，而後風聲不對又馬上變臉不認帳。因為康生的地位那時是如日中天，由中共中央政治局候補委員，一下躍升為委員、常委、副主席，正走「紅」；而康生整人手法之陰險毒辣，早在他在延安任中共中央社會部長時就已出名，這使孟超不寒而慄。可是，歷史是篡改不了的，關於康生在《李慧娘》上的翻手為雲、覆手為雨，連前些年出版的《我的父親鄧小平》一書中也有記述。作者毛毛在書中說，康生曾推薦此戲進中南海，請不少當時的中央領導人及其家屬子女看戲，大加吹捧；後來一批判鬼戲，康生的態度立變，對此戲大批大罵。此書作者從自己親歷眼見中，勾勒了康生的兩面派嘴臉，是為佐證。如果再加上康生致孟超的親筆信，此人之卑鄙惡劣，實難言宣。

孟超沒有活到「四人幫」垮臺後的十一屆三中全會撥亂反正就含冤而逝了。據與孟超熟悉的朋友相告，孟超晚年常一人在家喝悶酒，幾杯下肚後禁不住一聲長歎：「我冤呀！」他在北京人民藝術劇院當演員的女兒孟瑾便問：「您冤什麼？」孟超警覺，連忙擺手：「不能說，不能說。」他不是不能說，而是不敢說，因為康生當時還沒死，正在臺上炙手可熱。批判《李慧娘》時說它的「要害」之一是：李慧娘在西湖船上稱讚了裴生一句「美哉少年」後，又加了一句「壯哉少年」，讚賞裴生等敢於頂抗賈似道、堅持正義的行為，說這是賦予了《李慧娘》「強烈的政治色彩」，而這句「壯哉少年」就是康生出的主意。風聲一變，康生不僅翻臉不認帳，全部推給孟超，還落井下石，要老朋友的命來染「紅」他的「頂子」！這樣，孟超怎不連呼他不敢道出真情的「冤」！嗚呼，孟超老頭，你上了同鄉、同窗加老友，出爾又反爾的康生的大當，成了他謀取政治上飛黃騰達的犧牲品！

陶君起是個出身書香門第的老文人、知識博廣的「戲包袱」，中國戲曲研究院的戲曲劇目普通研究人員。那時沒評定職稱，即使評了，也高不到哪兒去，因為他沒學歷、沒官職，只是個舞文弄墨者。可是，就是這樣一位姓名難上臺盤的老文人，卻因《京劇劇目初探》這部普通的工具書，而挨批挨鬥送了命。

筆者與陶君起相熟，可稱忘年之交——他年長筆者近二十歲，平日工作有聯繫，看戲常碰面，還在一九六四年初一起去黑龍江出差，朝夕相處近一個月。他戲熟，能寫，筆快，在戲曲界小有名氣，平日極重視搜集各種戲曲資料，看的戲又多，終於輯成《京劇劇目初探》一書，收集了一千三百多個京劇劇目，按歷史朝代排列，每劇有數百字的內容提要、演出特徵以及此戲在其他地方劇種中的名稱、沿革，簡明扼要，很有參考使用價值。此書一九五七年初步輯成出版，頗受歡迎。隨後，他又補充增訂，添加了一九五八年後出現的京劇現代戲新劇目，六十年代出了第二版。粉碎「四人幫」後的新時期又再版。筆者案頭就有一部，查閱十分方便。

對陶君起的出身經歷，本不甚知，後讀其哲嗣、南開大學中文系教授陶慕寧的〈京劇史家陶君起先生行狀〉一文，才知其詳。他出身於老北京的仕宦之家，先世為蒙古族貴胄，曾祖、祖父曾在清王朝居官，父畢業於北京大學法學院前身的國立政法專門學校，書香門第給了他良好的文化薰陶。他自幼熟習經書、古文、詩詞，文科出眾，理科不佳，對學校正常教育感到索然無味，遂中途輟學刻苦自修，曾隨清末民初大學者鄧正夫、齊景班（其姑丈，清末京師大學堂首屆生，獎舉人銜，原文化部常務副部長、國務院副祕書長齊燕銘之父）研習經史，有良好的古文根底，十五歲即在報刊上發表文章。像陶君起這樣殷實的書香官宦家庭，大多嗜戲，流連戲園。看京劇觀名角，以至玩票唱兩口，是他們的主要消遣娛樂方式。所以，陶君起自幼隨父輩出入戲園，廣納博采，對戲極熟，又注意研究搜集戲曲資料，考證劇目歷史來源，積累日漸深厚，家道中落後靠賣文為生。建國後他參加了工作，在中國戲曲研究院工作如魚得水，發表了不少劇

陶君起
（陶君起家人贈與本書作者）

目分析、表演評論的文字。他參加《京劇叢刊》的改編、編輯工作後，以深厚的古典文學功底，對紛繁的京劇劇目進行爬梳、考訂、整理工作，進而輯成《京劇劇目初探》一書。至於他如何從浩如煙海的資料中剔梳整理而廢寢忘食，筆者不詳知，然而其認真嚴肅的治學精神，卻為我目睹。

那時戲曲演出極為繁榮，看戲是我等從此業者經常的事，幾乎大部分晚上都生活在劇場中，偶有不去觀劇則視為難得的休息。我們看戲，重點的想寫東西的看得認真些，在說明書上也會隨手記下幾個字，一般的戲就過眼雲煙瞭解個大概就成了；而陶君起是戲戲認真，在劇場中作筆記——他有特殊的裝備：一個硬質筆記板，上夾活頁紙，在板的上端居然裝有電池小燈，筆用線拴在板上，看戲時有所感受，立時提筆記下。劇場觀眾席中光線暗，他手按電池燈開關，發出一股暗黃而又不擾鄰座的光源，借此疾筆而書，寫完關燈。這種精神和做法，也是筆者數十年劇場生活中所僅見。

陶君起迷戲、愛戲，生活中也處處是「戲」，連朋友見面，也常以戲中人物稱謂。如稱戲曲評論家張真為「張解元」（《西廂記》張珙），稱另一評論家劉乃崇為「劉主公」（劉備），稱原中國京劇院院長、著名戲曲劇作家呂瑞明為「呂溫侯」（呂布），對在下則稱「胡老爺」（吹腔《奇雙會》中作崇的小吏，蕭長華先生常演之），他自稱「陶太守」（《讓徐州》中的陶謙，言菊朋的代表作）。這些人中只我年輕，對「胡老爺」之贈名常持異議，開陶君起的玩笑，有時罰他請吃小館，他欣然而從——陶君起對京中美食極有研究，二十世紀五六十年代餐飲價格又很便宜，工薪族下小館是經常的事，而隨陶君起下館子，準能吃到獨具風味的好東西，所費不貲。

他除研究資料、為文著述外，還不時粉墨登場「票」戲實踐。傳統名劇不在話下，甚而連京劇現代戲，他也躬身嘗試。一九五九年冬天，中國戲曲研究院的研究人員據同名小說改編排演了現代京劇《青春之歌》，因「智取威虎山」一案後來被打成「反革命」的林涵表扮演余永澤，林道靜由當時剛從北京大學畢業、後任中國戲劇出版社編審的曹其敏扮演，陶君起則出演叛徒戴瑜。戲演得很熱鬧，當時不過是作為內部實踐的嘗試，看戲的沒外人，不想三十多年後居然有人在報刊上撰文回憶，算一項戲曲史料，並發表了劇照。

這麼一位普通的戲曲工作者，一部普通的戲曲工具書，卻為作者惹來殺身之禍。因京劇傳統劇目眾多，全是歷史題材，雖然此書中把二十世紀五十年代後出現的京劇現代戲也都列入，但數量、比例要小得多，這是不爭的客觀事實。沒想到，這就犯了「宣傳帝王將相、牛鬼蛇神」之罪，被江青的「紀要」點了名，誣之為「偽造歷史，顛倒黑白」。「文革」一開始就被「揪」出，七鬥八鬥，此時當然要拉來為田漢「陪綁」了。

不過，陶君起終究是個小人物，沒有多少油水可榨，倒是江青的「紀要」高抬了他。就那麼一本書，就那麼一點事，弄來弄去也弄不出什麼名堂，最後只好下放五七幹校「改造」了事，案子卻「掛」著定不下來，誰又敢逆江青意旨？陶君起有嚴重的支氣管哮喘病，一九六四年我們一起赴黑龍江出差時，同居一室，他每天夜裏咳嗽不斷，凌晨要「大拉風箱」喘得緩不過氣來，害得我睡不好覺，只好換室而居。文革中的他哪裏經受得住如此劇烈的折騰，文革未及結束，他便悵然冤逝了。

陶君起的平反，還是四人幫垮臺後又過了一段時期的事，是他的表哥、前文化部常務副部長兼黨組書記齊燕銘過問後才進行的。陶君起有這麼個地位顯赫、直接管事的副部長表哥，可是我們從未聽他提起過一個字，當然他也沒沾到任何光。這也足見陶君起作為一個愛國正直有操守的文人的風骨！

喬冠華街頭賣小報

一九六七年的春夏，在抓「大方向」、「批鬥」中過去了。但老是這樣，時間長了，大家的精神頭兒也就沒那麼大了。田漢、陽翰笙、夏衍以及周揚等「大人物」、文藝界的頭號靶子，都已被「監護」，羈押於監獄中，弄出來批鬥一回很不容易，要這裏審查那裏批准，手續繁複得很，而且群眾自發性批鬥，不見得批准。據我記憶，好像田漢只有五月在北展劇場「批劉鬥田」唯一的一次，以後再也沒有公開露面「出場」。這年七月初，新成立的由金敬邁（《歐陽海之歌》作者）、李英儒（《野火春風鬥古城》作者）主持的中央文革文藝組，開始也是先抓「大方向」，組織「批判會」，牌子雖大，也「請」不動田漢出場，只能「缺席批鬥」，念一通發言稿了事。筆者曾參加過一個由中央文革文藝組領導、「樣板團」之一北京京劇團主辦的在廣和劇場舉行的對田漢的「批判」會，劇協方面出幾個發言稿，也有我一個，面對與會的群眾念它一遍，呼呼口號而已。久之大家也就興味索然了，「大批判」是「大方向」，也只是口頭上說說罷了。

一九六七年，突然又興起了辦報紙的熱浪。文革伊始，很多報刊被迫停刊，北京只剩下《人民日報》、《解放軍報》和《紅旗》雜誌，號稱最權威的「兩報一刊」，此外還有電視和電臺廣播，電視因為民眾中沒有電視機，等於沒有；《北京晚報》、《大公報》、《體育報》等都停了。報紙、廣播千篇一律，喋喋不休的「文化大革命」的一套，久而久之對這大道理人們也聽煩了，希望知道一點有新聞刺激性的資訊。各群眾組織利用這個機會紛紛辦起自己的「機關報」來。大多是四開四版的小報，不定期出版，登載各種各樣聳人聽聞的消息和無限上綱的「批判」文稿，而且各派辦各派的報紙，利用小報互相攻擊打筆仗。小報售價很便宜，同《北京晚報》一樣，每份兩分錢，刊文不付稿費，印它幾萬份，就能賺不少。原本對立的七機部兩派「九一五」和「九一六」，都有各自的報紙，其中一家搶先一天發表了所謂的〈劉少奇的檢查〉，上街一吆喝，一下多賣出幾十萬份，立即轟動全國。那時候辦小報也無需登記審批。書刊都停止出版，新華書店只出售《毛澤東選集》和《毛澤東語錄》，各印刷廠正閒著沒事幹，印印小報，正好解燃眉之急。所以，說聲「辦報」，稿子、銷路、編輯、印刷都不成問題，重要的是要弄到紙張，那時新聞紙供應十分緊張。

文聯大樓有那麼多的期刊和有水平的編輯人員，筆桿子集中。刊物停辦，大家整天搞「革命」，時間長了，不禁有點閒得慌，對自己所從事過的編輯工作心嚮往之，不時犯「編輯」癮，有人竟然給那時還在出版發行的四開四版的《參考消息》，用紅筆改起版式來，說它原來的編排不大方不好看。如今能辦小報，豈不興致大發！造反派們八仙過海各顯神通，各種小報如雨後春筍，一陣風地冒了出來。僅有百人左右的中國劇協，兩派各辦起一張四開小報，分別名為《戲劇戰報》和《戰鬥戲劇》。為壯聲勢，各拉上外單位同派組織合辦——那時，北京社會上分為兩大派：「天派」和「地派」，某單位的一派若與「天派」掛上鉤，另一派必然屬於「地派」，形成對立之勢。各派都要辦報，以壯大自己的輿論聲勢。稿子有的是，僅各種大字報稿就用不完，再搜尋點能刺激人的「祕聞軼事」，足以招徠讀者。戲劇界名家、名演員多，群眾熟悉，文章好作。

報紙編印出來後，要上街去賣，全靠零售，沒有訂戶。報紙價格公道，又有許多戲劇界頭面人物的「新聞」，故而賣得很快。革命群眾及其家屬子女紛紛被動員出去賣報，「黑幫」中非重點人也要承擔銷售任務。因為都是為了「革命」，不但不取分文報酬，且都是足額交款；拿走一百張報紙准交回兩元，若有丟失虧損差個毛兒八分的，自己掏腰包給補上，絕不能讓「公家」吃虧，真是「赤膽忠心，無私奉獻」！

上街賣小報，也能賣出笑話來。

那時，上午大家來機關轉轉，下午若沒什麼事，三點鐘就拿起一摞報紙上街了。承擔銷售任務的「黑」人物，也可提早下班離開，上街去賣報，這算公事，賣完了可早點回家；當然若賣得不順利，還許要拉個晚兒。有一天，原中國戲劇出版社副社長、戲劇翻譯家葛一虹，受命去王府井大街南口賣小報。這位老知識分子、編刊物辦報紙經營出版社多年，很有經驗，但上街當老報童張口吆喝：「賣報」，開始還真拉不下臉來。他是南方人，平日說話就輕言細語，讓他當老報童，真是「脫胎換骨的改造」。他在王府井賣了一會兒，抬頭一望，看見了熟人：著名外交家、當時的外交部副部長後榮升部長的喬冠華，也在那裏賣報。喬冠華賣的是《批陳（毅）戰報》，而且小報上還有「批喬」的文章，外交部的「造反派」強迫喬冠華上街自己賣「批判」自己的小報，這何嘗不是一種侮辱和惡作劇！喬冠華的名氣很大，但那時電視還很不普及，群眾只知其名卻不識其人，否則會鬧出很大的政治笑話。喬冠華與葛一虹是多年的朋友，二十世紀三十年代末抗日戰爭前期，他們都在香港，是報界的翹楚，喬寫國際時事評論，葛寫文藝評論雜文，活躍得很。香港被日軍侵佔後，他們先後撤退到重慶，仍從事以前的工作。之後幾十年雖在不同崗位，卻不時有來往。沒想到，如今老友相逢在街頭，彼此都是「戴罪」之身，又雙雙淪為「老報童」，只能相視苦笑，不敢打招呼接談。

喬冠華不僅是外交界的俊才，他在文化界也交遊甚廣，有一定的影響。夏衍、黃苗子、郁風、丁聰、馮亦代、徐遲等文化界名流，都是喬冠華二十世紀四十年代在大後方、香港以及上海時的好朋友。喬冠華能詩能文，文筆漂亮，倜儻瀟灑，四十年代就有多種雜文隨筆、國際政論結集出版，在文化界極負才名。他被強迫上街賣報是一九六七年，那是外事口的「造反派」掀起「打倒陳（毅）、姬（鵬飛）、喬（冠華）」的腥風濁浪時的一段遭遇：那些造反派沒法子「動」陳毅，就逼迫陷在他們手中的姬鵬飛和喬冠華到熱鬧的北京市中心去賣《批陳戰報》，內容都是打倒姬、喬自己的。喬冠華被指定的賣報地點是王府井大街，開頭幾天，還有專人押著喬上街賣報，這就是前述的喬冠華與葛一虹在街頭賣報邂逅相遇之事。本來喬冠華好言同「造反派」相商，說自己是代表中華人民共和國政府的現任外交部副部長，拋頭露面上街賣小報，尤其去賣「打倒」外交部長陳毅和幾位副部長、包括他自己的小報，實在有失國體，會給國家抹黑，希望他們不要這麼做。這當然不會被那些狂妄得無法無天的「造反派」所接受。於是喬冠華被強迫上了街。後來，「造反戰士」嫌監督著喬冠華去街上賣報太麻煩，就把一摞報紙交給喬，命令他自己在街上賣，賣完後回外交部機關報告並交回報款。躲開了「眼睛」監視，喬冠華馬上想出好辦法，點清報紙數目，按兩分錢一份算出應交回的款項，待押送者剛剛走出視線，他就把整摞報紙往王府井大街角落的地上一放，任大家「免費自取」，他自己則溜之大吉，找一家僻靜的小酒館，要上一升啤酒一盤小菜，慢慢地呷飲。等時間差不多了，他再慢條斯理地踱回外交部，把他從小酒館中掏腰包按報款數換來的零錢上交，說是賣報所得，而且每次都要多交上幾角錢。外交部的「造反派」挖苦諷刺說：「想不到你喬冠華這個修正主義分子，倒真會賣報賺錢！」後來這個「喬老爺王府井賣報會賺錢」的笑話，就在外交部內部傳開了，通過「熱線」一直傳到毛澤東的耳中。

外交部的混亂狀態沒有持續太久，尤其是一九六七年夏王力插手外交部的「奪權」工作及「造反頭頭」姚登山的妄為，被中央採取斷然措施後，外交部的秩序逐漸恢復正常。由於外交工作的需要，喬冠華又以外交部副部長身分出來工作，從一九七一年夏天基辛格祕密訪華並會談，秋天聯合國恢復我國合法席位，中國代表團赴紐約首次參加聯合國大會，到一九七二年早春美國總統尼克森訪華，中美兩國決定互設聯絡處，初秋日本田中角榮首相訪華，中日邦交正常化……這一系列重大的令人眼花繚亂的外交活動，使中國的國際威信大為提高，出現了空前的繁花似錦的局面，其間喬冠華發揮了重要作用。一九七二年四月，廖承志率「中日友好之船」的龐大代表團訪日，正值日本的八重櫻盛開時；同時外交部禮賓司司長韓敘出任首位中國駐美國聯絡處主任，赴華盛頓履新，暫住於「五月花」酒店，美國的詹金斯奉命來北京籌辦聯絡處，這些都有喬冠華參與。他高興之餘，謅出打油詩「八重櫻下廖公子，五月花中韓大哥；歡歡喜喜詹金斯，……」卻缺末句，他徵求此詩煞尾的佳句。大家七嘴八舌續詩，有的說「喜上眉梢喬老爺」，有人續「洋洋得意喬老爺」——「喬老爺」是對喬冠華約定俗成的官稱，此稱源自川劇《喬老爺上轎》中那個飽學多才又奇遇重重的喬秀才，此劇香港曾拍成電影，影響廣泛，至今仍不斷放映；如此續句也不無揶揄此時喬冠華正與章含之在暗中戀愛之意。

喬冠華對續句都說不好，一時就擱下了。幾天後，毛澤東召集會議聽彙報中美關係事宜。是日，毛的興致很高，大家也敢於適當放鬆，有人說外交形勢很好，引得喬老爺詩興大發，寫了一首打油詩，只有前三句，正徵求尾句。毛澤東聽了前三句後說：「我來給喬老爺續詩。喬老爺，你的詩前兩句不錯，我給你續上後兩句：『莫道敝人功勞小，北京賣報賺錢多！』尊意如何？」眾人哄堂大笑，知道指的是喬冠華一九六七年被強迫上街賣小報事。不過，毛澤東和大家並不知道喬冠華賣小報「賺」的錢，是喬冠華自己掏腰包「人造」的。這是若干年後，喬的夫人章含之在《我與喬冠華》一書中透露的。

在那小報滿天飛的時代，買報看報的人很多，卻大多隨看隨扔，難於保存，其實若留存至今天，將是很難得的歷史資料。有位專門搜集、研究各種戲劇資料的老戲劇家曹孟浪，那時並沒「揪」到他，樂得當「逍遙派」。他每天上街買各種小報，收集很多，積有幾尺厚。曹老早已仙逝，如果這些小報至今仍保存完好，倒是那個怪誕非常的年代的實錄和彌足珍貴的資料。

郭蘭英農村土臺上放歌

人們的生活吃飽穿暖是第一的，但僅此不夠，吃飽穿暖後人們還要文化娛樂唱歌看戲。一九五八年我們下放涿鹿農村勞動，別看農民當時生活還較貧苦，可是幾乎村村有戲臺（磚砌三間口面、出將入相的傳統戲臺，南方稱「萬年臺」，觀眾則在露天廣場上觀劇）、戲箱（傳統的蟒袍盔靠、刀槍把子等服裝道具），逢年過節、麥收大秋，或接戲班子或自娛自演，哪怕天寒地凍，人們也要披著老羊皮襖，口叼旱煙袋，坐在小板凳上津津有味地瞧著聽著梆子腔。要是放個露天電影，就是十里八里，也拖大帶小趕過來，坐在半山坡上看到半夜，哪怕是老掉牙的影片。

看戲等文化娛樂，在城裏更為時興。尤其北京，那麼多知名的大劇院、名演員，花上一元就能看上名角好戲，多愜意。可是「文革」一來，所有的劇院（團）和知名演員都被「文藝黑線」的罪名打翻在地，劇場幾乎關門歇業，除了幾個樣板戲什麼全沒有了。樣板戲還在改來改去演出很少，就是演，也限制很嚴，一般人看不上。電視剛起步，廣播中好聽的文藝節目多被震天的革命口號所取代。人們的文化娛樂成了一片荒瘠的沙漠。

就在一九六七年深秋，發生了一件郭蘭英下農村勞動中演出一波三折的事件，順便說說。

郭蘭英原是唱山西梆子的。一九四五年張家口首次解放，在舊戲班受盡折磨的十六歲的她，滿腔興奮地迎接了解放，參加了革命隊伍。她那天賦的歌喉及深厚的戲曲功底，使她在八路軍文藝隊伍中立時光芒四射：接替王昆成為歌劇《白毛女》主角喜兒的扮演者；「一條大河波浪寬……」的響遏行雲的歌聲（電影《上甘嶺》插曲《我的祖國》）傳唱全國；每有大型演出，郭蘭英的獨唱必然是大軸或壓軸；一九六三年，她第一個舉行了個人音樂會，歌曲、歌劇選曲和選場（《竇娥冤》等）一齊上，聽得人們如醉如癡。通過廣播，郭蘭英的歌聲真是老少咸愛、婦孺皆知、風靡全國。

「文革」一開始，郭蘭英的歌聲啞了。三十多歲，正當藝術盛年的她，再也沒有機會上舞臺了。她雖只是個演員，「走資派」、「反動學術權威」與她無關，卻被扣上「三名三高」的帽子。這是當時文藝界特有的一個說法，三名指名演員、名作家、名導演；三高是高工資、高稿酬、高收入，這當然屬於「資產階級」的「黑線人物」，上臺演出，沒門兒！

不許見觀眾，是演員最大的痛苦。遭此厄運的又何止郭蘭英一人！僅中央歌劇院、中國歌劇院、中國京劇院、中央歌舞團、中央樂團……多少知名藝術家閒得發慌，卻又無可奈何。

可是民眾十分需要文藝欣賞文化娛樂，哪怕是一些文藝院校學生組成的小演出隊，唱幾個歌跳幾個舞演個小品也會廣受歡迎。為了出小報，我們曾請中央戲劇學院的毛澤東思想宣傳隊去某印刷廠演了一次，極受歡迎；於是，印報，沒的說，發稿吧！他們還想看名角，我們就沒轍了。

一九六七年秋天，中央文革文藝組安排中央直屬文藝單位和演出團體的人員，到北京遠郊的昌平縣（今稱昌平區）小湯山農村參加秋收勞動。同去的演出團體中的各類演員很多，本著「為工農兵服務」的精神，總要在勞動之餘，晚上組臺為農民演出。這次秋收郭蘭英也去了，她提出要登臺為農民演唱，可是對是否讓她登臺，兩派的頭頭發生了很大的爭議。一派號稱是「砸三舊」（舊中宣部、舊文化部、舊北京市委）的說，郭蘭英屬「三名三高」、「文藝黑線」，社會主義的舞臺上，不許郭蘭英「向貧下中農放毒」；另一派是「反砸三舊」派，認為郭蘭英上臺也無不可。農村的土舞臺都搭好了，兩派爭執越來越激烈，幾至要動武。郭蘭英本人堅決要上臺為農民演唱：「我為貧下中農唱歌，貫徹文藝為工農兵服務的精神，有什麼錯？」

當地農民在推土搭臺之前，早就聽說郭蘭英來了，晚上要登臺演唱，心裏美極了。又見一些人硬攔著不許她上臺，爭得不可開交，心中不禁有些生氣。一位口齒伶俐的中年農民過來先是勸，見那「砸」派硬是不許，不禁發了火，質問反對者為什麼不許郭蘭英上臺唱歌？那位「小將」振振有詞地回答：「她是『三名三高』、『文藝黑線』，不許郭蘭英玷污我們的社會主義舞臺！」那位農民瞇起眼睛問：「你說說，怎麼個『高』法？郭蘭英一個月掙多少錢？」「二百多塊！」「你呢？」「四十多塊。」那位老鄉詼諧而又不容反駁地說：「依我看，郭蘭英的工資一個月二百多，值！你這四十多塊，值不值，我看還得合計合計，恐怕不值：你能唱得像郭蘭英那麼好嗎？我們農民不懂得這個『名』那個『高』、什麼『紅線黑線』的，就是愛聽郭蘭英那兩口。平日只能在話匣子裏聽，現在話匣子裏都沒有了，今兒個人家大老遠地來了，到咱這裏為咱們農民唱唱，這有多好，過去請都請不到呢。依我說，讓郭蘭英上臺唱！天塌下來有我們貧下中農頂著，沒你們的事！」

那時候，「貧下中農」的牌子十分硬，說話誰敢不聽！何況又在人家的地界上，反對者也只好耷拉下腦袋不敢言語了。

這樣，當晚郭蘭英在農村的土臺子上，深情地為農民唱了一曲又一曲，真是好，獲得一陣高似一陣的熱烈掌聲，我們在臺下聽得也很過癮。

激動的淚水在郭蘭英的面頰上流淌，在這非常的時刻，能有這麼多農民觀眾對她這樣支持和愛護，真是千金難換呀！

她的興奮與滿足難以言表。可是勞動總要結束，演出只是暫時，回到城裏還是得閒呆著上不了臺，不少知名藝術家還蹲在牛棚裏被「專政」，何時才能出頭？

這是在鬥爭、鬥爭，嚴酷的口號震天響的鬥爭中的一個小小插曲，卻也能顯示出人心向背。

御花園裏鬥田、陽

田漢，一直是劇協以至文藝界的主要鬥爭對象。建國後十七年中的「反黨罪行」，就那麼幾件事，鬥去批來未免有點絮煩了。至於上世紀三十年代種種「反黨言行」，大家不清楚，也沒力量去搞。

你管不了，有人管。

一九六七年夏天，中央專案組的人悄悄地來到劇協，通知：田漢已劃歸中央專案，屬周揚專案組分支，讓劇協挑選指派幾個政治上純潔可靠的人，參加田漢的專案工作。陽翰笙也進入了中央專案，被押入監獄，文聯機關也指派了幾個人參加陽翰笙的專案工作。再後來，劇協的原黨組第一副書記趙尋、老戲劇家鳳子也進了中央專案，只不過人未羈押入獄，仍放在劇協接受監督管理。這些人的專案，都歸中央辦公廳第一專案辦公室的周揚專案組管理。劇協進這幾個中央專案組的都是掌權那一派的。經常來劇協抓工作的是一位四十多歲姓白的解放軍，態度和藹，也很滑頭。當時，大家認為這是黨中央辦的專案，對之無限信任；並不清楚所謂的中央專案「一辦」、「二辦」、「三辦」，是分別控制在康生、江青、謝富治等人手中，他們所搞的那一套可用八個字概括：羅織罪名，製造冤獄。甚而借機搜集有關攻擊誣衊周恩來總理的所謂「材料」。

這一年九月，專案組解放軍老白來劇協傳達中央文革的「指示」，布置劇協人員「批鬥」田漢二十世紀三十年代的「叛徒」問題，兩派都參加，通過「鬥田漢」，促進革命大聯合。

欽命下達，焉敢怠慢。劇協中還有幾十口子人是自由身，內中不乏有筆桿有口才略知三十年代左翼戲劇運動的人。大家立即查資料，找線索，鑽圖書館，還為此找三十年代的老人去外調。筆者和幾個同事就去過建國門外一幢政協委員民主人士所住的公寓樓中，拜訪老《新民報》的創辦發行人陳銘德、鄧季惺夫婦，向他們調查一九三五年田漢在南京被國民黨監禁及出獄以後的情況。有人在圖書館中查出的一本三十年代的老刊物上，找到了田漢當年所作話劇《洪水》的演出本，發現與後來出版的單行本有所不同，前者在最後多一幕：兩村為爭水發生械鬥。這下子有如哥倫布發現了新大陸，可撈到了稻草。分析上綱後，硬說田漢這是有意影射當時國共兩黨的軍事鬥爭，把共產黨領導的中國工農紅軍反對國民黨蔣介石對江西蘇區的圍剿，「誣衊為熱心內戰的『械鬥』」，「是田漢在獄中『叛變』後出來以此作為向國民黨表示『忠心』，含沙射影地攻擊、辱罵共產黨和紅軍」，「田漢後來出版《洪水》單行本時，刪去了此幕，正表明他是心懷鬼胎，欲蓋彌彰！」真可謂「欲加之罪，何患無辭！」事實上，為水、為地界，在農村宗族間發生矛盾、爭吵以至械鬥，過去層出不窮，今天也未絕跡。怎麼能硬扯到國共兩黨的政治和軍事鬥爭呢！至於《洪水》劇本出版成書時刪去最後一幕（實則是個「尾聲」），從藝術上說更為完整，怎麼也扯不到政治上去，這樣的推斷認定毫無證據和根據。但是當時流行把主觀臆斷認定就當成是事實，於是決定以此為重磅炮彈，向田漢發起排炮轟擊。這其中我也是個積極者，材料也是我和另一人找到的。

鬥爭田漢的場所選定在「文革」一開始就被關閉並由解放軍嚴密警衛的故宮中祕密進行。「文革」初期，紅衛兵在極度狂熱中橫掃「四舊」，破壞性極大，為了保護這世界馳名的歷史文物的安全，周恩來指令故宮立即關閉，院內派駐有重兵。在故宮內「鬥田」，當然要有上面的批示，否則是難以進入的。這裏既安全又免受外界干擾，還可保密不為人所知。鬥爭會場設在御花園中北側坐西的一所小院中，即「還珠格格」住的「漱芳齋」，三間北廳十分精緻，室內還有個二尺高、一丈寬的小舞臺，顯然這是一個專演崑曲用的舞臺。兩百多年前，崑曲獨受尊崇，被尊為「雅部」，而在民間流行的戲曲，如較為通俗的徽調（京劇的主要母體之一）、梆子等，被貶為「花部」，不僅遭到貶斥，還不許登大雅之堂。崑曲在豪門貴第以至皇宮中，經常被傳喚演出，《紅樓夢》中對此有多處描寫。在這座帶有小舞臺的三間北廳中，說不定當年明清王朝的帝后、王公等常在此拍板聆曲；沒想到兩百年後，這裏卻又演出了一場鬥爭有「當代梨園領袖」之稱的田漢的活劇。

參加鬥爭會的僅劇協的幾十個工作人員。我們按時持發下的臨時證件，從神武門進入故宮，被引導進入漱芳齋中。廳中放了若干排活動座椅，大家分別坐好，態度十分嚴肅。不一會兒，田漢被解放軍戰士押到會場，他的面容及身體，要比春天在北京展覽館劇場中大會挨鬥時情況還要差。田漢到達後，鬥爭會立即開始，發言都是事先準備好的，大家輪番說，緊逼追問，雜以不斷的口號、斥責，逼著田漢承認有叛徒行為。田漢不承認，據理申辯，就不許他說話，讓他低頭。會上各種手法輪換使用，設立了一個個圈套，讓田漢去鑽；不承認不行，就吼，就打「態度」，典型的逼、供、信。而在追、逼、吼中，所謂《洪水》

的最後一幕「械鬥」問題，是我們的「重磅炮彈」，對田漢進行包圍戰、掏心戰、殲滅戰……手法變換使用，軟硬兼施。田漢再倔強堅強，終是一個人孤立地在挨鬥，真是雙拳難敵眾手，被逼急了他乾脆閉口不言，強撐著自己不倒下去，有時被逼無奈，只好違心地點點頭。

這是我最後一次見到田漢。此時，已年屆七旬的田漢，身體衰弱不堪，患有嚴重的糖尿病等症。據田漢專案組的人說，正在以昂貴的進口藥來維持田漢的生命，使病不再惡化發展，目的是掏出田漢的口供，以打掉文藝界的「叛徒集團」。

田漢從一九六六年底起，一直被關押在監獄中，被折磨得奄奄一息。一九六八年十二月臨終之前，對專案人員和監獄看守不止一次地苦苦哀求：「我家裏還有個老媽媽，我做夢都想到她。你們讓我在臨死之前，回去看她一眼。」這充滿人性、道德的請求，被斷然拒絕。同樣，當時九旬開外的田老太太，也是日夜思念她那至純至孝、幾十年始終沒離開過她的兒子，多次要求去看一看被關在監獄中的重病的愛子，當然也被冷酷地拒絕，甚而還要九十多歲的田老太太同她的「叛徒」兒子在政治上劃清界限——這是老人家難以接受的。這位早年寡居、辛勤撫育兒子成為中國大戲劇家、幾十年來跟著兒子東奔西走、安定才沒幾年的老母親，更難以想到：「四人幫」及其爪牙之狠毒竟賽過豺狼；她那受盡苦難折磨的兒子，在最後彌留之際，竟然像《白毛女》中楊白勞被強逼在賣女兒的文書上按手印一樣，被人拉著手在他們編造的「材料」上，強按上了一個最後的、並不表達田漢真實願望的指印！

孝子田漢奉母泛舟（引自《大成》）

「四人幫」被粉碎，撥亂反正後，田漢十餘載的沉冤才得以昭雪。一九七九年四月二十五日，為田漢舉行了隆重肅穆的追悼會，北京八寶山革命烈士公墓第一追悼室內外，擠滿了北京和來自全國各地的文藝界同仁，輓詩輓聯輓帳掛滿靈堂內外，那些詩句真是刻骨銘心、杜鵑泣血、動人心弦，多少人淚流滿面，泣不成聲。胡耀邦同志等中央領導人參加了追悼會。可是，誰又能知道以至想像到：田漢的骨灰盒內竟一無所有——他的骨灰同蒙冤而死的許多人一樣，早已被揚飛無存！骨灰盒內只有田漢用過的一枝鋼筆、一副眼鏡和一冊他晚年的傑作《關漢卿》的話劇劇本。然而，這枝筆、這副眼鏡、這部劇本，正是對田漢一生最好的概括和評價：在他的這枝筆下，寫出了多少優美的華章和劇作；而《關漢卿》在思想和藝術上的高超成就，是當之無愧的藝術精品和珍品。

「由他兩鬢添霜雪，此志堅如鐵。」（田漢二十世紀三十年代在國民黨獄中作）「先烈熱血灑神州……堅真何惜拋我頭。」（田漢一九六七年被監禁中留詩）。田漢的風骨、節操、品格以及他對中華民族戲劇事業的傑出貢獻，用不著再多言了。可氣的是：一九三五年江青以「藍蘋」藝名從山東初踏上海灘時陷入困境，是田漢及時伸出了援助之手，有恩於她；三十年之後乾坤倒轉，江青恩將仇報，竟使一代大戲劇家田漢命喪她手，嗚呼，天理良心何在！

據說，這次在故宮內祕密鬥田漢，「戰果輝煌」，頗受中央文革首長的肯定。於是，又下達指令，讓劇協這些人如法炮製，再鬥陽翰笙二十世紀三十年代的「叛徒」問題。那位中央專案的解放軍老白一傳達，不用怎麼動員，我們就興高采烈地又投入「戰鬥準備」，自以為「中央首長」能看到並肯定我們的作為和成果，是了不起的革命行動，那還有什麼說的，幹！

經過一番準備，分了許多專題，各司其職，以劇協的幾十人為主，還有文聯機關少數人參加，一九六七年十一月，仍是在故宮中，西路的另個所在，祕密地向陽翰笙「開火」了。還是三十年代問題，立足於他是「叛徒」，大家發言、追問、「打態度」。有了前一次鬥田漢的經驗，對我們來說，鬥陽翰笙已是輕車熟路了。曾在周恩來總理身邊工作多年的陽翰笙非常倔強，對會上發言中的種種誣衊不實之詞拒不承認，頂得很厲害。我們這些參加會的主「鬥」人員還沒發火，在田漢、陽翰笙專案組還負點責任的當時南開大學中文系某講師卻火得厲害，走上前去，揪住陽翰笙頭頂已稀疏不多的頭髮，伸手就是左右開弓兩個大耳光！這使與會的眾人一下全愣住了，而且十分反感：自「文革」發生後的一年多中，在文聯大樓中極少發生武鬥打人的情況，在我們劇協更是一次也沒有發生過。都是知識分子，又懂政策，大家很不屑於那種皮肉傷人的低級醜惡行為。對中央專案組，那時我們很崇信、尊重，相信他們水平高、懂政策；可是，哪有中央專案組的人竟然動手帶頭打人的？還是大學講師，太差勁了。

陽翰笙挨打這不是第一次。那還是在他被關押入獄之前，中國文聯機關的一次「鬥陽」大會正在進行中，突然食堂一個炊事員不知發現了什麼「重要材料」，從禮堂外喊著「毛澤東萬歲」的口號進來，衝到前面揪住陽翰笙左右開弓打耳光。炊事員屬於工人階級，那時最吃香；由於文化水平低，政策把握得不准，一時有些過火行為，還是情有可原的。但身為中央專案組人員又是大學講師，怎麼可以這樣恬不知恥地亂來？由此進一步推想到：在公開場合，他們都敢如此放肆胡為，那麼田漢、陽翰笙關押在獄中，他們個別提審訊問時，會不會更是拳腳相加呢？當時只是心裏有問號，嘴裏不敢公開說，否則，「懷疑、誣衊中央專案組」就是大罪，還要留頭吃飯呢！

但，事實的發展，卻讓我不幸而言中：陽翰笙僥倖活到了「四人幫」被粉碎後，得到平反昭雪，一次他在電視節目中，指認出此時仍很受重用的當年在獄中曾毒打過他的專案組中的原劇協的某人，立即向中央作了揭發檢舉。此人連同文聯其他參加過專案組有過劣行者，都受到了應有的處分，有的丟了黨籍，有的被降職處理，陽翰笙總算出了一口惡氣。但是，陽翰笙並沒能指認出不可能在電視節目中露面的那位在故宮內鬥爭他時，對他大打出手的南開大學講師。這位仁兄（筆者與他「文革」前就相識）是否會受到懲罰？多年後，我的中學同窗、南開大學的一位教授來舍下相訪，閒談中議及此事，我託他打聽一下中文系此公狀況如何？據云，只是「說清楚」，受了一點批評而已。相形下，他是夠走「運」的。但人做了虧心虧理之事，總是於心有愧不安的。如今我們都是年近八旬之人，人總要反思的。我不時對昔日年少氣盛時的不當言行予以反思疚悔，而此公不知有無此種良行。

前線「戰鬥」，後方「起火」

就在我們集中全力在故宮中祕密「鬥田」、「鬥陽」之際，文聯大樓的後方卻「起了火」，使得在「前線作戰」的人，不能不分心。

「火」是從兩方面「燒」起來的。

一是上海的《文匯報》發表了一篇長文章，把在抗日戰爭期間在國統區起過重要的抗日宣傳作用的抗敵演劇宣傳隊，打成「反革命別動隊」。

抗敵演劇宣傳隊是抗日戰爭初起，國共兩黨合作時，由國民政府軍事委員會政治部在武漢建立的，把從上海、北平等地撤退出來的進步的戲劇工作者和有一定文藝才能的抗日熱血青年，組建編成了十個抗敵演劇隊，承擔抗日救亡宣傳。一九三八年在武漢時，國共合作的軍委會政治部，部長是陳誠（後來在重慶由張治中接任部長），副部長是周恩來，下設幾個廳，第三廳主管文化工作，廳長是郭沫若，祕書主任是陽翰笙，田漢任戲劇處長，洪深、徐悲鴻等文藝界名流，當時都在三廳工作。抗敵演劇隊歸三廳領導，活躍於各個戰區的前線，演戲、唱歌，進行宣傳鼓動，激發軍民的抗日熱情。文藝界不少名人都是演劇隊出身，像北京的張光年（即詩人光未然，《黃河大合唱》詞作者，已故）、趙尋（已故）、李超（已故）、夏淳（已故）、刁光覃（已故）、朱琳、田沖（已故）……以及上海的呂復等。有的是祕密的共產黨員，有的後來加入了共產黨。抗敵演劇隊在名義上隸屬於國民政府軍委會，實際上是共產黨在祕密領導，如演劇二隊活躍在山西抗日前線，中間曾祕密撤回到延安整訓，之後奉命再離延安重回國統區，抗戰勝利後進入北平，開展進步的戲劇活動。在特務的政治迫害下和策劃祕密逮捕前夕，演劇二隊奉命以金蟬脫殼之計，成功地完整平安地撤往解放區。當時的演劇二隊的隊員、已故的老劇作家藺光創作的話劇《最後一幕》，生動地再現了這段史實。

《文匯報》這麼一批一上綱，不管你抗日與否，是不是地下黨，統統都成了「反革命別動隊」。更由於演劇隊隸屬於國民黨軍委會和各大戰區，主要在國統區中活動，也穿軍服佩戴軍銜，這還了得，一律按「公安六條」對待：有上尉軍銜的套個連長職，算「歷史反革命」，實行「專政」。劇協的工作人員，有好幾位是演劇隊的，二隊的、四隊的、九隊的都有，有的正在參加著對陽翰笙的故宮「鬥爭會」，還是發言的主力。《文匯報》的文章一見報，他們突然被叫走，回去檢查交待被專政。作家協會、音樂家協會等也有演劇隊出身的，如《歌曲》主編宋揚等，也都照此辦理。

因這個「反革命別動隊」，在文聯大樓還發生過一次搶檔案的事件，直接涉及江青在二十世紀三十年代的醜史，差點被公之於眾。那是一九六〇年全國第三次文代會期間，舉行過一次戲劇成就展覽，地點在沙灘的紅樓。當時計劃建立中國戲劇博物館，徵集和搜集了大量的話劇和戲曲的歷史資料、照片，其中演劇隊的歷史資料佔有相當比重，資料相當豐富。後來，三年困難降臨，戲劇博物館「下馬」，這些資料照片分裝成幾十個木箱暫時存放在劇協。一批判「演劇隊」，各省都動起來。湖南曾是演劇隊長期活動的地方，但缺少批判材料，因為建立戲劇博物館，材料都被徵集到北京，所以他們來北京索要當年湖南提供的材料。而這些歷史資料檔案在「文革」伊始，就被視為「機密」，特別是其中有三十年代上海演劇活動的資料、照片，有些直接涉及藍蘋（江青），更是誰也不敢碰。怎麼解釋，湖南來的人也不聽。明要不行，那就搶！一天晚上來了不少人，搶走了不少箱檔案。這可不是小事，立即緊急報告中央文革，由北京衛戍區採取強制措施，追回了全部被搶的檔案，又指派新到劇協的一名一九三八年參加革命、政治可靠的老幹部和一名出身紅五類，又是造反派頭頭的大學畢業生加以清理，挑出不少有關江青的照片和資料，全部封存上交。儘管這並沒有形成擴散公開，但從一九六〇年的展覽到一九六七年尾的整理挑選，江青——藍蘋的醜史，大家還是心中有數卻不敢言傳的。

另一件是「文革」一開始，在文藝界和文聯大樓中被「揪」出的文人名家中，有不少人抗戰初期就去了延安，有些人是延安魯迅文藝學院和抗日軍政大學出身，長期戰鬥於解放區，對於把他們與田漢、陽翰笙、夏衍等來自國統區的二十世紀三十年代人物同等對待，感到委屈不服，更不承認自己是文藝黑線，只是沒敢公然說出。當《文匯報》大批「反革命別動隊」事件發生後，他們更感到國統區和解放區的兩種人不能相提並論，甚而感到羞於與國統區來的文藝人為伍。而自己的「問題」解決又根本排不上隊，解決遙遙無期，膽子大的就乾脆趁此時起來「造反」，宣布「自己解放自己」。劇協的原黨組成員張穎，一九三八年十六歲到延安進魯藝，四十年代在重慶周恩來同志身邊工作，建國後先在文藝界擔任領導工作，後離開劇協進入外交部，卻又被「揪」回來；賀敬之也是少年時到延安，一部《白毛女》名揚四海，長詩《放聲歌唱》、《雷鋒之歌》震撼了多少讀者的心靈，他也是原劇協黨組成員，管事不多，主要搞創作，後來與郭小川、陳笑雨、黃鋼一起調往《人民日報》，擔任沒有任何職務的高級記者，以期能解脫他們的行政工作，抽出時間多寫出一些好作品，「文革」後賀同張穎一樣，也被「揪」回劇協。張穎和賀敬之都認為自己不是「文藝黑線」人物，與三十年代文藝毫無關係，又不是主要當權者，憑什麼與田漢、陽翰笙等人同等對待、揪住不放？等著群眾解決和組織結論沒日子，遂宣布「造反」自行「解放」。類似如此情況的在中國文聯各協會中，還有作家協會的詩人郭小川（他也是被從《人民日報》「揪」回來「清算」的）、評論家馮牧，電影家協會的黃鋼等人。實行「自我解放」的不只限於文聯大樓，天津的作家方紀、中央美術學院的劉迅等，都是這樣宣布「造反」，「自己解放自己」的，以致一時之間形成一股風。面對如此情況，「革命群眾」也毫無辦法，無可奈何。因為實在管不過來，只有默認既成事實而已。不過，中央文革的那些人，絕不會這麼善罷甘休的，騰出手來以後還要狠整的：在我的權力範圍內，豈能容你等有革命的自由？這是後話。

宣布「自我解放」，那時也有一套不可少的程序：要發表公開聲明，陳述自己的革命歷史和功績，闡明自己是如何跟著毛澤東的革命路線幹革命的，不是「文藝黑線」上的人，才能名正言順。但是，沒有人給你開會，聽取你的聲明，那就貼大字報。張穎宣布「自我解放」的聲明大字報，就張貼在文聯大樓前的院中席棚上。張貼時，全家出動。張穎的丈夫，後來任外交部副部長、駐美國大使的章文晉，當時從駐巴基斯坦大使任上回來接受批鬥後，也賦閒在家，就率領著幾個兒子，提著糨糊桶，扛著長把掃帚，來到文聯大樓，在颯颯寒風中，爬上爬下在席棚上貼張穎宣布「自我解放」的大字報。一家五六口，幹得歡聲笑語，孩子們也慶賀媽媽的「解放」。

章文晉為妻子貼大字報，連同喬冠華在街頭上賣批判自己的小報，可稱為中國著名外交家獨特的外交官生涯中的一樁奇事，在世界各國的外交史上，恐怕也是絕無僅有的。

如今，喬冠華、章文晉都已作古，他們為新中國的外交事業，立下了不可磨滅的功勳。前些年，我看到一部紀念周恩來總理的歷史專題片，張穎是策劃人，裏面有張穎的鏡頭和談話。看著她滿頭銀髮如雪，屈指算來，那時她已是八旬開外的老人了。她的一生曲折起伏，既有無限風光也有谷底受難，是多麼豐富而又難得的經歷啊。我真希望這位老大姐暮年不餒，能援筆寫出一部回憶錄，為歷史的步伐留下應有的記錄。她的筆頭很硬，二十世紀四十年代在重慶給周恩來同志當文藝祕書，同時編《新華日報》文藝副刊，新中國成立後她在文藝戰線工作時間較長，主編過幾種戲劇期刊。我踏入戲劇門檻，一九五六年到《戲劇報》當見習戲曲編輯，當時主持刊物工作的常務編委就是張穎。

我的盼望沒有落空，張穎雖屆視力不好的耄耋之年，卻以每年二十萬字的速度寫作，先後完成了自著《風雨往事——維特克採訪江青實錄》、《隨章文晉出使美國——大使夫人紀事》等一冊冊回憶性歷史紀實文集接連成書出版；主編了《周恩來與文化名人》，參加了《田漢代表作》和《田漢全集》的編審工作。她的著作近年還在接踵而出。還不斷練筆作畫。真是老驥伏櫪，志在千里！

幸好近幾年，每逢春節我們一些原劇協的老人都與年近九旬的張穎同志有一聚。二〇一二年新春我們還集聚一堂祝賀了她的九十壽辰。

第四章
工軍宣隊進來了

一九六八年的早春，中國政壇變化迭起，撲朔迷離，令人無所適從，不知聽誰的好。

王力、關鋒、戚本禹曾榮任「中央文革」重要成員，大權在握，炙手可熱，身價倍增，真乃一朝新貴。但好景不長，一九六七年夏天，王力、關鋒突然被「拿下」，立時成戴罪扛枷的「階下囚」；王、關、戚「文革三傑」，只剩下「孤獨一支」的戚本禹還是神氣活現。到一九六八年早春，戚本禹也被打倒，真是「今嫌紫蟒短，明日鎖枷扛。」緊接著楊成武、余立金、傅崇碧三位執掌軍隊和京師拱衛大權的將軍，也突然被「拿下」，說是「反革命」。

這真可以說「革命」與「反革命」，簡直比過條馬路還容易。

倒是王、關、戚的倒行逆施而垮臺，尤其戚本禹受到懲罰，使文聯各協會的多數人出了一口氣，因為戚本禹曾直接插手劇協的運動，把一派打成「不好的組織」，挑起兩派的派性大戰。如今戚本禹倒臺，有些好心人建議劇協受壓的那派起來反擊，此其時也，對方無法還嘴和還手。但劇協受壓的這派對派仗卻有些厭倦了：都是多年的同事，何必呢？故而按兵不動，和睦相處，不提此事。這樣倒使那一派難免有所愧怍，彼此倒相安無事了。

但是，究竟該怎麼解釋這一朝新貴忽而倒臺的複雜的政治現象呢？這時，姚文元出來講話了。

濫抓「小爬蟲」，逼死一條命

姚文元是這麼說的：剛倒臺的戚本禹不過是一條「小爬蟲」，在「黑線黑網」上還有許多這樣的「小爬蟲」，時機一到就為非做歹，為虎作倀；沒什麼了不起，發現這樣的「小爬蟲」，把牠捏住抓出來也就是了。說得好輕鬆，真像川劇中多見的傳統劇詞一樣：「說得輕巧，吃根燈草。」

本來在一九六七年夏天，成立了中央文革小組直屬的文藝組，成員有部隊著名作家金敬邁、李英儒等，負責領導中央直屬文藝系統的「運動」，其下分別設立了文學、戲劇、美術、音樂舞蹈各口，從各單位選調一些「根紅苗壯」、與「文藝黑線」無甚牽連的青年入「口」參加領導工作。作家協會、戲劇家協會、美術家協會以及中央戲劇學院、中國青年藝術劇院等文藝院校、演出團體，都有人進「口」工作。人們以為將來這個文藝組以及各口，就是新文化部、新文聯各協會，這批青年也就大升其官。

這中央文革文藝組歸戚本禹領導主管，戚本禹一倒臺，文藝組立即由「紅」轉「黑」，不僅宣告解散，連金敬邁、李英儒也被關進監獄、羈押「審查」。那些進「口」工作的青年，由於「口」已不復存在，也灰溜溜地回到原單位，依然普通一員。不想事過兩年後，卻波及他們，紛紛被打成「五．一六」分子，狠挨了一通整，此乃下一章的後話。

由於中央文革文藝組的解散，文聯大樓各協會以及中央直屬文藝團體院校，又呈無人管的半癱瘓狀態。不過，中央專案有人抓，劇協除了田漢和趙尋、鳳子進了中央專案外，劉厚生夫婦也由於嚇人的「特嫌」問題成了重點專案。田漢、陽翰笙被押入獄；趙尋等另幾位，都在機關中「隔離審查」，要派人晝夜輪班看管。

那時候的一般幹部，講規矩，守紀律，就是處於沒有領導的狀態，大家仍每天準時照常上班。該誰值班看人，按時準到接班，絕沒有當前許多單位中「放鷹」自流、找不到人的鬆散狀態。

還要幹點「革命」的大業呀。特別是姚文元發出了「抓黑線黑網上小爬蟲」的「指示」後，各單位不能不有所動作。對此，我所在的劇協倒是動作不多，因為此前戚本禹曾經支一派壓一派，受壓的一派寬宏大量不咎以往，放對手一馬；對立的一派又怎好意思此時來抓對方的「小爬蟲」？故彼此相安無事。

其他協會就不同了，尤以人數最多的作家協會鬧得最凶。抓的是「小爬蟲」，範圍當然就放寬了，矛頭指向非領導當權而曾受重用、筆頭又好的業務骨幹。說文藝界是「黑線專政」，那為「黑線」效力、「造輿論」者，當然都是「小爬蟲」了。

大字報一通橫掃，又揪出一批人，《文藝報》、《人民文學》幾個刊物中的一些骨幹編輯都成了「小爬蟲」，立即「靠邊」，接受「審查」。這樣弄得「文革」前在各協會工作、有點業務能力的人，都有自危感。這一笤帚掃得太厲害，竟然掃出了一條人命！

《文藝報》有個青年編輯朱學逵，北京師範大學中文系畢業的研究生，此人性格內向，沉默寡言，性喜讀書思考，來《文藝報》時間不久，本與「黑線」無涉，「運動」也燒不著他。可是，忽然有人發現在他讀過的《毛澤東選集》上竟有不少批註，其中對毛澤東的有些論斷、說法竟然表示不敬和置疑。這還了得！那時把毛澤東奉若神明，稍有差池就是頭號大「反革命」。朱學逵竟然膽敢如此，豈不是正如京劇《打漁殺家》中教師爺的那段有名的念白：「耗子舔貓的鼻樑骨，你要（得兒……）找死！」立即把朱學逵揪出批鬥，口號震天，說是抓出了比「小爬蟲」要厲害得多的反對攻擊毛澤東的「現行反革命」，批鬥後要送公安局專政法辦。

朱學達立即被「隔離」，不許出屋，行動有人監視，等待他的命運至少是牢獄之災，甚或可丟掉性命。「文革」中，因這樣的「罪名」而被處決者大有人在。朱學達抗爭沒有用，委屈難言，決心一死，以示清白：我不是「反革命」，不是「惡毒攻擊毛澤東」的人，只是在學習，學習總是要思考、咀嚼的，而且古有名訓「不動筆墨不讀書」，寫批加注是文人讀書習慣。如今就是滿身是口，也無法說清，等待他的只有「死路一條」。就在他上廁所時（監視人在外等著，文聯大樓的廁所間同辦公室一樣大，有十七八平方米），他突然推開樓窗，從五層樓上一躍而下，平摔在水泥地面上。

時值中午，我們正在食堂吃飯，忽看見一個大鳥似的東西從空中墜下，撲通一聲摔在地上。大家趕緊出去看，啊，是朱學達跳樓了！當時人還沒死，也沒有什麼外傷，只是臉色逐漸轉為煞白，眼鏡摔沒了，但內傷嚴重：骨骼摔斷，內臟大出血。趕緊送到離文聯大樓很近的我們的公費醫療單位隆福醫院，幾分鐘就死了。

人死了，也不能算完。「文革」中不少人被迫自殺後，都少不了一通「批判」，罪名是「自絕於黨和人民」、「自取滅亡」、「罪行嚴重，至死不肯改悔」……總之一句話：加料的「反革命」。朱學達也不例外。文聯大樓四五層是作家協會的所在地，很快就貼滿了聲討「反革命分子」朱學達的大字報，以示「立場之堅定，愛憎之分明」。他的妻子含淚來收屍，一下成了「反革命家屬」。

若干年後，對朱學達予以平反昭雪，人早被逼死了，這又有什麼用？不過是安慰而已。前兩年，偶遇前作家協會的老朋友，議及往事種種，還提到朱學達之死。這位深深長歎了一聲：我們被極「左」的東西煽動得頭腦發了昏，怎麼那麼心狠呀，生生地把一個有才有識的青年逼上絕路，還自以為是「革命」？唉，真是罪過呀！

「天津黑會」與「查封存款」

第三章結尾說過賀敬之、張穎、郭小川、馮牧、方紀、劉迅等一批從延安來的作家藝術家，對把他們歸屬於「三十年代以來的一條文藝黑線」中不服，而在一九六七年底紛紛起來「造反」，宣布「自我解放」。對他們的這一舉動，多數群眾視若無睹，默然同情，也有個別「左」大爺「義憤填膺」，認為這是「右派翻天」，以致向中央文革告狀、遞材料，反映「階級鬥爭新動向」。

這些宣告「自我解放」的都是文化界名人，江青、姚文元等豈能聽任他們輕鬆自在地獲得「自由」，必然要羅織新的「罪名」予以打擊。果然，就在一九六八年早春姚文元發出「大抓小爬蟲」之後不久，到四月突然又爆出一個「天津黑會」事件，說方紀、劉迅等人在天津開會密謀「對抗文化大革命」，以自己的稿費存款支持某些「復辟」活動。中央文革說，對這些人的「新罪行」要追查，同時要查清、封存他們的存款。後來還發下來正式的紅頭文件，宣布對「走資派」的私人存款，一律予以封存凍結，以防止他們用較充裕的個人財富（這些人不僅工資高，還有稿費等其他收入，有幾萬元存款不稀奇，那時候幾萬元相當於今天幾百上千萬元）為非作歹。

由於「天津黑會」的名單中，並沒直接具體的涉及文聯大樓的某些宣告「自我解放」的著名作家，但他們同方紀、劉迅都是同時代人，也是熟友，「寧肯信其有，不可信其無」。作家協會重又「審查」郭小川、馮牧；劇協也有人「碰」了賀敬之，但賀敬之非常之穩，又抓不到他與「天津黑會」到底有什麼聯繫的把柄，即使有人想借此搞出點什麼驚人的消息，卻也是幾次碰壁無功而返；張穎比較有鬥爭經驗，自從

「自我解放」後，每天按時上班下班，坐在指定的辦公桌前，讀書看報寫材料，不大與外面聯繫，避免一些可能發生的是非。

但是矛盾鬥爭是想躲也躲不開的。那位主管田漢、陽翰笙專案的中央專案組的解放軍老白，對張穎的特殊工作經歷——與周恩來關係密切，早年在周身邊工作，後來也一直來往較多——發生了「興趣」，設法與張穎接近，有意無意地打聽周總理的有關情況。張穎沉著老練地虛與委蛇，不吐半句真言，讓此公什麼也撈不到。此事被劇協一位注意到了，曾找張穎瞭解，意欲揪一個「炮打周總理」的「現行」。張穎什麼也不說，告誡這位：此事較為複雜，你們不要介入，我足能應付。

對於「走資派」的存款凍結問題，中央既然有文件，當然要照辦。文聯大樓對被「揪」出來的「走資派」和「反動學術權威」，政治上有界限，生活上不大刻薄。至少劇協是這樣，沒抄過家，沒有逼令他們騰退住房（只有兩位因佔據住房太多太顯眼，動員他們各交出一套，仍保留一套寬大的三居室），工資原額照發。凍結他們的存款，由劇協的人管，很好辦，讓他們把存摺交來，記下帳號通知銀行凍結；每月的工資讓他們自己做計劃，留下比較寬裕的生活費，多餘部分由會計代為存入被凍結的帳號，只存入不能取出，錢都放在銀行中，等問題最後解決，由劇協開證明通知銀行解凍，全部存款由本人支配，故而沒有補發工資這一說。

田漢人在獄中，事歸中央專案組管，銀行存款不算太多，已被凍結，也算好辦；但田漢這個人隨便得很，視錢財若等閒，平日開銷又很大，稿費、演出收入也較多，大宗的歸祕書掌管，零星的錢就隨便放，書架上的書中常夾有存摺，找出一個凍結一個，甚至在某本書中或哪個抽屜中還夾有現金，反正中央專案組的人把田漢家中翻了個底朝天，一本一本書查，當然漏不掉，倒底查出多少錢，怎麼處理的，誰也不知道，我們也管不著。

不過有一件事差一點把我捲進去。那是為田漢夫人安娥的存款怎麼辦的問題，讓我去細管胡同田漢家中找中央專案組請示，因為安娥是一九三七年前參加革命，已全薪退休（那時還沒有離休規定）。工資關係已轉往所住的交道口街道辦事處，怎麼辦？

到細管胡同，見那個專案組的解放軍和劇協派出的幾個人正在翻查，翻出了不少現金。除了告訴我：安娥的存款也照中央文件予以凍結，還讓我幫個忙，把他們搜查出的幾百元現金，讓我寫一個上交證明，說他們又上交又保管不太方便，多我一個人心明眼亮。我想這有什麼，就按他們所說的數字寫了一張條子，錢根本沒過我的手。

沒想到幾年之後到五七幹校中此事卻追查到我的頭上，說他們專案組中，只有我寫的上交條，卻不見這筆錢，讓我說清楚錢的下落去向，如果是挪用了，要交出來，否則以貪污論。這把我氣得不行，因為劇協派往田漢專案組的人，此時也在五七幹校，問他們，都含糊其詞，往我身上推，因為有我打的條子在。幸而我的頭腦還清楚，記憶力還好使，立即對軍宣隊詳細說明時間、地點，誰在場，怎麼寫的條子，錢多少，誰收起來的等等，小蔥拌豆腐一清二白。軍宣隊領導再找原田漢專案組的人核對，他們也不得不承認我所述一一屬實，才囁嚅地說出這筆錢現在何處，與胡金兆無關，是他們記差了。其實事情發生不過才兩三年，當事人比我年輕，剛三十出頭，腦子聰明靈活，何以如此？萬一我記不得或說不清楚，豈不是栽贓陷害於我！而與我住同屋的一同志，也不相信這筆錢被我「迷」了，因為超過我一年工資的幾百元當時不是小數，我若「迷」了，那至少在幹校這幾年生活就不會這麼困窘，肯定是他們說了假話。

受命於中央專案組，查封田漢夫人、老作家安娥存款一事卻很難辦。她是二十世紀三十年代的老革命，雖已全薪退休，關係在街道，但原是劇協的人，又有中央專案組的指命，劇協不能不管。我們無法限制街道辦事處按國家規定每月發工資，就只能從安娥領到的錢上做文章。而安娥一九五六年就已中風，半身不遂，言語不清。這件苦差使，落在我和一個女祕書再加個通信員三人身上。

我們去找安娥。自田漢被抓走之後，她也離開了細管胡同寓所，住在東四頭條她兒子田大畏（在北京圖書館工作）的家中。我們費了很大的勁，向安娥說明中央發下了文件，你們這些高工資的人（迴避了「走資派」這一詞彙，這是我有意的，安娥病了這麼多年，什麼「派」也算不上），錢不能隨便花，要封存起來。問她手中有現錢嗎？安娥只能發單音字：「錢，有，有。有——錢。」說完一瘸一拐地進了裏間屋，抱出一大堆鈔票，十元的、五元的以至單元、角票都有。面對這麼多現金怎麼辦？那時我們都沒有貪心，否則糊弄一下這樣一個病老太太，想個藉口把錢弄走趁機「抄肥」，一點也不困難，安娥不可能揭發說得清楚。可是，我們恪守做人的基本道德，不義之財絕不可取，更不能欺侮一個病老人。

三個人仔細清點，共有兩千多元，比我們三人一年工資的總和還多。我們找了一個牛皮紙大信封，把這些人民幣全部裝進去，寫清數字，封上口，我們三人都簽了名和封存日期。又把大信袋交還給安娥，囑咐說：「這些錢不能花，花了就要犯錯誤。」安娥吃力地回答：「不——花，不——犯——錯——誤。」

我們出了安娥的家門，輕輕噓了一口氣。那位較年輕的通信員還天真地問：「安娥要是把錢花了怎麼辦？」我說：「咱們是奉命辦事，辦了就完。至於錢，她愛花不花，咱們管不了。即使安娥這些錢不動不花，她每月兩百五十多元的工資照拿，還不是一樣。反正咱們按要求把事情辦了，個人沒沾包，問心無愧，就完事了。」三個人都笑了，認為自己辦得聰明。

後來，向中央專案組他們如此這般地彙報，他們也無可奈何——沒准他們想通過我們的手把安娥的錢弄來全上交給他們，責任仍由我們承當，像田漢的那筆錢讓我寫上交證明，收了錢又不認帳一樣。反正這回我們沒有讓他們當槍使而上當吃虧。

多年以後，讀到著名作家管樺之子、青年作家鮑柯揚記述監獄生活的短篇小說《紙銬》：他在文革中曾被打成「反革命」關押入獄，獄中奇形怪狀之事迭出，他記述了有一個知識分子入獄後，監管人員竟然用白紙剪了一副「手銬」給他戴上，說這「紙銬」代表著無產階級專政，要是紙銬破了，那就是抗拒破壞國法，要嚴辦的。這位虔誠者竟戰戰兢兢戴著這紙銬一動也不敢動。精神上的奴役、折磨多麼殘酷！這與我們用大信封「凍結封存」安娥的現金存款，之後又交給本人保管，不許她花，動了就「犯錯誤」，頗有異曲同工之處，都是利用了人們的善良和虔誠，幹了一件近似愚蠢荒唐的事。

在「文革」中，我同安娥只有這一次接觸。一九七六年夏天，安娥病逝，遺體放在醫院的太平間。當時劇協雖然早已不復存在，但原劇協還有不少人在文化部幹部分配辦公室中學習待命。安娥的喪事還是要管的，派我去辦理。我乘小汽車「陪」著安娥的遺體，送她到八寶山火化；又組織了一個小型追悼會，請原劇協一位中層幹部宣讀了由我擬稿的悼詞。在「批鄧、反擊右傾翻案風」濁風惡浪的嚴峻形勢下，能辦成這樣，已是很不容易，家屬也較為滿意並感謝。十幾年前，本書初稿的前兩章曾在某刊物上選發，約稿編輯較年輕，沒有「文革」經歷，怕拿不準，曾找田漢之子田大畏徵求意見。田大畏與我沒有來往，但聽說是我寫的，就發出這樣的評語：此人辦事實在，不胡來胡說，他的文章足以信任。或許這主要是在辦理安娥存款現金「凍結封存」和之後安娥喪事時留給他的印象。

工人、解放軍宣傳隊進駐初期

這種沒人管的自發「革命」熱誠，終究是難以持久的。大家都盼望趕快派人來領導，否則這樣下去，到哪兒才算一站呢？

一九六八年夏天，毛澤東發出了「工人階級領導一切」的「最高指示」，大家學習貫徹不過夜，還要敲鑼打鼓上街遊行慶祝歡呼。接著傳出要派工人解放軍毛澤東思想宣傳隊進駐上層建築領域，包括機關、學校、文化宣傳團體，領導文化大革命。「最高指示」表明，毛澤東還是對知識分子不放心，派工人、解放軍來「摻沙子」，管理改造我們。

夏末秋初，工人解放軍宣傳隊開始露面了。有一天，一男一女，兩位工人師傅，年紀都不大，穿著很樸素，來到劇協，走進我們幾個人的辦公室瞭解情況。我們由衷歡迎，熱情接待，讓座沏茶，剛要開始介紹情況，兩位工人師傅卻掏出「紅寶書」——《毛澤東語錄》，搖晃著敬祝起毛澤東「萬壽無疆」，祝林副統帥身體「永遠健康」來。我們毫無思想準備，平日也不習慣這一套，對方的動作又有些僵硬滑稽，想笑又不敢，一下面紅耳赤，慌亂不迭，想找「紅寶書」跟著做，一下又不知道放到哪兒了，出盡了洋相，還挨了批評。

這個時期社會上從毛澤東的像章熱、頌歌熱，發展到「早請示，晚彙報」，即上下班前集中起來，手執「紅寶書」，面對毛澤東像祝頌他老人家「萬壽無疆」、林彪副主席「身體永遠健康」，念毛澤東語錄，高唱《大海航行靠舵手》、《毛澤東是我們心中的紅太陽》等歌曲，畢恭畢敬，十分虔誠，近似宗教祭祀。在這種儀式中，右手要有節奏地揮舞晃動「紅寶書」是不可少的內容。這一年夏初，我因腎結石住醫院，外科病房中除了手術後實在動不了的病人外，其餘能行動的病人和醫生、護士一起在病房區，面對毛澤東掛像搞「早請示，晚彙報」，誰也不敢不參加。據說，這裏面真有「階級鬥爭」，還就有人因為對「早請示，晚彙報」態度不積極不虔誠，而被「抓」出來的「反革命」！至夏天，發展到人們見面打招呼前，以至進商店買東西，都要先說一聲「毛澤東萬歲」，或者對答毛澤東語錄，如你說上句「要鬥私批修」，對方接答下句「為人民服務」，必須是「紅寶書」上的語錄，上下句風馬牛不相及也沒關係。這就難免發生一些驢唇不對馬嘴的笑話。這在沒經歷過「文革」的青年一代看來十分荒唐滑稽，但這的的確確是真的，所以姜昆將之收在相聲中加以諷刺，但這諷刺帶有苦澀之味。強制的個人崇拜發展到極致，什麼荒唐的笑話都可能發生。

在文聯大樓的知識分子群體中，當然沒有人敢唱反調，也要搞一搞「早請示，晚彙報」，只是沒有社會上那麼極端。

說實話，對工軍宣隊進駐文聯大樓領導「文革」，我們是歡迎的，因為有人管了，不會再一盤散沙下去。一些比較亂的、不斷發生過「左」的、違反政策的過火行為的文藝單位，如一些京劇團、戲曲學校等，也盼望工軍宣隊進駐，特別是挨整的人，盼望工軍宣隊能講點政策，少受點折磨。

工人解放軍毛澤東思想宣傳隊按部隊編制，在一個系統設立總指揮部，下再設一些分指揮部，分指揮部下面再設若干宣傳隊，分派到各單位，分別按師、團、營、連、排級別建制。中直文藝系統在文化部設總指揮部，是師級，一把手是解放軍某野戰軍政治部副主任；下面依然分文學、戲劇、音樂舞蹈、美術各口管理。戲劇口的分指揮部設在中央戲劇學院，算團級，劇協歸這個分指揮部管，派來的工軍宣隊算連級，一把手是部隊的連職幹部。宣傳隊的解放軍都來自駐防在張家口一帶的某野戰軍，其中包括不少戰士；工人是北京汽車製造廠的，即今日生產「切諾基」的北京吉普車有限公司。雖然他們都堅決執行了「文革」這個把國家帶入深重災難的方針政策，但也應該說，他們基本上堅持了三大紀律八項注意，作風樸素，平易近人，有的人水平並不低，像汽車廠的張德義師傅，主管專案工作，踏實細緻，仔細調查研究，分析論證很見水平，大膽落實政策，及時解放了一些挨整的幹部。經過一段相處後，那位軍隊的一把手奉命調走，行前，他掏出了心裏話：「我們來這裏之前，聽介紹說，你們這裏『黑』透了，幾乎是『洪洞縣裏無好人』。面對那麼多的複雜的人和事，我們真不知從哪裏下手。後來發現你們這些知識分子還是正派的、要求進步的，也比較容易相處，工作上還積極予以配合。要不然，光憑我們，是理不清這團從三十年代到六十年代文藝圈中的亂麻的。」

我們遇到這樣較有水平的工軍宣隊是我們的福氣。但事物從來是不平衡的，十個手指伸出也不一般齊。我的好友，已故的京劇程派名家趙榮琛先生，時在北京市京劇二團，先是「三名三高」靠邊站，後又以莫須有的「特務」罪名被拘禁隔離，飽受毒打而致殘。一九六八年秋工軍宣隊進駐後，給他帶來一線希望。哪知管專案的一位姓王的解放軍更「左」，給他扣上了「戴笠的乾兒子」，「曾給戴笠守靈奔喪」（指戴笠一九四六年乘飛機在南京撞山失事後，恰逢趙從重慶直飛上海尋師程硯秋，南京根本未停機，趙榮琛根本沒見過更不認識戴笠），「白公館的軍統特務」。好嚇人呀，而所持的理由更是荒唐可笑：一九四八年趙榮琛與原在山東省立劇院的老同學相會於北平，大家在白宮照相館合影留念，照片上數男一女，女即著名京劇藝術家、以演《紅燈記》李奶奶馳名的高玉倩，她是比趙榮琛矮一個班次的初級部小學妹。那位王姓軍人指著這張照片上的「白宮照相館」五字，硬說抽去「照相」二字，就是「白公館」說這是他們追憶當年「白公館的特務生涯」，所以才在白宮照相館留影。負責日常管理他們的一位工人，也是流、蠻氣十足，對一些京劇團原來打人成性的青年的折磨人惡習，也是聽之任之縱容不管。這樣品質不良、思想過「左」的人，終究難以在工軍宣隊中長久立足。趙榮琛被隔離關押了近兩年，要下放農場勞動，工軍宣隊一把手、來自南京的一位政委親切地找趙談話：「你是個藝術家，過去在南京我看過你的戲，演得非常好，我很喜歡看。你受了一些苦，我知道，群眾運動，水平不一，要正確對待，不要往心裏去。現在你可以回家，收拾收拾，跟家屬孩子團聚一下，然後咱們一起到農場勞動，去接受再教育。」趙榮琛聽呆了，忍不住熱淚盈眶：從「文革」開始後，他從沒聽到過這樣溫和、理解、能暖人心的話。

當然，在工宣隊、軍宣隊那裏，出一些令人費解之事也是難免的。劇協有一輛幸福牌國產新摩托車，工宣隊讓交出來由他們使用。他們來自汽車製造廠，不少人會擺弄汽車、摩托車。通信員不敢怠慢，趕緊交出車鑰匙，卻對接車的工人說：「請您給我寫個收條。」哪知道這位二級工的青年工人卻大發雷霆，竟然在大會上點名批評：「我們工人階級要接管整個世界，還在乎一輛摩托車！竟敢向我們要收條，你們眼中還有沒有工人階級？」那位挨批的通信員十分緊張，不敢吱聲。其實他也是工人，不過人家是掌權者。有人還對此捧場奉承：工人階級就是有氣魄。多數人心裏卻說：摩托車是國家財產，通信員移交，要個收條是對工作對國家財產負責任，何錯之有？這跟「工人階級接管整個世界」根本不沾邊。後來，一位工宣隊員，騎著劇協的英國進口的「鳳頭」自行車出去辦事，回來說車丟了，誰也不敢追問。一輛當時價值上千元（今天要幾萬元）的高檔進口名牌自行車，就這麼不明不白地沒有了，連個「說法」也沒有，誰知道是怎麼回事，是真丟還是假丟？

當時高檔進口自行車十分難得，不能不使大家產生疑惑。

「伊兵之死」事件和其他

工軍宣隊進駐不久，就發生了伊兵突然死亡事件。

伊兵原名周紀綱，又名周丹紅，浙江嵊縣人，早年參加新四軍，長期在譚震林領導下的新四軍浙東支隊工作，文筆遒勁，榮膺「浙東四才子之一」盛譽。建國後在上海做戲曲工作，擔任華東文化部藝術處和華東戲曲研究院的領導工作，同周信芳、袁雪芬等戲曲藝術家關係很熟。當然，伊兵是他們的領導者和改造者。一九五五年大行政區撤銷，他由夏衍介紹調到劇協任副祕書長，一九五七年「反右派鬥爭」中，他大顯身手，在劇協整了不少「右派」，而且非要把張穎整倒，自己掌握《戲劇報》一把手大權，此前他只是常務編委，一把手是張穎。他的願望達到了，由周揚親自任命他接替張穎為《戲劇報》主編。此人思想敏銳，很有見解，筆桿硬很能寫，就是有時左右搖擺不定，對上面尤其對周揚跟得很緊，在一九五六年至一九六一年這幾年中，他一會兒鼓吹要全部繼承戲曲傳統遺產，凡是老的都不能動；一會又提倡以現代戲為綱。一九五九年「反右傾」中，他利用《戲劇報》搞「反修」理論批判，戲曲以張庚、話劇以趙尋為批判靶子，綱上得很高，得罪了很多人；後來他又在刊物上提倡鬼戲和遭到貶斥的名劇《斬經堂》等，毛澤東指責「戲劇報宣傳牛鬼蛇神」，主要指他執政時所為。雖然他極力貫徹的多是上面的指示主張，但鋒芒外露，惹事過多，引起周揚等人的反感，有意換「馬」。一九六二年夏天利用對「反右傾」的平反甄別，把趙尋調回劇協，對伊兵進行批判，實際上這是一場權力鬥爭，結局是伊兵被攆出劇協，調到江蘇省文聯當個坐冷板凳的排位很靠後的副主席。

「文革」伊始，由於「十七年來一條反黨反社會主義反毛澤東思想的文藝黑線專了我們的政」的論調成為主導，那麼伊兵作為一九五七年至一九六二年這一段的劇協主要領導人之一，要對這期間的「黑線」負責，應該從南京「揪」回來接受清算。而伊兵自己則認為一九六二年事件是受「文藝黑線」的打擊，不斷上書中央文革「辨冤」，說自己堅持了「正確路線」，力圖向田漢、趙尋等人反攻報復，所以也很樂於回北京，以便進行這場「路線鬥爭」。

伊兵從南京北來，被安置在人去樓空的田漢家中的西廂房住下。劇協實在無力管他，聽任他每天寫各種材料辨冤申訴上報。那時候，北京經常搞突擊大清查，對「盲流」入京的人一律收容遣返，這也是「階級鬥爭」的需要。伊兵住在細管胡同田漢家，沒有北京市戶口，在一九六八年九月迎接國慶的一次夜間大清查中，他被帶走，拘留於和平門外原北京師範大學老校舍的一間大教室中，同各種閒雜人等同睡地鋪。工軍宣隊派我和王興志（今中國社會科學院文學研究所編審，老舍研究專家）去領人。伊兵有嚴重的支氣管哮喘病，幾天的折磨已使他十分憔悴虛弱，身上頭上都沾有地鋪的稻草。他見我們來接他，兩眼露出喜色，那親切興奮勁兒有如幼稚園的孩子見到來接的家長，就差撲上身了。把伊兵接回安置在文聯大樓中的一間辦公室裏住下，因為經常進行的「大清查」，一般是不碰大機關的，這裏相對安全一些；否則，伊兵如果再被「收容」一次，這條命也就交待了。

可是沒過多久，一天早晨發現伊兵死在了室內水泥地上。工軍宣隊剛剛進駐，就發生了死人事件，且死因不明，必須查清。經聯繫，伊兵屍體送協和醫院（那時叫「反帝醫院」）太平間冷凍暫存，須進行解剖以鑑定死因。

文聯大樓離協和醫院很近，但因隔著一條繁華的王府井大街，大白天拉著死屍街上走，實在不像話。

捱到黃昏，把伊兵遺體用被單包好放在床板上，四個人各扛一角抬下三樓，擱在平板三輪車上，由那位通信員蹬車，我和王興志在車兩邊扶著裝做送病人，三輪車穿過王府井進帥府園直奔協和醫院後門地下室的停屍房。接待我們的是一位在太平間工作了幾十年的和善的老師傅，他妥善地予以安排。屍檢結果是哮喘發作窒息而亡，不是他殺、自殺。真是萬幸。後來接待家屬、辦理火化等事，都是我和老王辦的，我們給伊兵送了終。一個戲劇理論家就這麼完了，令人歎息。

若干年後，伊兵當然也無例外地得到了平反昭雪。伊兵有三個女兒，無子；他有個侄兒周健爾，繼承了伯父的事業，在浙江從事戲劇工作。他從伯父眾多篇章的遺著中，精選出四十五篇，結集成《伊兵戲劇論文集》，並由馬少波同志熱情地作了評價很高的序言，得以出版。

伊兵死了之後，事情慢慢地就過去了。某日值夜班，參加抬屍的四人之一的游默，半夜倦極，支起放在走廊上的一塊床板稍歇片刻，剛躺下不久，猛然想起這塊床板就是當初抬伊兵屍體的，嚇得他一躍而起，困倦一掃而光。

此時，在劇協辦公室中還隔離著趙尋和劉厚生，他倆是劇壇名人、劇作家兼評論家，後來任中國劇協副主席、顧問。趙尋是演劇隊出身；劉厚生則是四川江安國立劇專二十世紀四十年代的畢業生，抗戰時在重慶、抗戰勝利後在上海從事戲劇活動，先話劇後戲曲，建國後曾作為伊兵的副手在華東從事戲曲改革工作，後成為上海戲曲工作主要領導人之一。他筆力遒健，文章寫得漂亮，作風樸實，與上海的周信芳、袁雪芬、王文娟等戲曲名家關係搞得很好，一九六四年被周揚、林默涵指名調入中國劇協。他早年支持上海越劇十姐妹的越劇藝術改革，電影《舞臺姐妹》中那個幫助越劇女演員的青年，就是以劉厚生為原型塑造的。

「隔離」等於在機關內關押，沒有自由，專人看管，趙尋是單人獨室，好辦；劉厚生是「夫妻雙全隔離」，又沒有房子分開，就擱在一間屋子中，用木櫃隔成裏外間，外是夫，裏是妻，二人不見面，談不到「交頭接耳」，吃飯由值班看管人從食堂打飯上來，上廁所要喊「報告」。劉的妻子傅慧珍是電影演員，她從丈夫所在的外間屋經過，目不斜視，不可能「串供」。

劉厚生夫妻的「囹圄」之苦長達一年。「文革」一開始，周信芳的《海瑞上疏》一案就把劉厚生攀扯在內；後來上海方面又提供「歷史反革命」的材料，「問題」好大好嚇人，其實全是無中生有的逼供信之詞。事情的發展則令人啼笑皆非。

一九六八年夏天，工軍宣隊進駐前，上海的專案人員來京外調，提供了有關材料，為首的是一位三十多歲的女士，原是上海滑稽戲演員，一身舊軍裝，「革命」得很，對劉厚生夫妻很凶。他們在劇協住了一段時間，促成了劉氏夫妻的「隔離」。可是他們回上海後不久，就傳來這位女士也被「專案」了的消息。原來她帶著幾個小青年住在文聯大樓時，晚間清閒無事，難免「芳心孤寂」，遂勾引幾個男青年同她亂搞男女關係，把舊戲班中齷齪惡習帶到文聯大樓，白天是人，夜間是鬼。回上海後事發，少不了挨批挨整，真是活該！

「清理階級隊伍」中的苦與樂

工軍宣隊進駐各單位的主要任務之一是清理積案和定案，「批判」並「解放」那些「犯走資派錯誤的好人」，給那些「敵我矛盾」者定案。那時文聯大樓中有八個協會五六百人，被「揪」出的逾百；僅百來號人的劇協，受「審查」的就有二十多人。面對一團亂麻似的文藝圈中的人和事，工軍宣隊很不熟悉，工作難度很大。他們不畏難，又認真負責，在劇協主管專案的張德義師傅領導下，組織內查外調，仔細研究分析，逐步爬梳得條清縷細，理出頭緒。

他們不像有些單位的工軍宣隊那麼凶和狠，以致逼出人命；他們不但沒有再揪出新的，還陸續「解放」了一些人。這是我們的福氣。而我家對門的一所小學，教職工僅有幾十人，工軍宣隊在「清理階級隊伍」中，把一個中年女教師逼得上了吊，屍體就吊掛在窗前，我們隔著樓窗看得很清楚，慘啊！

那時還有條規定：進行「清理階級隊伍」時，各單位的人要集中住，不許每天回家。劇協上百口子人在機關「全托」，再加上工軍宣隊幾十人，可難壞了管行政後勤的「六萬元」——本名劉萬元，司機，人詼諧好逗，因根紅苗壯才用他。大家拿他開心，起了這個諧音外號。

他開著汽車買來許多稻草墊子，鋪在文聯禮堂旁邊的曾接待過周恩來、朱德、陳毅等人的貴賓休息室地上，是為劇協男宿舍；女士們優待些，睡辦公室的桌子；除「隔離」者外，「受審查」者只好混居於一個會議室中，當然也是打地鋪。

大家同事多年，卻從未朝夕共處睡在一起。每天「運動」早晚三班，到睡覺時不免要開開玩笑，稍事輕鬆，當然不敢說「犯忌」的話，於是就拿賀敬之、李欽（劇作家，前《劇本》月刊主編，已故）開心，責怪他們睡覺打鼾，吵得別人睡不著；他們點頭抱歉，自動把自己的鋪位移到屋角。次晨，我們的小弟弟朱以中（後任中國戲劇出版社編審，已退休）在被窩裏又「發難」了：「賀敬之、李欽，你們怎麼搞的？打鼾的聲音那麼大，把我挺好的一個夢給吵醒了。」旁邊立即有人介入：「他正做夢跟剛搞上的女朋友溜達呢，你們損不損！」大家哄堂而笑。賀敬之是笑而不語；李欽愛逗哏，來了這麼一句：「學徒我是新學乍練，鼾打得不好，瞎打瞎打，請各位多多包涵。」一下子全屋幾十口人樂得都穿不上衣服了。賀敬之和李欽「文革」初期都受過「衝擊」，工軍宣隊進駐未作深究，予以寬待。他們心境較好，才開出這高質量的玩笑。

那年十二月二十六日是毛澤東主席七十五周歲誕辰。雖然早就有明令，不許給中央領導人祝壽或以中央領導人的名字命名街道、城市，過去也確實沒祝過壽、命過名，但是此一時彼一時，「文革」中毛澤東的聲譽從如日中天到九霄雲上，對其「個人崇拜」已達無以復加的程度，為毛澤東祝壽的活動也就普遍開展起來了。工軍宣隊領導大家搞祝壽活動，在正日子這天吃壽麵、獻頌詩、唱頌歌。這對文聯大樓的人可說是「小菜一碟」，且能玩得很漂亮。歌頌毛澤東的歌曲很多，選幾首練練就能上臺唱；現成的頌詩也很多，卻不願「炒冷飯」，而要重新寫。

各協會能寫新舊體詩的人很多，在劇協最突出最現成的要算大詩人賀敬之，此詩責無旁貸由賀敬之執筆。祝壽會上，賀敬之自已朗誦他趕寫出來的頌詩，詩很長，感情很投入，錘煉得相當不錯，可謂出手不凡，挺感動人的。賀敬之的特殊經歷和成長，使他對共產黨毛澤東有著很深厚的感情，有情才能出好詩。只是不知這首作品後來發表過沒有，是否收入他的詩集中？

有了工軍宣隊在掌管，文聯各協會的大事小情也就都要隨著時尚潮流走。每逢發表了毛澤東的「最新最高指示」都要立即歡呼背誦、上街歡慶；中共八屆十二中全會決議宣布「把劉少奇永遠開除出黨」，更要敲鑼打鼓上街遊行，然後是學習「精神」，表態支持，當然不知道也不可能知道這是一件偽造證據、誣陷無辜的大冤案。好在那時大家都在機關集中住，晚上一廣播，馬上集合拉隊伍就奔天安門。雖是寒冬深夜，大街上卻紅旗招展、人群如潮。那時，都以為這是「革命」、「緊跟」，勁頭十足；今天回過頭看，這套形式主義的、不分正確與錯誤的擁護支持，又是多麼幼稚可笑！耗費了那麼多的時間、精力、物資，又多麼不值。以至形式主義的謬種流毒，至今也沒有能肅清絕跡。

各地外調中的奇聞

進入一九六九年，工軍宣隊的主要精力用在調查定案上。一些抗日戰爭期間奔赴延安參加革命又歷史清楚的老幹部比較好辦，批判一通，作為「犯走資派錯誤的好人」陸續予以「解放」，凍結的存款發還，原工資照發，什麼事也沒有，三年的罪白受。

麻煩的是二十世紀三四十年代在上海、南京、重慶等「白區」工作有「歷史問題」的人，都要查實，才好有個說法。工軍宣隊力量不足，再說幾十年前國統區文化界的陳年老帳，他們也確實難於弄清楚，就從各協會挑選了一些人參加「專案」，跑「外調」。我也在入選之列。外調時，原單位一人再加工軍宣隊一人，多是小戰士，啥也不懂，跟著走，具體工作我們幹，但他們是領導，有這穿軍裝的「牌子」，乘車坐船住旅店、辦事查材料也較方便。那時只要是穿綠軍裝的解放軍，上天入地通行無阻。

我先後去了河北、山東、浙江、上海等地，每次都和一個小戰士同行。小戰士年紀很輕，文化也不高，可是他們性格淳樸，能吃苦，屈己從人，在行路以至生活上幫了我不少忙。一路上火車很擠，不亞於今天的「民工潮」、「七天大假」，廁所、過道裏都擠得水泄不通。買火車票「軍人優先」，我們沾了光。

一次去濰坊，正趕上當地兩派在火車站前武鬥，磚瓦亂飛。我從沒見過武鬥，在小戰士引導下，我們貼牆根繞著走，以免殃及池魚。去萊蕪，一路山區，乃沂蒙山老區根據地，老百姓生活苦得很，早春天還冷，有的小孩一絲不掛，沒衣服穿，小個的被姐姐攬在破棉襖中。在唐山，住旅店沒有電，晚上旅客只好摸黑聊天，然後摸索著爬上床，有沒有蝨子也只好隨牠去了。在胥各莊，兩派武鬥也很凶，街上就有人玩槍、打槍的。我從未經歷過這陣勢，因為北平是和平解放，我至此時還真沒見過放槍的，聽槍聲呯、梆地響，不由得很緊張。那小戰士有軍事知識，告訴我：「咱們背靠背，保護好材料。你跟著我找『死角』走，子彈打不著。萬一有事，我掩護你。」

四月初到杭州，我們碰到了難得一見的「桃花雪」——杭州居然下起了春雪。西子湖畔，「片片雪花落在了桃花上」，真是奇景非凡。可是當地的種種情景，卻讓我們驚詫。離京前，「九大」就要開幕，有傳達說，不要再搞大像章，毛澤東有批評：「還我飛機」；也不要再搞「早請示，晚彙報」那一套了。可是，杭州舉行的歡慶「九大」開幕閉幕的大遊行，參加遊行的人還是人人戴毛澤東像章，一個比一個大，最大的有臉盆大小，用繩子套在脖子上，甚而基幹民兵手執著衝鋒槍列隊遊行，好嚇人。這些在北京都不可能見到，到杭州算開了眼。

我的祖籍是紹興城東的後堡，離魯迅的外婆家很近，《社戲》中對這個水鄉小村有細膩詳盡的描寫，即是我故鄉的風光。在此之前，我從未去過故鄉原籍，紹興的公務完畢，趁便和小戰士一起回了趟老家。我們在皋埠下火車後還有十里路，順田間小路邊打聽邊走。家鄉只有我的一位嫡親姑媽和堂姐，我從沒見過。紹興土話我不會說，僅在小時候聽父親和他的同鄉朋友說過，還能聽得懂些。臨近村莊，遇見一扶杖老人，再作詢問，當然要道明我的「來歷」——我是誰的兒子。老人很客氣：「我也姓胡。按輩份，我應稱你公公（祖父）。」我連忙遜謝。他領著我找到當時任生產隊長、我的沒出五服的堂弟雙富。雙富又領我先去見一位嫁在王家的遠房胡家姑奶奶，她在北京居住過，我們稱她「王媽媽」，她一眼認出了我，喊出我的名字，跟我敘了不少往事，問候了家母，還指著一座一樓一底的木質樓房說：「那是老一輩十八房弟兄分家時，分給你的（先父早亡，只我獨子），可是讓你那好酒貪杯的三叔給賣掉還酒債了。唉。」雙富忙過一段後又領我去看嫁在離此二里地另一個村的堂姐阿粉。堂姐腳有殘疾，是貧農，日子過得很艱難：房子很小，人豬一室，最讓人不舒服的是過去供灶王爺的地方，改掛毛澤東像，「供」著四本毛選，煙薰火燎，落滿灰塵，不倫不類。紹興農村中家家如此，顯然是強迫布置，讓毛澤東的像取代了昔日的灶王龕，實在讓人哭笑不得。

堂姐很熱情，先給我們煮了待客的糯米圓子（她很窮，白糖是向鄰居借的），又留我們吃晚飯住下。我實在不忍心再加重她的負擔，再說也沒有地方住，就把我身上盡可能拿出的幾十元錢和十幾斤全國通用糧票，全給了她，略盡心意。

晚上在雙富堂弟家住下。他住的是胡家祠堂，房子很寬大。晚飯也是在他家吃的。他稍富裕些，蒸了梅乾菜鹹肉，煮了茴香豆，還喝了紹興黃酒。紹興是聞名的酒鄉，所產花雕黃酒中外馳名。紹興人嗜酒善飲，一個壯漢一次喝下二三斤黃酒太普通了。連我這北京生的紹興人，也最推崇紹興花雕，有次在黃宗江家避雪圍爐小飲，他只備了花生米、豆腐乾和一個燈影牛肉罐頭下酒，酒卻琳琅滿目：茅臺、五糧液、西鳳、白蘭地、黑牌威士忌……都有，我獨選中一瓶沒有牌子的紹興加飯，黃宗江高興地大叫：「真不愧我浙人也。」——他乃溫州原籍，與我是「浙江小同鄉」，然而彼此又都是「京油子」。一瓶加飯，當然兩人都未盡興；我這不常飲酒的，也需一斤紹興酒。

一九六九年浙江酒的供應非常緊張，要憑票購買，每人每月一斤：半斤高粱（土釀低度白酒）半斤黃酒。堂弟搜羅了全家的酒票，又向鄰里借一點，才勉強湊出二三斤黃酒待客，酒的質量大不如前，淡而無味。然而，其熱情已使我非常感動了。

五月天長，酒酣飯飽後紅日尚未西沉。我們在黃昏漫步於這個紹興有名的古樸小村。彎彎的石橋，成片的湖河，水中有木船來往，划船的漢子依然像魯迅筆下描寫的那樣：頭戴黑氈帽，手執一槳控制行進方向，另一枝槳用腳勾著划水，嘴裏哼唱著紹興大班的唱腔，什麼詞聽不清，大概不會是「革命現代戲」，那時候紹劇也完全「停擺」，小六齡童等正在挨鬥。

我們村子還是木結構的老房，前門臨石板路，後門面水，但往日的古樸寧靜已蕩然無存，代之以「紅海洋」式標語口號和花花綠綠的頌揚壁畫，濃妝豔抹很不諧調。這裏號稱魚米之鄉，此刻卻是魚不見米不足，奈何！

因時間所限，我未能去拜訪嫁在七八里外小皋埠村的小姑媽，次晨隨一位到公社開會的族兄，在濛濛細雨中搭了一條烏篷船，咿咿啞啞地離開了我的故鄉。族兄是復員軍人、黨員幹部，在船上他當然要稱頌「文革」及「形勢大好」，可也在言語中流露出農村生產不佳，生活今不如昔。不用他說，我用眼睛都看見了。號稱浙江最富庶的農村尚且如此，其他地方可想而知了。這趟故鄉行，留給我的是難以名狀的苦澀。

四十年後的二〇〇九年春天，我和拙荊藉去江西婺源旅遊之便，從江西而安徽、再浙江，經杭州而紹興，直奔故里。進村先找雙富堂弟，當然此前我與他已經通信電話聯繫過了，他知道我們夫妻要回去祭祖探望。進村還是先找胡家祠堂，雙富還是住在老房子中，這個小我一歲的當年魁梧漢子，如今老了，成為捲縮的小老頭，身體好像還不如我。胡家是村裏大姓，胡家祠堂建於清乾隆年，抗日戰爭中，祠堂中住有新四軍，曾與日本鬼子打過仗，犧牲的烈士暫時就葬在胡家祠堂後院。後來烈士遺骸移葬烈士陵園，胡家祠堂就改建成革命歷史教育展覽館。堂弟們不讓我們住在鎮上的旅館中，就住在月得堂弟家。他家是一座新蓋的三層小樓。村裏村外新蓋的小洋房很多，大多是電動車，小汽車也有，村村之間都是柏油馬路。就是水少了，湖面縮了，當然魚蝦也少了。清末胡家再分家的十八房弟兄，我們這一支是長房，我大伯父早亡，行二的家父就居了長，我又是獨子，是長房長孫，年齡在現存的堂兄弟中又最大，一時間，我們這大哥大嫂，被堂弟堂弟妹們攙扶著在村中四處逛，在建於清乾隆年的胡家祠堂中向祖宗行禮。在月得堂弟家晚餐之豐盛，紹興酒之充足，非四十年前之窘迫可比。只可惜我們回京三個月後，雙富堂弟病故；九個月後吾妻竟以極惡性的淋巴瘤辭世了。

一九六九年紹興的狀況還算好的。之後去浙南龍泉公幹，我們要去的地方離縣城六十里，在山裏，因兩派武鬥，汽車中斷。我可沒有勇氣步行穿過武鬥區，還要留頭吃飯，只好折返，暫擱下以後再說。

張君秋絕境逢生

轉瞬到了一九六九年夏天，文聯各協會的「犯走資派錯誤的好人」，如劇協的李之華、張真、葛一虹、屠岸，作協的冰心、嚴文井、張僖等，曲協的陶鈍、羅揚（後任中國文聯副主席），音協的王元方等一批知名的作家、評論家、文藝活動家，陸續得到「解放」；賀敬之、張穎分別回到人民日報和外交部，郭小川因「天津黑會」等事的牽扯，一直沒能回人民日報，而留在了作家協會。一些有「歷史」或其他「問題」的人，如周揚、田漢、

張君秋（張君秋生前贈與本書作者）

陽翰笙、夏衍仍在獄中關押，一切由中央專案組管。戲劇家趙尋、鳳子、劉厚生、戴不凡等，作家邵荃麟、張天翼、陳白塵、侯金鏡等，美術家蔡若虹、華君武、王朝聞等，音樂家呂驥等人的「問題」不是文聯各協會自己短時間內能解決的，要等上面，一步步慢慢往前走吧。

社會上許多系統、單位，也陸續地「解放」了一些幹部和知名人士。

有一天晚飯後，我們幾個人在文聯大樓的大門口佇足聊天。只見從南面無軌電車上下來一個中年人向北走來，他身穿嶄新的綠軍褲、上著白襯衫，面容白皙，文文靜靜，仔細一瞧是京劇表演藝家、男旦張君秋。他見我站在門口，主動過來同我打招呼，熱情地拉著我的手用他那男人唱旦角特有的柔軟圓潤的聲音說：「告訴你，我也『解放』了。現在讓我參加唱腔設計工作。」此時，他是去首都劇場看上海京劇院新改出來的樣板戲《智取威虎山》，準備拍電影。「我是去學習的。」平日訥於言詞的張君秋，此時卻很健談，說的很多，興奮之情溢於言表。此前他受過一些罪，這時的心情我完全能夠理解。

這裏插敘一點戲曲名家在「文革」初期據我所知的遭遇，有的以身殉難，更多是的絕處逢生，否極泰來。

還是說張君秋。他是一個戲劇天分極高、鑽研藝術永不疲倦的人，不到三十歲就享有盛名。他排了很多新戲，創編了很多婉轉動聽、絢麗多姿的新唱腔，再加上他那無與倫比的極悅耳的嗓音，獨創出「張派」藝術，影響深遠，成今日京劇的主要流派之一。晚年榮任中國文聯副主席，獲亞洲最傑出藝人終身成就獎，門下桃李遍布海內外。

一九六四年大演京劇現代戲，從藝術上首先受到衝擊的是男旦和小生，張君秋、趙榮琛都只好暫時離開舞臺。張君秋的藝術夥伴、小生劉雪濤改唱大嗓，得以在《蘆蕩火種》中獲得一個角色。張君秋不太愛說話，但心裏有數，覺得自己剛四十出頭，正當壯年，嗓子正好，難道從此就歇了嗎？他認真學習觀摩趙燕俠在《蘆》劇中的阿慶嫂，唱腔、身段、場位都爛熟於胸。一九六四年秋，他向領導大膽提出：讓他男扮女裝演兩場《蘆蕩火種》做個實驗。不能不說張君秋是個勇敢者兼有心人。那時的北京京劇團還不是江青一手遮天，彭真說話還有相當的分量。張君秋的申請得到了批准，貼出了海報，說由張君秋主演阿慶嫂的兩場《蘆蕩火種》即將上演。

戲曲評論家、我的直接領導戴不凡，不顧重病在身，讓我設法去弄兩張票，陪他去看這男演女的現代京劇。這現代京劇男演女，會演成什麼樣，我們心中並沒數。說實話，張君秋演唱得中規中矩，現代戲男演女，看上去一點不彆扭，他那條好嗓子，更使劇中十分美妙的唱腔增色不少。

這至少是對被看做「方向」問題的現代戲的積極態度吧。但是，張君秋與搞過京劇《杜鵑山》的馬連良、裘盛戎等名家仍然被一腳踢出他們親手創辦的北京京劇團，與李多奎、馬富祿等名角，一律調往北京市京劇二團，與荀慧生、葉盛章、李宗義、趙榮琛、李慧芳等在一起學習待命。

馬連良、裘盛戎、張君秋對現代戲仍然採取積極的態度，搞出了現代短劇《年年有餘》、《雪花飄》，塑造了當代普通人的藝術形象，至少在唱腔上突破創新很有成績，因為這三位幾十年來都是堅持藝術革新不停步且卓有成就的。

但這並不能免除他們在「文革」驟起後橫遭摧殘的滅頂之災：當時，京劇二團的團址設在前門外中和戲院，開大會則常在東安市場的吉祥戲院。荀、馬、裘、張等名家，一開始就被「揪」出來，挨批挨鬥關黑屋。這些大師級人物，很年輕時就已成名，幾十年來備受尊重，生活上也較優裕，沒受過什麼罪。「文革」開始，他們無一例外都成了階下囚，生活上身體上備受折磨，更令人難以忍受的是人格心靈上的摧殘與侮辱。因為京劇團不同於大機關，成員文化素質較低，大字報、開會難以說理分析，更多的是侮辱謾罵。年近七旬的馬連良、荀慧生、李多奎、馬富祿很快身罹重病鬱鬱而終；葉盛章不堪屈辱，憤而投水，結束了承上啟下一代京劇名武丑的生命；張君秋年輕些還挺得住，挨打受罵是家常便飯，甚至他的七八個子女也被迫貼了與父親「劃清界限」的大字報，使他痛心。同為男旦名角的程硯秋弟子、趙朴初的堂弟趙榮琛和梅蘭芳的愛子兼藝術傳人梅葆玖，開始時僅以「三名三高」對待，只許認真改造學習，不許亂說亂動。吉祥戲院開大會，趙、梅不許參加，這對乾兄弟只能在門外看自行車。後來，趙榮琛「升級」了，被打成「特務、反革命」關進黑屋，與張君秋又成了難兄難弟。有一天晚上，趙聽到打人斥罵聲，哀叫的好像是張君秋，不禁為好友擔起心來。不一會兒，滿身傷痕的張君秋被推搡到趙被關的黑屋——做盔頭的車間。張、趙本來不關在一起。

俟押送的的打手離後、趙悄聲問張：「不是現在對你好一點了嗎，怎麼又……？」張滿臉委屈地輕聲說：「我在舊報紙上隨手寫字玩，他們非說我寫了『蔣介石萬歲』。」「你寫了嗎？」「沒有，他們是栽贓整人！」「沒寫就是沒寫，要咬牙頂住。」這時，外面傳來一聲斷喝：「不許說話！不許串供！」兩人誰也不敢再言語了。

夜深了，兩人都睏了，張君秋想睡卻沒有鋪蓋。趙榮琛本來睡在木案子上，有一鋪一蓋。二人就用京劇舞臺上常用的啞語手勢交談：張君秋用手一支頭，表示想睡覺，雙手又一攤，表示沒鋪沒蓋夜裏太冷，指指趙榮琛的鋪蓋不好意思的一笑，意為能不能分給我一點遮寒。趙榮琛點頭表示懂了，隨手抽出一塊毛毯遞給張，張把全身包緊，倒在水泥地上將就了一夜，準備接受明天的再折磨。當然這硬栽贓的事，最後只好不了了之。

作為師弟、義弟的梅葆玖，此時還是半自由身，每日允許回家。面對師兄（張）、義兄（趙）的艱難處境，他毫無辦法，只能在沒人時遞上兩句溫暖的安慰話，傳個要注意什麼的資訊，至多悄悄把用紙包著的燒餅遞給兄長果腹。

這是一九六八年秋「清隊」時的事，趙榮琛事後對我詳談的。我已將之寫入拙著《儒伶趙榮琛》一書中。

幾個月後，張君秋得獲自由身，聯繫前一段他的遭遇，就不難理解他的興奮之情溢於言表了。當然，他之「自由」必有上面說話。

京劇界絕大多數名演員，「文革」初期都受了大罪，相對說，外地比北京要更殘酷一些。也有個別人沒被「燒」過，如病中的譚富英，參加樣板戲《紅色娘子軍》演出的杜近芳等。「文革」前期，被衝擊後不久即被「解放」的京劇名家較少，只有袁世海例外，一九六七年就「解放」了。一是他比較聰明，不同群眾頂牛，自我檢查很誠懇，還扛著個「鬥私批修」的木牌子在中國京劇院各處徵求聽取意見，得到群眾的諒解；二是《紅燈記》中的鳩山還要用他，上面一發話就「解放」了。

其他名家如李少春、裘盛戎、李和曾、葉盛蘭、張雲溪、趙榮琛……大多到「文革」後期才「解放」，有的拖到「文革」結束後。而李少春、裘盛戎兩位大師也因此身染重病，等不及「文革」後期就仙逝了，損失不可估量。

閒中有慮，準備下鄉

與張君秋街上閒談，心裏還有點羨慕，他雖然挨了一通大整，倒底平安無事了，還有工作可做。我們這些人倒沒受什麼罪，但在某種程度上，甚至還不如這位藝術家。

我們晚飯後在街上與張君秋閒談，看似悠閒，實際上心裏並不輕鬆。因為，此時在文聯各協會以至整個文化界，包括若干中央國家機關，都籠罩著一種惴惴不安的情緒：毛澤東在一九六八年冬天採取了兩個重要的決策，一是讓廣大待學待業的中學生上山下鄉鍛煉改造，這就是那段著名的語錄：「知識青年到農村去，接受貧下中農再教育，很有必要……」在北京和全國各個城市，掀起了中學生上山下鄉插隊去邊疆兵團的熱潮，這涉及到千千萬萬個普通家庭，大批大批的十幾歲的孩子下鄉當「老插」，受盡了千辛萬苦，有的還把命送在那裏。今天六十歲上下的人大多有過「兵團」、「插隊」的經歷，大量的小說、報告文學、影視片記述了這個撕心裂肺的時代和許許多多撕心裂肺的故事，構成了中國獨特的「知青文學」。

另一個是毛澤東在黑龍江省慶安縣柳河五七幹校的辦校經驗上作了批示：「廣大幹部下放勞動，是一種重新學習的極好機會，除老弱病殘者外都應這樣做。在職幹部也應分批下放勞動。」此時的毛澤東，兩隻手都很硬，一手抓青年學生，一手抓機關幹部，統統趕下鄉去勞動，接受「再教育」。文聯各協會又是被毛點過名的，用當時的話叫「砸爛單位」，即撤銷單位予以解散，全部下放五七幹校是我們的唯一出路。所以，在夏天加快了定案和「解放」幹部的工作步伐。

到了八月，情況逐漸明朗了：文化部機關及其直屬單位，會同中國文聯、作家協會，去湖北咸寧的向陽湖圍湖造田，辦五七幹校，即後來所稱的文化部咸寧五七幹校；戲劇、音樂、美術、舞蹈、曲藝、電影、攝影、民間文學等協會，會同中國戲曲研究院（那裏也有一些文藝名家如張庚、郭漢城、吳祖光、馬少波以及書法家王遐舉等）、農業電影製片廠、文化部所屬的音樂研究所和電影創作研究室等，到離北京不遠的長城之外的河北省懷來縣辦五七幹校。

去咸寧的文聯、作協的前站人員，八月底就出發了。我們去懷來的，九月開始準備，因為近，打前站的人可晚一點出發。由於都是「砸爛單位」，所以一個不留全要去，包括工人、炊事員。「老弱病殘者除外」，這一條對我們不適用。

這個「下放五七幹校熱」波及到中央、各省市的機關、團體以及院校。在北京，從中共中央辦公廳到各部委共辦了一〇一所五七幹校，再加上部隊的、市屬的，以及各省市的，不知有多少。有的是機關單位仍存，抽調部分人員下幹校勞動，實際上是把有「問題」的、認為不可靠、沒有用、刷下來的人，全轟到五七幹校中去，名為鍛煉實為懲罰，排斥異已甩包袱。在文聯，像曲協主席陶鈍當時已七十開外，照去。這個年齡段的還有哲學社會科學學部的著名紅學家俞平伯，上海作協主席、著名作家巴金等，都下了五七幹校。有不少單位是家屬子女一起去，北京戶口遷出，住房收回，家也就不存在了。文藝演出單位和院校，中央系統的則送到軍營中由部隊代管，走得略晚些；北京市的，則利用南郊的團河、天堂河勞改農場辦五七幹校。北京人民藝術劇院、北京市京劇二團、中國評劇院、中國雜技團的藝術家們如刁光覃、朱琳、鄭榕、于是之、藍天野、黃宗洛、趙榮琛、梅葆玖、李宗義、李慧芳等，都被驅趕到這裏勞動改造。不過，他們的家都沒有動，還可在休假日進城回家團聚。

由於很多單位規定是全家都走、住房收回，促使不少人忙於處理帶不走的傢俱、衣物和書籍，一時間，舊貨店中物品充斥，售價極低：一個單人沙發床只賣二十元，一對單人沙發十元就可買到，七八成新的自行車不過賣四五十元，嶄新的拷花呢男女大衣、高檔純毛禮服呢的中山裝幾十元就可買走，做新的要二三百元。賣掉這些東西，一為輕裝，二為家都沒了，要這些還有什麼用？恐怕再也穿、用不著了。此時還要忙著添購木箱、旅行包和軍隊處理的舊棉軍服等，以備下鄉用，買這些東西，全要憑下放證明。那時物資匱乏。大家表面上興高采烈，表態表決心，說是響應毛澤東號召，下放勞動接受「再教育」，內心深處不免有落難悽惶之感。

我們去懷來的還好，家不動，房子不交，而文聯、作協去咸寧是要動家的，相形下我們感到知足。但不少人對此去前景如何並沒有信心，也許會終生勞動改造，不會再回來做專業工作了。多年從事戲曲評論的屠岸（後任人民文學出版社社長兼總編輯，現為中國作家協會顧問），原是個詩人兼莎士比亞研究專家，莎翁的十四行詩集就是他最早翻譯出版的。他們夫妻都在劇協，一起走，他的夫人章妙英（上海聖約翰大學畢業生，已故）把珍藏多年、得之不易的英國十九世紀的莎士比亞英文原版書，全當廢紙賣掉了。我們看著實在可惜，但章妙英的態度很堅決。這何嘗不是對未來失去信心的體現。夫妻同去幹校的，孩子留京沒有人管，只好狠心隨他去。後來曾任劇協書記處書記的游默，一九六九年夫妻同下幹校時，兩個女兒大的十三，小的六歲，本來有姥姥看管，「文革」伊始，老人家就被趕回農村了，只好狠心讓未成年的姐姐照顧接送還上幼稚園的妹妹，夫妻揮淚而去。這樣的事太多了。讓未成年的孩子離開父母自己留在家，怎能放心？會不會出事？真是有出事的，男孩子變壞，女孩子被糟蹋。那痛苦是難言的，說心如刀絞絕不過分。但還要強顏歡笑，否則就是「態度」問題。

我們是一九六九年九月二十八日走的，限令「十一」前必須離開北京，說是到農村過一個「革命化的國慶日」，哪裏知道這是上面發出的「一號令」所致。我的妻子雖留在北京，也從一個工程師下放車間當工人接受「再教育」。在我走的前一天即九月二十七日，她的年近七旬、在北京軍區後勤部只是普通職工的老父，被打成「資本家兼地主」（「文革」後被平反），強迫遣返河北玉田縣原籍。家鄉只有老頭兒一個人，連房子都沒有，只得住在大車店中。我的妻子帶著不到兩歲的女兒，頭天送父，次日別夫，慘哪！

行前，總要添置點必需之物，我和先母到王府井買東西，而後到森隆飯莊吃飯，含有寡母為其獨子餞行之意。恰遇劉厚生也在那裏吃飯。他被隔離關押了一年，不見天日，下放去幹校前，准他兩天假出來買東西，做些必要的準備，但是不許與妻子見面、同行。他面色蒼白，舉止呆滯，行動猥瑣，神態極不自然，好像是從另一個星球上來的，人整個變了樣，往日文人學者的瀟灑風度蕩然無存。

出發的那天早晨，大家在文聯大樓前集合，乘汽車去永定門火車站登火車。不少家屬前來送行，其中包括被「中央專案」的老戲劇家鳳子的丈夫、華籍美國專家沙博理先生。他提著箱子把鳳子送上汽車，車開動了，沙博理用漢語大聲告訴妻子：「你放心，家裏有我，女兒我會照顧好的。」神態倒很開朗，鳳子卻是想哭而又不敢哭出來。沙博理先生從二十世紀四十年代就留在中國，支持並親身參加了中國的建設事業，曾將許多中國名著譯成英文推向世界。周恩來總理很熟悉並器重他們夫婦。連美國專家的妻子都難以倖免，那麼多德高望重的文藝名家統統都在被驅趕下鄉之列，吾輩尚還年輕，夫復何求！

誰讓我們幹了文藝這一行，偏偏又在被毛澤東點了名「十五年來基本上不執行黨的方針政策」的文聯各協會這「裴多菲俱樂部」工作呢？所以不少人感到：此一「發配」，前途渺茫，歸期無日，路在何方？

悲夫，可憐的知識分子、文人們！

第五章

初下幹校三遷忙

一九六九年九月二十八日，我們乘坐的火車離開永定門火車站，經清華園、南口、八達嶺，出長城，過官廳水庫，直奔懷來縣。這條路線我很熟，因為一九五八年首次幹部下放，文聯各協會的人就下放在懷來，涿鹿兩縣的農村。一九五八年大躍進時，兩縣合併，稱懷來，但這個懷來是新縣城。老懷來縣城，即一九〇〇年庚子之亂時懷來知縣吳永跪接狼狽逃亡的慈禧太后和光緒帝，以縣衙為行宮的縣城，因修建官廳水庫，已沉入水底。再後來，兩縣又分治。三年困難時期，文聯各協會建立的農場、副食基地，就在懷來縣的火燒營村，這條路我們是經常往來的。陽翰笙也因為採訪下放在這裏的文聯各協會幹部後又去張家口壩上採訪，才寫出電影劇本《北國江南》這部挨批的「大毒草」。

陽翰笙（陽翰笙家人贈與本書作者）

我們下車的落腳點是懷來縣土木鄉。這裏離懷來縣城二十里，是歷史上有名的「土木之戰」——明軍大敗於蒙古軍、明英宗被俘的古戰場所在地。往日的戰場痕跡，包括解放北平時在這裏殲滅國民政府的一個軍，都已無處尋覓，有的只是待收割的大片秋莊稼。

炕席未暖就搬家

土木又稱土木堡，是個歷史悠久的古村。村周圍還有磚土混合結構的圍牆得東西南北四個門，堡牆內也形成方正規矩的橫街豎巷，農民居住的大部分是四合院，有的磚木結構屋頂有瓦，規整一些；有的是土坯牆花秸泥頂的小院，典型的農舍。

我們頭一件事是住下來。打前站的事先按八路軍老傳統給「號」（向老鄉借用）了房子，按班排分別住入——去懷來五七幹校共組成五個連，一連是電影家協會和電影創作研究室，二連是民間文學研究會、攝影家協會、農業電影廠，三連是中國戲曲研究院和舞蹈家協會，四連是音樂家協會、音樂研究所，我們五連是劇、美、曲三個協會。每個連一百多人，那時興軍事建制，我們五連連長是劇協原黨組成員、被「解放」了的劇作家李之華，指導員是當時的曲藝家協會祕書長、羅揚，副連長就是搞「黑幫示眾」很能幹的大學剛畢業的殷可善，副指導員是美協的漫畫家江有生，多數是「解放幹部」。當然還有軍宣隊，總負責人是張家口某軍的王副團長，他的部隊就駐防在懷來，他可以當懷來縣的大半個家，幹校選在懷來大概這也是重要的原因。各連、排都有解放軍駐守領導，級別也是連排職，我們五連的一把手也姓王，連職幹部，人很隨和。工人宣傳隊不隨同下鄉，回廠了。

土木堡中大概住了兩個連，其他連隊分散在附近的村子裏。下了火車分別住下後，我們立即兵分三路，為生活奔忙。一支是做飯的。那時最主要的問題是吃飯，伙房由打前站的給支起來了，半露天的，一天就為一百多人三頓飯奔忙，要買糧買煤買菜，需要不少人幫廚，哪怕幫助剝蔥剝蒜也成，做飯的占去不少人。另一支隊伍是挑水的。土木鄉缺水，我們伙房的所在地離最近的水井要有二里地，做飯需要大量的水，大家生活也需要水，還要按老八路的傳統，給房東挑水掃院子。於是就組織了一支由較年輕的男人組成的挑水隊，首先保證伙房用水，抽空才幫助老弱、婦女挑挑水。我被編入挑水隊中。我身體雖不算壯，但三十多歲正當年，又下過鄉會挑擔子，幾十斤一挑水還難不住我，但一天幾十挑水，往返幾十里地，膀子也壓得紅腫了，疼痛難忍。再一支是裝卸隊。大量的物資，包括木床、桌子、椅子、櫃子、乒乓球臺子以及其他物資，從北京捆綁裝汽車上火車，再在土木站卸火車裝上汽車，運到村中借房子作倉庫存放起來。這是一項相當繁重而又有一點技術性的活計，由副連長殷可善主抓，幹活的主要是精壯勞力，也包括華君武、劉厚生等「審查對象」。說勞動懲罰也好，反正這些活兒再累再苦也要有人幹。汽車把傢俱拉到村裏，裝卸隊不用說了，還得全體上陣，連女同志也幫助拿拿椅子等輕便物品。

就這麼日夜不停地幹了一個多禮拜，生活才稍稍安頓下來，而且在十月一日國慶那天居然吃了一頓紅燒豬肉燉粉條、大米飯。連日劇烈的體力勞動，大家吃得很香很多。

但是，我們的五七幹校建在何處？我們的田地又在何方？將來我們怎麼工作生活？沒有人能清楚解答，都一片茫然，每天仍為衣食溫飽奔忙。勞累了一天，睡在借住房子的涼炕上——我們沒有柴禾，燒不了炕，只覺冰涼入骨，而塞外秋來早，雖只是十月初，卻有深秋景象，比北京要早兩個節氣。

這時發生了一件令人吃驚、可笑而又可悲的事。曲藝家協會的章輝，孩子多，她撂下一大群孩子下了幹校，突然小孩得急病發高燒沒人管，電報拍到土木。請假倒是准了。但已近黃昏，村子離土木火車站還有好幾里路，身材矮小又深度近視的章輝一個人踽踽上路奔火車站的方向走去。越走天越暗，章輝心裏著急，越急就越邁不開步，天若黑下來，上哪兒去找那不認識的火車站？章輝急得要哭了。忽然後面隆隆聲響，開過來一輛訓練後回營的坦克。章輝急中生智，橫舉雙手攔住了行進中的坦克，向車長哭訴了自己的難處。車長見這個戴著深度近視鏡、有點花白頭髮的矮小婦女不像壞人，就破例允許她上了坦克。然後以最快速度向懷來開去。坦克兵的營房離縣城不遠，順便把她送到懷來火車站，可以趕上夜間的快車回北京，而土木站只有慢車。夜裏還不一定有車通過。

章輝就成為我們懷來五七幹校六七百人中空前絕後的坐著坦克趕火車的人。其滋味如何，只有她自己能說得清。三四天後她歸隊，說起這段奇遇，對解放軍的助人為樂精神，我們還是由衷欽佩的。只有荒唐年月才能發生這樣的荒唐事。

此時，還發生了一件令人心痛的事。

上章結尾說過的把十三歲和六歲的兩個女兒留在北京的游默、張志儒夫妻，突接電報：小女兒手臂骨折。幹校批准了張志儒兩天假，她連夜奔回北京，天亮時趕到家，趕緊給孩子看病打石膏。下午張志儒準備回土木堡，兩個女兒拉著媽媽不讓走，但只有兩天假，軍令如山耽誤不得。張志儒只得再三囑咐大女兒好好照顧妹妹。想到大女兒只會熬粥，還要擠車接送受傷的妹妹去幼稚園，張志儒心如刀絞。俟兩個女兒睡下，她一咬牙一跺腳，顧不得拭去滿臉眼淚，哭著奔赴火車站，趕夜車回營銷假。

在土木堡住了最多半個月左右，剛安頓下來，又傳出了要搬家的訊息：遷往懷來城南的宋家營村。那裏靠近洋河灘，縣裏撥給我們幾百畝河灘上的荒地，要在那裏蓋房子建校舍、種地生產，安身立命。很快指定了前站先行，去那裏準備一切，頭一件事仍是向老鄉「號」房子借住，建立伙房，準備倉庫，把剛從火車上卸下來的大量物資，再從土木堡裝汽車拉到宋家營，勞人費馬，再次捆綁裝卸，東西損壞不少，壞了的只好扔掉。大夥兒不解一共只差十來天，何不一步到位直奔宋家營？這要省卻多少人力、物力的白白消耗。後來我們才明白：我們這些人沒有資格在北京過國慶日，必須在「十‧一」前驅趕出京，一切花費損耗在所不惜。又何止我們這些小小老百姓，連開國元勳劉少奇、鄧小平、陳毅等人，也被逼離開了北京。所以我們才能在這「土木之戰」的歷史之地稍事停留，來個損耗巨大的過境中轉。

鑿山築洞藏冬菜，試建竟成卡通房

宋家營在懷來縣正南五里，一條大道貫通。再往西南二里許，就是洋河和桑乾河的交匯地。兩條大河在此合二而一，雖是秋後枯水季，仍然水聲隆隆、氣象萬千。河灘有大片的荒地，我們未來的校址就在這裏。那時天氣還不算冷，此處風景宜人，大家尚還滿意；而我卻深知這裏氣候的兇惡，因為一九五八年我就在河對面離此二三十里的溫泉屯村（丁玲寫《太陽照在桑乾河上》的生活基地）下放勞動生活過，那邊的風景比這裏還美，到處是果園，前臨桑乾古河，背靠鬱鬱青山。但這桑乾古河道卻是一個大風口，來自蒙古沙漠草原的肆虐寒風通過這古河道（因兩側是山，河道是峽谷）撲向華北大平原。尤其河灘地，那風那沙那冷實在難以形容。故河灘地當地農民大多棄而不用，最多種些土豆，收成算白撿。一九五八年桑乾河解凍化冰時，我跟當地老鄉在河灘地種過土豆，那會兒還棉褲棉襖外穿皮大衣，護耳帽，正趕上刮大風，一陣勁風過來，不僅飛砂走石，還把皮衣棉襖都打透了。所以，我見這河灘地及有「黑風口」之稱的所在，是喜憂參半——將來安營於此，大家會有把棗核兒嚼嚼。我絲毫不敢口漏半字，否則就是動搖軍心，對抗領導。

宋家營村子很大，有幾百戶。村中央一條大道，把全村分為東、西兩半。東半部住了一連（電影家協會），西半部住了五連。村子再大，驀然添了三百口人，也顯得有點人滿為患。村裏有個小供銷社，賣點簡單的生活用具和當地產的水果、點心，立時熱鬧起來。星期日還休息，大家成群結隊去逛懷來縣城，五里地半小時就能走到。到縣城裏主要是洗個澡——縣城有老式澡堂，再吃一頓。懷來的小飯館十分簡陋，做不出什麼像樣的菜，且牛羊肉多，這又是一些南方籍的人所不敢問津的。還有一種莜面，壓成麵條狀，很筋道，蒸熟後沾著羊肉滷吃，更是一般人難以下嚥的。莜面及黃米麵油炸粘豆包是這一帶包括張家口壩上、山西、內蒙古最上等的待客過節食品，凡一九五八年下放過此地的人。都習慣甚而嗜食此物，包括我在內，趁機大嚼，卻為很多南方人所不能理解。

到了宋家營，同到土木堡一樣，主要力量用於安排生活，並準備過冬。一連、五連如此，住在十幾里外的村莊及借用官廳水庫湖畔林業學校校舍作為駐地的二、三、四連也都如此。

我們仍是兵分三路：一路是後勤，開伙做飯，養豬買菜；而這買菜，即準備過冬大白菜的拉運貯存，是個大工程。

另一路是採石隊，都是精壯的男勞力，上山打眼放炮，炸石運回，以供蓋房打基礎和砌牆用，他們離開了宋家營，到二十多里外的炮上村住宿幹活。

再一路是建築隊，掄起瓦刀，和泥砌牆，起屋蓋房，主要也是男勞力，指揮者卻是女將張琳。她是個搞建築的技術員，隨丈夫，原在曲協、後任《大眾電影》編輯部主任的馬銳一起

放炮採石隊在懷來炮上村留影

下放，便責無旁貸地搞起五七幹校的規劃設計。技術指導是民間文學研究家、後任北京師範大學中文系教授已故的張紫辰和他的老父親，爺兒倆都是瓦工出身。

我此時被抽調去編油印的《五七戰報》，一個連抽一個人，一連是精通法語的電影翻譯家何振淦，二連是農影的一位，三連是戲曲理論研究生朱穎輝（已故），四連是音協的一位。編輯部設在二連的村中，我們幾個人騎著自行車跑，五個連以及採石隊都跑到了，採寫報導，編印成報，見的聽的事也較常人為多。

塞外冬來早。到十月下旬，西北風不斷襲來，已一片冬天景象。剛下幹校，主要為吃和住能安頓下來奔忙。雖然大家都清楚，這是為了自己，但對這些不諳此道的知識分子來說，仍是相當困難的。此處冷，冬天主要燒熱炕取暖，炕前砌一個通往炕內煙道的爐子，燒煤餅，夜間要封火，萬一弄不好就會發生煤氣中毒薰死人的事故。盤砌爐子請當地老鄉指導，拉煤，加土活煤做煤餅以及夜間封火，就要自己動手學著幹了。我與屠岸、杜震同住一條炕。屠岸是一口好英文一手好文章，可生活自理能力較差；杜震是老八路的文藝兵出身，一九六五年我們一起赴順義「四清」，他是我的工作隊隊長，也曾同住一條炕，我和他擺弄過這種炕前爐子，所以我們屋裏的爐子很少熄滅，室內暖乎乎的。可是不少人這關很難過，爐子老弄不好，滅了重生滿屋子是煙，有的女同志為此急得直哭。

伙房做飯的排開班，輪流上。問題是冬貯大白菜。當地老鄉的習慣是冬天漬幾缸酸菜，主要是熬酸菜吃玉米餅子或窩頭。幹校的人來自天南地北，不習慣吃酸菜的多，再說一百多人吃飯，要漬酸菜哪裏找幾十口大缸去？只能想法貯存大白菜。白菜是從宣化一帶買來用火車運到懷來的，先去火車站卸車，隨到隨卸不管黑夜白天。卸了車，把白菜用汽車拉往各連。幾萬斤白菜一起運到，怎麼貯存？挖菜窖一來不及二沒地方。除向生產隊借了兩間暫時不用的空屋子擱了一部分外，大部分白菜沒處放。不知誰相中了宋家營西部的那個有十來米高幾十米寬的土山包，說乾脆挖土窯當菜窖使，土洞裏冬暖夏涼，放白菜準合適。說幹就幹，我們從土山包的向陽面開了洞口，逐步往裏挖，日夜三班倒，挖土的是男勞力，婦女往外運土。劉厚生、趙尋、華君武等「審查對象」不能外出，只能留在村內「監管」，遂成「挖山」的主力。其中以劉厚生最賣勁兒。開始還好挖，越往裏越難挖，頭抬不起來、人沒法站，鎬把長又掄不開。劉厚生就跪在地上，借著馬燈的微弱光亮，左右有規律地掄鎬，進度很快。幹校還是講人道主義的，劉、趙、華等幹個把小時後，讓他們出來透透風直直腰。沒幾天，這土洞挖成有三間屋子大小、一米多高，很像個樣子了。大家興致來了，還要繼續擴大戰果，但老鄉出來干涉：再挖會發生塌方要傷人的。工程只好停止，但白菜終於有了「住處」。當然還要倒菜、劈幫、換氣還有很大的工作量，這由《美術》編輯部主任華夏包了。他從一下鄉就對種菜、管菜發生了濃厚的興趣。

建築隊的「師傅」們，由張紫辰父子手把手地教怎麼使瓦刀，怎麼砌牆，怎麼砍磚對縫。自己覺得都像回事了，於是先實驗一下，遂在宋家營通往懷來縣城的大道邊，先蓋一間給大夥兒瞧瞧，「亮亮手藝」。不幾天這間房蓋了起來，硬山擱檁還上了頂。我們成群結隊去參觀，讚不絕口：這拿慣筆桿的文人，短短幾天居然學會了蓋房子，了不起！還是五七道路英明偉大。可是，過路的老鄉看了這間「樣板房」，不但沒有稱讚，反而抿嘴樂。我們趕緊徵求農民的指示意見，人家說：「這房子恐怕呆不住，你們看看，上頭大底下小，能撐得住嗎？」

仔細一看，老鄉說得真對：這房子有點像卡通電影中畫的房子，是上大下小。果然，沒幾天這房子就塌了，幸好沒住人，沒砸著誰。不過倒底是一次難得的實踐。

接著，要搶在上凍前，在河灘上蓋一排新房，把五七幹校的牌子掛起來。於是僅有的幾輛卡車拉磚拉水泥拉石頭（開山隊炸鑿出來的），建築隊全體上陣，「師傅」們大多是平日心靈手巧會幹活的，這是給自己幹，又要搶時間，一封凍就沒法幹了。大家掄起瓦刀堆石砌磚，幹得很快。雖有張紫辰父子嚴格指導監督，但兩個人力量有限撥拉不過來，終於還是發生了「二桿子蓋房——沒門」的笑話：

美術家協會的盧開祥（已故）既能畫又能寫，業務上是把好手，人卻大大咧咧，隨和愛說笑話，有時難免有點不著邊際，故得了個綽號「二桿子」。叫他「二桿子」，他不急也不惱，仍憨厚地笑笑。他砌磚的手藝算不錯，可這搶時間蓋房是一場無形的勞動競賽，彼此都綳足了勁，像此時在劇協棲身的石敬野，雖為知識分子老幹部，卻真會幹活，田裏的、建築的，他是幹什麼是什麼。河灘搶蓋房，他那瓦刀掄得飛快，砌的牆橫平豎直，真是一把好手。這使盧開祥心裏著急，要起瓦刀緊追石敬野。牆起了一米多高，「二桿子」大喊一聲「壞了，得拆！」原來他急著趕進度，砌前臉牆，竟然忘了留門。這樣的房子蓋起來，將來只有跳窗戶出入，故而引起哄堂大笑後，留下了這句歇後語。

人算不如天算，這一排十間房還沒完工（主要是檁條、門窗等木工活及屋頂瓦跟不上），西北風寒流就到了，大河封凍，無法再施工。十間紅磚坷垃孤零零地扔在河灘上，忍受著飛沙走石的寒風摧殘。

西湖雨中趣話，幹校再次搬家

塞外的初冬，給這些從北京前去「五七」的人充分施以顏色。兩河交匯的「黑風口」刮來一次又一次的西北風。人們棉褲棉襖皮大衣還得縮著脖子跑著走路。除了做飯、餵豬以外，冰天凍地的已沒什麼活兒可幹。宋家營的老鄉也如此。這個有幾百戶人家幾千畝土地的大村子那時很窮，許多農民都是倒欠戶，即勞動一年所得工分款值，還不夠分到的口糧價，倒欠生產隊的。造成這種情況的原因是：單一種糧，副業全被當「資本主義尾巴」給割了，分值上不來，一個勞動日才三四角錢，掙多少工分也不夠吃；另外就是孩子生得多，每家都四五個、六七個孩子。那時按人口計糧，沒有節制人口、鼓勵計劃生育的政策，只要生一個孩子，就分給你兩百八十斤口糧，孩子越多口糧也分得越多，工分不夠就欠著帳，反正蝨子多了不咬，債多了不愁，多生孩子就多有糧食，有便宜可占。

相形之下，我們這些五七戰士，雖然離鄉背井，拋家捨業，日子卻過得還可以。一是有工資拿，有飽飯吃，有棉衣皮衣穿，無凍餓之餒；二是幾個月來每天勞動，都是在為自己生存奔忙，而且還不算太重，因為還沒有春種秋收。軍宣隊也沒拿重體力勞動整人。

正當我準備在這塞外風口「貓冬」時，突然派下任務：讓我再赴浙江，完成春夏未能完成的專案外調工作。這次沒有解放軍戰士隨行了，是與本單位的黃克（京劇名旦黃桂秋的哲嗣，南開大學中文系研究生畢業，後任文化藝術出版社負責人後又挨整，已退休）一起去的。

我們頭一站是乘火車直奔浙江金華，凌晨三點到，下車立即趕乘六點開往浙南龍泉縣的長途汽車，下午到達。我們的目的地是要去此縣南部六十里外靠近福建省界的一個山村，尋找一個關鍵人調查。春天去時，因武鬥不通車而此行未果，現在武鬥停了，車也通了。我們在縣城裏住了一夜，旅館不大，很便宜也還乾淨，居然還有熱水供應洗澡擦身。熱水是用木柴燒的，這裏是山區，盛產林木，一向用木柴作燃料，有的是，價錢也不貴。但看到把這些珍貴的木材資源都燒掉，感到真可惜，如果用之深加工，將會產生很大價值。

次日晨，在旅館門口的小飯店中吃早點後上汽車，又見到奇怪的事：店門口站著一個中年漢子，脖子上掛著一塊大木牌子，上寫著「小業主×××」。此人手持「紅寶書」，做認真翻閱誦讀狀。唉，這些「左」的東西，中央三令五申發文件制止，大概是「山高皇帝遠」，這裏與北京好像差了兩三年，北京及各大城市曾經發生過、後被糾正的東西，好像在小縣城，農村都要從頭再重複一遍。

汽車爬山南行，公路旁是一條清澈見底的溪水，水上有成片的木排順水下流。雖已是初冬，兩側山上卻仍蔥蔥郁郁、綠色連片，空氣是那麼清新，山林是那麼寧靜，真乃世外桃源也。

我們所去的那個小山村，更具有這古樸靜謐的特色。進村沒走多遠，就見到一位身穿黑色長棉袍的老人，用熟練的木工手藝，在給自己打一口梧桐木的「壽材」。他幹得極認真，活兒很細。一棵直徑二三十釐米、六七米長的梧桐樹幹，只用兩塊錢就可買到，一口棺材，以木料說花不了幾個錢。

我們的事情辦得很順利，生產隊長很熱情。我們吃派飯，五毛錢半斤糧票一頓，吃的是鹹臘肉燒竹筍乾菜。黃豆芽炒雪裏蕻、大米飯。住也在農家。這裏的住房很有特色：全部是木結構，前廳後堂左右內室，六間的格局，上下二層共十二間，樓上不住人，貯藏東西。屋頂有檩、椽、鋪瓦。房子及室內的桌、椅、床、櫃，一律粗木本色，散發著木香。房四周是乾打壘的半截子土牆，房主人告：蓋這麼一座房子，五百元就夠。啊？這麼便宜！一年的工資就能擁有這麼一座小木樓，太美了。是夜，借住在老鄉家，我與黃克睡在西裏間一個剛打成的寬大茁實的新木床上，給了我們一床足有十斤重的新棉被，卻沒有褥子，身下直貼草席。這種睡法北方人很不習慣，但到兩廣，福建一帶都是顧上不顧下；這裏靠近福建，當地老百姓也是這種睡法。

夜，萬籟俱寂，我和黃克同榻卻無睡意，都非常羨慕這遍山林木、空氣清新、民風古樸、世外桃園式的山村。如果攜眷來此落戶，隱居讀書，如何？但還要有人給點工資，如果全靠勞動吃飯，會很辛苦甚至難以糊口，因為這裏還是很窮。

從龍泉歸來，去浙西建德（古嚴州府），往返在金華駐足。閒中有空，晚飯時街頭買醉：山果釀的黃酒、高粱，滷製豬耳、心、蹄，五香豆腐乾，冬菜餡餅，美味大餛飩，兩人連酒帶飯才花了三塊多，真是酒足飯飽，味美實惠。飯後解酒的黃岩小蜜橘。才一毛五一斤。

到杭州，適逢陰雨。初冬的西湖，煙雲濛濛，湖光山色與春天鮮花盛開時大異其趣，有一種冷峭靜謐的美。在杭州公事也很順利，還有點私事：分別替兩位同事給其雙親和弟弟帶點東西。我們先去清波門叩謁兩位老人。同事的幼子小維由祖父母撫養。老人家很客氣，非要請我們吃飯。杭州的物價不僅比金華貴，而且買菜十分困難，天不亮就要去排隊，實不忍心加重老人的負擔，婉言辭謝，約定把孩子帶出來玩一天。因喝酒要酒票，很不好意思地問老人：酒票是否有剩餘？恰好二老不飲酒，傾其積存足有七八斤酒票，全給了我們。這不僅使我們在天寒冷雨時，能沽飲一杯熱黃酒暖身，還能同另位同事單身在杭的弟弟歡聚——他嗜酒，酒票早罄，聽到我們手中有，連講：「滷菜我包了，晚上我到旅館找你們。」

領著維侄逛西湖，霧雨朦朦，遊人稀少，打著傘圍湖漫步，平湖秋月、斷橋、西山公園、花港觀魚幾處名勝都去了，只是靈隱寺與岳王墳關閉保護不開，與春天時一樣。然後我們步入有名的「樓外樓」飯莊晚餐。偌大的「樓外樓」竟然沒有客人，只我們一桌三人。點了醋溜魚等名菜，驕傲地拿出酒票要了一斤黃酒。不想酒是冷的，不管燙（黃酒熱飲才出味，《紅樓夢》中對此描寫極細。燙酒也是江浙飯館慣習），醋溜魚也偏涼，味道自然差了許多。冷菜冷酒冷天冷飯莊，不由想起當年赴杭時曾隨伊兵拜謁京劇大師蓋叫天，蓋老在「樓外樓」設宴招待，飯後不付現款，記帳，足見交情之深。我輕聲向黃克敘述。

也許他冷酒入肚微醺，不由得說起「廢話」來，向幾位閒得實在無聊的女服務員開起玩笑來。黃克先長歎一聲，說：「《白蛇傳》中白娘子西湖遇雨借傘，成就了與許仙的一段佳緣；我今天持雨傘在西湖轉悠了一天，怎麼沒有一個女生向我借傘呢？」女服務員吃吃地笑了，我也隨之逗哏：「問題是你身邊有維侄，帶著個孩子，誰又敢趨前借傘？你只能怨自己差池了；再說，真要有人借，你又如何處？不怕我那未過門的弟妹先發獅吼嗎？」女服務員又笑了。黃克更來了勁兒，先抱怨酒冷、菜涼，繼而以我所告發揮說，當年蓋叫天在此宴客，你們是如何如何。這話已涉及到政治，因蓋叫天在杭州名聲很大，他的宅邸在裏西湖（杭州西湖以蘇堤一分為二，蘇堤北面的大湖即俗稱的西湖，為遊覽勝地，蘇堤南面的較小的湖俗稱在裏西湖，也有一些景點，如著名的「花港觀魚」就在裏西湖一側，再往深處的湖邊山麓則有人家居住，蓋叫天的宅邸就在此。）後山上有他預建好的十分講究的生壙，碑石牌坊，氣象萬千，有人來訪，他必親自導引參觀。「文革」開始後，蓋叫天在杭州挨鬥很厲害。

提到蓋叫天，豈不危險！女服務員的臉上立時嚴肅起來，一位年紀大一點像個領班的中年婦女過來說：「我們對來樓外樓的客人都不分彼此，等同對待。至於蓋叫天的什麼事，我們不清楚。」黃克跟著用了《沙家浜》中刁德一在「智鬥」中的一句臺詞「真不愧是開茶館的，說起話來是滴水不漏！」那位婦女粉面微現怒色。我趕緊把話接過來化解，說明我們的身分，都是做戲曲工作的，與蓋叫天認識，當年蓋老在這裏請我們吃過飯，有過一點經歷。我們關心蓋老的處境，知道老人不甘屈辱、寧折不彎的性格，很擔心他。這位女士的面色緩和下來，長歎了一聲，對我們講起來蓋叫天的近況：

蓋叫被挨鬥得很慘，其中一部分鬥他的人是他生墳附近的農民，大概他生性高傲，得罪了周圍的鄉親。他被打得很凶，大概腰給打折了，已經站不住，就用垃圾車——杭州街頭使用的雙輪木箱裝垃圾的小推車，把老人裝入車內，掀開半個木蓋露出頭，推著垃圾車遊街，老人受那麼重的傷，脖子還是梗住不低頭，慘啊……

我們與服務員的關係一下融洽起來，酒給燙了，菜給回了鍋，一直聊到他們打烊。黃克老弟的酒也醒了，聽得很專注，臉上不僅有同情，甚而有點淒涼的神色。我明白：他的老父黃桂秋先生是晚清京劇名旦陳德霖的關門弟子，與蓋叫天是同輩的京劇名家，此刻也正在上海受罪。

我們杭州事畢到上海。上海事不多，主要稍停探親。我去探望孀居的嬸母（即偷賣我名下房子的那位叔父的遺孀，嬸母為此事向我道過歉）和幾個堂弟，黃克去看他的胞兄，也正在五七幹校勞動的上海京劇院名小生黃正勤。黃克本名為黃克誠，一九五九年廬山會議後，黃克誠大將成了彭德懷「反黨俱樂部」主要成員，他只好刪「誠」留「克」而成兩字名。

在上海我們就分開行動了，他住在大哥家，我去嬸母處，約時間買好車票一同上車回京。他在火車上對我講：他大哥在五七幹校請了兩天假回來陪弟弟，講了很多上海京劇界的狀況：

一是周信芳被鬥被抄家，整得很慘；二是言慧珠確實被逼得上吊自殺了，傳說她是穿著楊貴妃的宮裝自殺的，確也不確沒眼見，估計不大可能，因為那時劇裝行頭早都已歸公有，演員家中一般沒行頭；三是幹校中也不斷出事，其中之一就是工軍宣隊與女演員亂搞男女關係，處理是狠批狠鬥犯錯誤的女演員，上綱到「腐蝕工人階級、解放軍」，「資產階級另一種形式的反攻倒算」。老戲班中，固然有女藝人守身不嚴，男女關係較隨便的陋習，但現在是挨整的人，掌權者僅僅是被勾引

> 腐蝕嗎？女演員一般身材婀娜，面容姣好，難道不會有人利用權柄威逼利誘搞女人嗎？女演員又焉敢反抗不從？這些此時掌權的人，過去根本不可能接近女名角的，如今不同了，你在我的領導下，我怎麼搞你，你也不敢言聲不從，否則……。反正就這麼說這麼定，搞了女人的工軍宣隊員，最大的「處分」是調回原單位，不少是換個地方照樣當「領導」！

我們回到懷來宋家營「交令」，迎頭而來的一個驚人消息是：搬家！這塞外河灘實難以建校發展，領導決定（當然是解放軍）：文化部懷來五七幹校遷往京東的河北省寶坻縣（今屬天津市，侯雋、邢燕子等知識青年楷模下鄉都在寶坻）。具體地點是在寶坻縣城東南五六十里的大窪地，那裏地多人少有發展前途。服從命令聽指揮，領導說搬家，那搬家一定是正確的。且此舉很受擁護：塞外狂風嚴寒使不少人產生懼怕心理，挪挪窩也好。於是三個月前從北京遷出時的一套又復演：訂車皮，捆物資，裝汽車，上火車，一趟又一趟。人言：「搬三回家，等於著一把天火。」三個月內，我們這五七幹校什麼生產勞動也沒幹，成了搬家公司，整整搬了三次家！

我們回去時已近十二月下旬，限令十二月底前搬清，去寶坻的前站早已出發。我們少數人回去的晚，只好參加由連長李之華率領的留守掃尾隊，不分晝夜搶著幹，送走了一車又一車的物資，一批又一批的人——他們經北京轉赴寶坻。我們幹呀幹，累得吃不下飯，嘴上起了泡。到十二月三十一日早晨，裝上最後一車，包括我們自己的行李衣箱，總算全拉運乾淨了。李之華帶領我們，按老八路的傳統，到生產隊、各房東家致謝，給生產隊留下了一些物資，包括一些舊傢俱和上萬斤冬貯大白菜——山洞裏的還好，放在借用的空房裏的都凍成冰疙瘩了。

借用老鄉的柴灶，我們吃了最後的午餐，排著隊，十幾個人稀稀拉拉提著簡單行裝奔赴沙城火車站，乘下午火車於除夕晚回到北京，還被恩准了兩天假，因為我們太累了。這十幾個人中有劉厚生、華君武，他們是「主要勞力」，一下幹校已無法再隔離，一切只好隨他去了。

寶坻，未來的幹校什麼樣？心中無數。先回家歇歇，兩天休假很難得，一家老小可以短暫團聚了。

大抓「五・一六」

過了元旦，我們隨一連（影協）的汽車開赴寶坻。我們的校址在林亭口所屬的南北清溝幾個村子外的大窪地，暫時還得號房子（戰爭年代軍隊行動到某農村，臨時向百姓借若干房子，安置軍隊的住地，百姓大多臨時擠騰出空房給大軍用，才產生此詞。）借住老鄉家。汽車一路行來，所過村落，大多是土坯房外披「蓑衣」——稻草用泥糊貼於外牆上，以防雨水沖刷，村頭都倒扣著平底木船，足見水在這裏作用之大。寶坻屬京東八縣之一，過去是十年九澇，水患頻仍，舊有「水淹東八縣，北京吃飽飯」的民諺。是說京東八縣如受淹，必雨量充沛，很多地方可因之豐收。

一路顛簸，到五連所在的北清溝村已是下午。找到安排給我的宿地，洗把臉吃完晚飯，聊聊天就睡下了。次日晨，到連部吃早飯。連部設在一個大院子中，好像是過去的機耕站，有大門南北相通可出入車輛，大門兩側各五間大北房。東側為男宿舍（還有庫房等），一律木板雙層大通鋪；西側三間北房是女宿舍，也是雙層大通鋪，一間連部，有閣樓睡人，還有一間是軍宣隊住。西房三間是伙房。大院內停汽車、拖拉機。伙房也在大院中。

吃完早飯，軍宣隊老王把一排長劉珂理和黃克、楊筠（女，後為《人民文學》副編審，已退休）及我找到他屋內，簡短地說：「回去簡單收拾一下，有任務，立刻回北京。」什麼任務沒說，只說一會兒開一二排（劇協）大會宣布。

只要能回北京，就是美差，一家又可團聚，興奮之情不敢露出。不一會兒，在大院女宿舍中開大會，會上宣布：「張潔、楊國環有嚴重的『五・一六』問題，立即隔離審查，楊國環留在幹校，張潔送回北京辦學習班。」一切都是那麼突然，二人面如死灰，大家也不知他們有什麼嚴重問題。讓我們回京，任務是辦張潔的「『五・一六』學習班」，楊筠還有「女看守」職責。

張潔、楊國環都是青年人。張潔是工人出身，參加工作較早，原在《劇本》任編輯，比我小一歲；楊國環，革命烈士家庭出身，一九六四年南開大學中文系畢業後分配到劇協，還沒怎麼工作就碰上「文革」此時還不到三十歲。由於她們根紅苗壯，是劇協一大派的群眾組織頭頭，還被選入中央文革文藝組戲劇口工作，下五七幹校楊是副連職、張是排職領導。

不長時間，就把張潔押上一輛卡車，顛簸到靠近寶坻縣城通往楊村的柏油公路上，有一輛中央戲劇學院的大轎車等在那裏。我們押著張潔上了大轎車，由軍宣隊老王（五連一把手）領著直奔北京的中央戲劇學院而去。

關於「『五・一六』反革命陰謀集團」，此前聽說過一點，但不明詳情。沒想到把我突然抽調到「『五・一六』審查學習班」，而後連續幾年從事「五・一六」專案工作，使我成為可恥的整人打手之一，因而也洞悉一些內情。今將我經歷目睹和盤如實說出，既記錄下這一段詭譎反常的歷史，也是對自己參與其事的反思和懺悔。

「五・一六」這個名稱，在一九六七年春天就有耳聞眼見：上班時，在天安門西側靠近南長街的紅牆上貼有一人高的大標語，標語內容未見特殊，但署名卻很特殊：「首都五・一六紅衛兵團」，那個「一」字還畫成火炬狀。當時，我對這個名字還挺欣賞，覺得響亮上口有意義，比用毛澤東詩詞中隨便一個詞語做名字的群眾組織要好。之後不久，就聽說這個「五・一六兵團」是個專門炮打周總理的反動組織。那時，周恩來總理群眾威望極高，誰要反對周總理，立即會遭到全國人民的反對和唾棄。可是，我沒看到過這個「五・一六兵團」誣衊攻擊周總理的大標語或大字報。到夏天，由於有「王（力）八七」講話和「抓軍內一小撮」的社論，王力、關鋒以及以在外交部奪印而紅的姚登山被拘捕，江青等搖身一變，又以反對「極左」面貌出現，向首都大專院校的紅衛兵部署了打擊「首都五・一六兵團」的任務，鋼鐵學院、外國語學院的「首都五・一六兵團」成員遭到批鬥，組織被砸爛。這個組織的人並不多，一衝也就垮了。我本以為這不過是少數大學生的「極左」而走向反動的行為，與其他各界無關。可是，一九六七年九月後，抓「五・一六」的聲勢越來越大，先是江青、康生、陳伯達講話，點「五・一六」的名，說是個以極「左」面貌出現，有陰謀、有反動目的，矛頭對準以毛澤東為首的無產階級司令部、軍隊和紅色政權的反革命組織。一九六七年九月八日，人民日報以三個版發表了姚文元的署名文章〈評陶鑄的兩本書〉，文章結尾有一段以黑體排的文字，那時凡不注明出處的黑體字，都意味著是毛澤東的「最新最高指示」，第一次公開點了「五・一六」的名：「現在有一小撮反革命分子……他們用貌似極『左』而實質極右的口號，刮起『懷疑一切』的妖風，炮打無產階級司令部，挑撥離間，渾水摸魚，妄想動搖和分裂以毛澤東為首的無產階級司令部，達到其不可告人的罪惡目的，所謂『五・一六』的組織者與操縱者，就是這樣一個搞陰謀的反革命集團。」

事實上，江青等人的講話和姚文元文章，已經成了向所謂「五・一六」進攻的動員令，據說各級革命委員會也都有部署，但至少在北京中直系統的文藝界絲毫沒有動靜，也許這與當時沒有領導、一盤散沙的狀態有關。一九六八年工軍宣隊進駐後，用了一年多的時間「清理階級隊伍」（也沒抓「現行」）、落實政策定案、把大家送到五七幹校。現在騰出手來就該抓「五・一六」了。

為什麼直奔中央戲劇學院辦「學習班」呢？一是從指揮系統說，我們歸中央戲劇學院工軍宣隊分指揮部領導；二是中央戲劇學院師生還沒有去部隊鍛煉，正在大抓「五・一六」，熱火朝天，不僅解放軍在，連汽車廠的工宣隊也在，領導力量強；三是張潔、楊國環這一派與中央戲劇學院的一大派的關係密切，戲劇學院兩派頭頭都進了「五・一六」學習班，或許之間有什麼牽連以致「揭發交代」。

到了那裏，把我們安頓在教學四樓的一間大教室中住下，另有一間小屋張潔住，單有看守；同樓還有另一個「五・一六」學習班。

工軍宣隊召集開會，介紹了戲劇學院打「五・一六」的情況和成果，說我們的張潔問題很嚴重，一定要樹立堅強的鬥爭信心和決心，「敵人是很頑固狡猾的，會死磨硬抗的，一定要有耐心」。主講的是汽車廠的一位洪師傅，他很能說，還介紹了工作方法：要以強大的毛澤東思想去瓦解征服「敵人」，會有一個對抗相持階段，千萬不能氣「妥」（想是「氣餒」，讀錯了音）；主要在夜間工作，用強大的無產階級政策和毛澤東思想攻心，有時能收到意想不到的戰果；交待材料涉及高度機密，聽了口供後不許擴散，讓她寫出來密封好上交，你們不許過目。為了增強張潔學習班的力量，從戲劇學院調了六個人充實，有戲文系的沙新教授和一位青年教師，兩位行政幹部，一位工人，還有一位女性，原是副院長李伯釗的祕書，加上我們四個，由解放軍老王總抓，十一對一，力量懸殊。先學習，即前引述的那些「指示」，接著看了一些其他被辦班的「五•一六分子」的交待材料，當然不涉及「尖端」的「炮打」材料，都是一些「文革」初期眾所周知的事，實在抓不著重點。不過，上命所遣，概不由己，遵囑開戰。

按洪師傅布置，晚飯後面對面交火，讓張潔交待。不如意就宣講政策，念毛澤東語錄，「打態度」，然後再追逼發問。試想，十一對一，任憑張潔再沈著，也是一嘴難敵眾口，言語稍有差池縫隙，我們立即乘虛而入，緊追不捨。到半夜十二點，暫時休息，我們去食堂吃夜餐。夜餐還真不錯，有時還能吃到水餃。當然，也給張潔帶回一份，還是要講政策的。吃完夜餐，照方抓藥，接著來，要弄到凌晨三四點鐘才罷手，大家睡覺。午飯時起床，飯後大家分析「敵情」研究「戰術」，張潔寫書面交待材料，晚飯後同頭天一樣，接演二本。戲劇學院的人都住在院內或附近宿舍，但一律不許回家，要集中住，只有戲文系那位青年教師，因他的妻子從東北來京探親，破格允許他在凌晨戰鬥告一段落後回宿舍與妻子團聚。星期日停戰，每人半天假，輪流回家。那時，整個中央戲劇學院都是「夜貓子」，上午寂然無聲，夜裏燈水通明，各個樓裏的「五•一六」學習班都在挑燈夜戰。聽吧，讀語錄、「打態度」、拍桌子的聲音此起彼伏，有沒有打人的不清楚，反正我們沒動過手；就是不打人，從晚上八點到天亮四點，這八小時的逼供折磨一個青年婦女，讓人家雙拳難敵眾手，也實在夠受的。

從北風怒號的數九寒天，一直折騰到春光明媚的「五一」節，每天晚上這麼折磨人家，同時也是折騰我們自己。張潔開始頂得很厲害，只談一些戲劇口表面上的經歷，而讓我們追的是「炮打」問題，究竟「炮打」了什麼，我們一點情況也不掌握，卻裝出一副什麼都已掌握了然的架式，虛聲恐嚇，詐取「材料」。有時解放軍老王和那位主管抓「五•一六」的洪師傅也在夜間親臨「指導」，不過也只是宣講毛澤東語錄，唸唸《敦促杜聿明將軍投降書》等，不起什麼作用。

洪師傅讓大家加大壓力逼她，非把「材料」掏出來不可。果然，在僵持了兩個月後，一天深夜兩三點。在連珠炮的火力壓迫下，張潔的精神近似崩潰，實在頂不住了，她哭著說「我確實炮打過周總理……」我們按紀律立即制止她口頭交待，讓她回屋寫交待材料，寫完封好交解放軍老王再上交。我們那份欣喜興奮呀，六十幾天的日夜輪番轟炸，終於取得了「戰果」，指揮部立即傳令嘉獎，還讓我們總結如何運用毛澤東思想的強大威力去戰勝、分化、瓦解「五・一六分子」的經驗。這個報告是我執筆的，很吹噓了一番。

總結會剛開完，張潔就翻了「供」，說那是逼出來的，全是編的、假的、不算數。我們的興奮，就像一個剛吹起來的大氣球，突然被刺了個眼，一下就癟了。老說「不要逼、供、信」，但何謂逼、供、信，我並不清楚，過去搞政治運動，我一不是黨員，二不是積極分子，不過跟著開開大會，即使個別小會時有逼、供、信，也輪不上我參加，無從知曉逼、供、信是個什麼樣。現在，我明白了；我們幹的不正是地地道道的逼、供、信嗎！雖然那時我篤信黨中央、毛澤東的部署和指示，〈評陶鑄的兩本書〉中有毛澤東的關於抓「五・一六」的「最高指示」，林彪也有話：「軍隊是無產階級專政的工具，『五・一六』分子一個也不能有。不吃飯，不睡覺，也要把『五・一六』徹底搞出來。」江青講得最多，最有「名」的一段話是在她整倒了演《沙家浜》阿慶嫂的趙燕俠後，調另一位京劇名旦劉秀榮接替這一角色，大概在頭髮問題不合江青的意——阿慶嫂要盤髮髻需演員以較長的頭髮作底，偏偏劉秀榮剪了個短髮——而把劉也「打翻在地」，並發出了「醜媳婦總要見公婆」的「名言」，意為：所作的「反動事」是客觀存在，抹不掉藏不住，總要亮出來清算的，有如當了媳婦總要見公婆恪盡婦道。江青這段話也成了逼、供、信的重要炮彈，被反覆引用。

張潔「翻案」以後，我們再次加強「火力」，企盼「奇跡」再現，但這種逼、供、信是貌似強大、實則虛弱的政治恫嚇，即使施以肉體折磨，對手暫時不能反抗，實際上也是沒有力量的，因為它的基礎是主觀唯心主義，以猜測分析代替客觀實際。可是，我卻可恥地充當了這次抓「五・一六」的打手，也是我一生唯一的一次，雖然當時我並不認為自己是錯的，甚而回到幹校後，有的人疏遠我擠對我，我還憤憤不平。我這是咎由自取，在一些人的心目中，我是整張潔的幫兇。

三月以後又形成僵持階段，張潔任憑我們怎麼逼供，她堅決頂住，再也不胡說了。這時，出了兩件令人啼笑皆非的事：頭一件是我們學習班中戲劇學院的那位工人，突然被抽走，給他也辦起了學習班，因為有人交待他也是「五・一六」；再一件，那位在第一線指揮督導戰鬥、「革命」最堅決、念「氣妥」的洪師傅，突然被調回廠。後來回幹校前在街上碰到汽車廠的當過劇協工宣隊的一位，問起洪師傅和與我們相處得很好的張德義師傅。據答：老張在廠子上班，很好；那位老洪，被揪回廠裏進了「五・一六」學習班。啊？抓「五・一六」的前線指揮官，竟然也是「五・一六」！那生活中誰還是可信的？我糊塗了。

五月，中直的藝術院校、演出單位要下部隊鍛煉改造，戲劇學院的人忙著整理行裝準備出發。我們也只好押著張潔撤回幹校，回到了寶坻北清溝。

在北京時，對張潔除了日以繼夜地開小會「逼、供、信」外，倒沒有其他打罵等過火行為，而且後期的僵持階段，也適當放鬆了，例如她有婦女病，還派人陪她去北京市中醫醫院看病，弄了個小爐子幫她煎中藥，她服藥後病情有點好轉。只是不許離開隔離所在半步，更不許她見見老母親和唯一的兒子。

折騰了四個多月，整人的和挨整的都身心疲憊。何以如此說？日夜奮戰幾個月，至少我是高度緊張、疲勞過度，人瘦了一圈，嘴裏長了好幾個大口瘡，吃什麼藥也下不去，而且我居然在劉珂理和沙新的「誘引」下，抽上了煙：夜裏熬眼睏得不行，只好找他們要棵煙抽提神。沙新還是抽煙絲捲「大炮」，他手把手教，我抽了幾口果然稍有精神，再抽就頭暈噁心；漸漸地這關過了，煙也就上手了，一抽二十五年，直到年逾花甲退了休才戒掉。

挨整的張潔，政治上的壓力，精神上的折磨，人格上的屈辱，她所受的打擊和所付出的，與我這整人的無法相比。將心比心，換個位置想一想就清楚明白了。

回到北清溝，得知楊國環在農村被辦了「五・一六學習班」，五連還有劉蓮麗、高振廣和三排美術家協會的劉惠民，都是曾經被中央文革文藝組提拔到「口」裏工作過的群眾組織頭頭，清一色的年輕人。其他連隊的影協、戲曲研究院、音協、攝影家協會等也都是如此。去北京辦「班」的很少，多是就地「鬥爭」，有的還拉到幾十里外的農村借地「辦班」——攝影家協會的尚進就是如此，被隔離監押，日夜審鬥，弄了好幾個月也沒弄出什麼來。五連的楊、劉、高和劉四人，兩女兩男，都是「死魚不張嘴」，任憑你怎麼轟、吼、「打態度」，就是不言語，什麼也不「承認」和「交待」。開始幾天群眾出於遵從領導安排，還有點政治熱情，事實上什麼材料也不掌握（實際也沒有），不過乾吼、空喊而已。時間長了，也就沒情緒了。

緊接著春耕時間到了，要播種春小麥，生產勞動不誤農時是第一位，抓「五・一六」不停也得停，全體下地幹活去。楊、劉和高、劉四人一下淪落為與趙尋、華君武、劉厚生、鳳子等未結案者共同的「現行審查對象」，最髒最累的活他們責無旁貸。但他們的農活幹得很好，除劉蓮麗這小女子外，楊、高、劉都出身農村，能吃苦又會幹。劉蓮麗也是咬緊牙關，悶頭狠幹。幹起農活來，這幾位「另冊」人物，處處領先。張潔回來也是如此。他們心中都憋著一股勁兒，一股受冤屈不服氣的勁兒，而在幹活兒上找齊。

回來後，軍宣隊讓我管「五・一六」專案材料。幾個人的材料，翻來覆去看，什麼實質內容也沒有。還讓我們出去外調，又是一軍一民，去戲劇學院、青年藝術劇院、中國戲曲學校等文藝單位在玉田、軍糧城、高碑店、蔚縣、宣化等地部隊外調，主要是翻閱這些單位的「『五・一六』審查對象」的口供材料，所謂「炮打」的尖端材料當然看不到；允許我們看的大多只是些似是而非的東西，有的雖很嚇人，實際經不住推敲。如青年藝術劇院的蔡體良（後為中國藝術研究院話劇研究所舞臺美術方面的研究員）等人交待：一九六七年八月在中南海周圍設帳紮營聲討劉少奇時，曾「密謀，約定時間衝進中南海，活捉劉少奇，以此給中央領導施加壓力並讓其難堪，承認是戲劇口指揮布置的。」蔡曾是「口」內成員，當時與張潔同事。讀起來很嚇人，細一思忖，這不可能：中南海那麼大，即使衝進去，曲折蜿蜒，你知道劉少奇住在哪？那麼多警衛部隊是吃素的？豈能聽任你等肆意胡行？我們甚至還跑到北京衛戍區和湖南，以傅崇碧將軍「垮了」為由，查所謂劇協檔案被湖南搶走後封交衛戍區，是否被插了「黑手」？當然都是毫無結果。

一九七一年初，在冬閒時期，幹校又掀起一個「清查『五・一六』分子」的高潮。中共中央就清查「五・一六」問題於二月八日作出正式決定，三月二十七日發出通知，並經毛澤東批准成立了「聯合專案組」用以統籌全國清查「五・一六」的部署，採取以往「審幹決定」的種種做法——仍然是逼供信。對此，連我這個搞「五・一六專案」的，包括後來與我一起從事這一工作的余仲華（原《戲劇報》編輯，後任《電影藝術》副編審，已退休）和王興志都不知道。幹校開了幾次大會造聲勢，但下面進展不大，因為實在沒有材料，無法下手。

五連的張潔、楊國環、劉蓮麗、高振廣和劉惠民幾位和其他連隊的「五・一六」從此享受專政待遇，幹重活，不許回北京。平心而論，我們五七幹校的「五・一六」雖也挨了鬥，比起其他單位來，那還算輕的。例如，前些年我讀過那時在文化部咸寧五七幹校的女作家韋君宜寫的一篇描寫她在幹校經歷的散文《洗禮》，涉及到清查「五・一六」的某些情節：「不讓被審的人吃飯睡覺，一熬就是三天三夜。」

「審訊日夜進行，紀錄最高的達七天七夜不許吃飯睡覺。而審判人則輪流去睡。」「一會兒開一個『五•一六』坦白大會。六六年橫眉立目的造反派，一個個忽然變成了『五•一六』，登臺坦白交待自己的『組織關係』和三反罪行。」「時常半夜……就聽見又哭又喊的，想必是在刑訊。」下面一段最淒慘：「一位很會訓人的女造反派，不知為什麼也變成了『五•一六』，被送到衛戍區（湖北基地）去『監護』。監護了一陣，人家又不管了，把她退回本單位的幹校。關押了半年多，她出來後竟瘋了，老是站在幹校食堂門口看人家吃飯，而且經常伸手去拿別人吃剩下的東西，嘴裏流出口水來。臉上顏色也真奇怪，不知怎麼會變得染了顏色一樣的，紅一塊，灰一塊，成了個小花臉。一些幹部帶到幹校的半大孩子們這可找到了最好欺侮的『鬥爭』對象。一個十二三歲的小女孩一掌就把這精神病人從很高的穀草堆上推得翻滾下去，然後孩子們亂拳齊下，小嘴裏不停咒罵著：『階級敵人』『反革命』『裝死！』看上去那嘴臉和造反的大人一模一樣。」「下幹校一千七，揪出的『五•一六』竟達到了四百多人。軍宣隊還在大會上動員，不能對揪『五•一六』抱有右傾思想……」

後來讀到我的好友、著名文藝評論家、當年在作家協會《文藝報》工作的閻綱寫的〈想起郭小川〉一文，才得知他和作協的大、小周明在咸寧幹校都被打成了「五•一六」，「被審、被批、被打、被鬥，不亦樂乎，狼狽不堪。」這倒是我不知道的；我只知道曾進「文學口」工作過的李基凱（中國人民大學研究生畢業，也在《文藝報》，據說後來去了美國）同進過「戲劇口」的張潔、楊國環一樣，被打成「五•一六」，沒想到閻綱和大、小周明也都成了「五•一六」，小周明與閻綱都是西北大學中文系的高材生，我們都是一九五六年到文聯大樓的，閻綱筆桿硬，早在「文革」前就是有名的評論家；小周明後來曾主持過《人民文學》工作，編發了不少好作品，一度與我為鄰，時常見到。閻文主要描述了咸寧幹校清查「五•

一六」擴大化，不得不把還受審查的詩人郭小川調做「五·一六」專案，而郭小川對這些小兄弟進行了一些力所能及的保護。

都是在一條從上而下的極「左」的政治路線下，全是文化部五七幹校，老實說我們這裏迥然不同。咸寧發生的事在我們這裏都沒發生過。應該說我們的軍宣隊雖也執行極「左」路線，卻還講點政策、人道。這也使我這參加「五·一六」專案的人，雖然沒能像郭小川那樣做到暗中保護一些人，卻較少做下傷害人對不起人的罪孽。

本來我對真有「五·一六」、張潔他們有「問題」，是堅信不疑的。慢慢地隨著時日的推進，尤其是林彪集團的垮臺、江青種種逆施、「紅都女皇」的傳言，我的信念也動搖了。我手中保管的那麼多「材料」，實在是榨不出幾兩油來，我已然產生了疚悔心緒，覺得對不起張潔、楊國環。但是，上面沒有否定清查「五·一六」，我也不敢輕舉妄言。

一九七三年後對她們的管理放鬆了，後來也允許她們回京探親了。一九七五年，張潔的母親病逝，我聞訊立即趕到她家弔唁老人，向她慰問道歉。她對我的到來感到有些意外。原來的對立情況明顯有所化解。後來我又因她受到家庭傷害而寫了一封長信給她表示慰問，並正式向她表示我個人的道歉——但不敢也不能涉及抓「五·一六」的是與非的問題，這是中央部署並有文件的，雖然此時鄧小平出來主持中央工作，一切大有改觀，但這涉及中央決定的問題，是誰也不敢表態的。訊息很快傳到楊國環處，雖然我沒親手整過她。我們的關係因之大為解凍好轉。

幾年後，大地春回，在一次戲劇界春節聯歡會上，張潔領著她的小孫子，見到我們夫妻，立時讓孩子叫「爺爺、奶奶」，十分親熱；一次在街上遇到楊國環，她誠懇地對我說：「那幾年咱們是吃了糊塗油矇了心，像烏眼雞似的鬥來鬥去，今天回想真後悔不值，咱們是吃錯藥了。」後來楊國環成為電影界知名人士，任過《大眾電影》副主編，「百花獎」、「金雞獎」評委等職，十分活躍；張潔早已年逾古稀，從中國戲劇出版社副編審職位上離休，兒孫都在美國，她在中美兩國間跑來跑去，頤養天年。過年時我們之間還通通電話，互相賀歲。

抓「五・一六」，到「四人幫」垮臺後的撥亂反正時，就無疾而終，連個「結論」也沒有。這一直到現在也沒有一個正式的說法。

怎麼評價它呢？有的人說，這是典型的挑動群眾鬥群眾，先利用年輕的整老的，再回過頭整年輕的，「四人幫」的方針是鷸蚌相爭、漁人得利。此話也不無道理。

關於抓「五・一六」，有過一些挨整的人寫過記敘文章，描述了其殘酷無比及慘狀。我是從一個整人者的角度來揭穿：抓「五・一六」，是什麼確鑿過硬的材料證據也沒有，純粹是一場子虛烏有故意整人的政治大騙局！

這些還年輕的文人們，後來有不少人取得相當的成就。但是他們在年輕時，也曾在罪惡的文革中挨整落難呀！

龍口奪麥，旱地行船

一九七〇年初，我們從河北懷來遷到寶坻，更名為文化部寶坻五七幹校。但我因去京辦「五・一六」學習班，並不知幹校的情況。等五月從北京回來，北清溝村外已是大片的麥田，麥苗綠油油的。這裏地多人少，一人平均十幾畝地，主要收一季小麥，進入雨季，這裏海拔只有一米多，是個大窪地的鍋底，下雨後所有的水都往這裏流，所以收了麥子，點種點兒綠豆，種點兒蕎麥，收了白撿，不收拉倒。

我們種的是春小麥，長得不錯，村南開闢了菜園，村西種了一小塊西瓜。幾個連隊相距也很近，像戲曲研究院等所在的三連，就在北清溝對面的南清溝，相距不足二里；其他各連也分布在二三里外的各村中。校部設在北清溝，與五連同駐。這樣，連隊食堂吃飯的一下增加到二百多人。大家以勞動為主，早晨排隊出工，中午回來吃飯，下午再幹。在西瓜地、菜園子幹活兒的則沒時沒晌。

主管菜園子的是華夏，此人在幹校數年主要種菜、管菜，綽號「菜頭兒」。他是個工作狂，極認真負責，當年辦刊物、後來種菜，以至恢復工作後在美術研究所擔任高級研究員，七旬開外仍是玩命工作，不知休息。他點名要過去的上級華君武、蔡若虹做他的菜園助手。這兩人都是「審查對象」當然不敢吱聲，可心裏卻老大不願意。他們深知華夏幹活不要命，沒有出、收工的時間，中間更不知道「打歇」，直幹得「兩頭見星星」。這要受多大的累。可華夏不是故意的。華君武有時憋不住了：「華夏，快五點了，咱們還沒休息過呢。」華夏抱歉地一笑：「對不起，我忘了，休息，大家休息。」可是他自己還在幹。他一天不知要出幾身汗，汗溻了的背心，晚上脫下來沒時間洗（他也不大會，平日全是夫人洗，現男女分居，夫人也管不了啦），第二天，摸著黑悄悄起來又穿上。

在寶坻大窪地人力代牲畜拉豁子搶種春小麥

他那貼身背心被汗溻得硬邦邦泛著白堿花，不多日子就被漬得成了篩子網。他夫人徐青也是美術工作者，被劃過「右派」，這時她心疼得直搖頭：一件背心不值幾何，但要二尺布票呀！

西瓜地就更吸引人，眼看著西瓜蔓越長越長，核桃大小的西瓜也坐了果。管西瓜地的是二張——張真、張時魯（一九六〇年北京大學中文系畢業生）。張真年長，夙性瀟灑，文人習性，幹活兒不靈，看看園子還行；地裏的活兒主要是時魯的。張真的人緣兒極好，雖是領導、專家卻毫無架子，隨和隨便得很。一九五九年他以專家身分應邀去天津參加河北省戲劇匯演，下火車沒讓人家派車接，自己悄悄而行直接到劇場，買了點餅乾看戲，讓人家非常不安。除去規定的觀摩場次，他還和我們幾個人遛到天津南市去看計時收費（十分鐘二分錢）的金玉茹的河北梆子，說唱得真有味，卻害得大會接待組找不著他直著急。他衣著隨便，不太講究，被省委書記接見和在大會上做報告，他也覺自己的襯衫過於寒磣，遂將我剛洗好燙好的綢襯衫「暫借一用」。他平生詼諧不斷，妙語連珠，在《戲劇報》開業務會時，由於他這個副主編的插科打諢，使得笑聲連連，不少部門為之驚異。文革開始挨整，後來，他「解放」了，往日的性格又恢復了，人們樂於往他的住處跑，下棋的聊天的，無拘無束自由自在。西瓜成個兒了，要夜裏看瓜，遂搭了個簡易瓜棚，張真請纓自願每夜看瓜，他那瓜棚遂成了每晚一些「風流倜儻」的男士聚會之處，笑語聲喧，一出村就能聽見。大家上這裏來不外覺得可擺脫一點拘束，放浪一點形骸，但這僅限於生活上，而不敢涉及政治。張真不「左」，不大關注政治。抱著無所謂的態度。

在張真這裏最活躍的是前節提到以被吵了好夢向賀敬之、李欽「發難」的小弟弟朱以中。這位滿身靈氣、當時尚未娶妻的小朱下得一手好象棋——據說他在上海讀中學時，每日經過的路上總有人擺攤設殘棋賭彩掙錢的，小朱開始下也輸，他下苦心研究，把一局局的殘棋中的奧妙設伏都解破了，幾步就置設局者於死地，迫使這些擺攤人苦苦哀求：「小兄弟，請高抬貴手，別砸我們混飯吃的飯碗！請小兄弟吃『棒冰』（冰棍），給兄弟我留口飯吃。」偏偏曲協的孫玉奎（與侯寶林同時同輩的相聲演員出身的老編輯、曲藝作家）一向以象棋高手自詡，常一邊下棋一邊滔滔不絕講解哪一步合什麼棋譜，不敢說所向披靡，在連部大院的男宿舍中也是勝多負少。某日陰雨無法出工，另一位曲藝作家馮不異拉胡琴練習京劇革命樣板戲的唱段。他是一手好胡琴，這也是他的主要業餘愛好，年逾古稀退休後仍不放手，星期日常去公園義務給大家伴奏，可惜現已過世。他拉琴自得其樂，原《漫畫》的通訊員、後成為司機的馬志賢素來愛唱京戲，出車回來得空就找不異兄來吊上幾段，什麼《智取威虎山》、《紅燈記》、《沙家浜》，屢唱不輟。

孫玉奎怕吵喜清靜，但住在大宿舍中又難以清靜，面對至高無上的「樣板戲」，他也不敢有絲毫厭煩的表示，只好忍著；但只要沒人唱，只不異兄一人自己練琴，他憋不住會對多年熟友發出哀告：「不異，您歇會兒行不？吵得我腦仁兒疼！」地道的京腔京韻。但只要他能下上象棋，周圍一切就不管了。

有一次，朱以中遛到男宿舍找「孫老頭」（玉奎兄滿頭白髮，當

前《戲劇報》副主編張真（照片右，著名戲曲研究評論家，一九四〇年畢業於北京大學中文系，曾任國立四川江安劇專文學講師，著名電影導演謝晉等是他門下弟子，已故）和前《戲劇報》編輯部主任屠岸（出身於上海交通大學的著名詩人、莎士比亞專家、翻譯家，文革後任人民文學出版社社長、中國作家協會主席團名譽委員，今已九旬，仍佳作頻出），一九七〇年早春在寶坻幹校留影。

時年紀並不大）下棋。玉奎不知小朱棋力如何，未把這毛頭小子放在眼中，仍是走一步隨即開講，說這是什麼棋譜上的。小朱悶頭不響，聽任老孫白話，突然一步將軍，隨手把吃的棋子往老孫面前一推，起身含笑揚頭而去。老孫驚得目瞪口呆，原來中了小朱的「計籠牢」，就是悔三步也是無救。

那時「革命樣板戲」有至高無上的神聖地位，簡直是革命與反革命的分水嶺，稍有「不敬」，不僅會被打成「反革命」，挨批挨鬥，甚而為此丟了性命。一九七十年六月我們在寶坻時，就發生了一件慘案：

那時中國京劇院杜近芳、馮志孝主演重排的「樣板戲」《紅色娘子軍》，由電視轉播。電視機放在連部大院食堂前的席棚下。我們這些搞戲的，對杜、馮及此戲相當熟悉，自是更有興趣。戲排得還精緻，就是唱腔不如《紅燈記》、《沙家浜》和新排的《智取威虎山》受聽，好像脫離了京劇傳統，步子邁得較大，不大像京劇，有點像馬泰的評劇腔。次晨排隊出工，我們在行進中忍不住議論起昨晚看的《紅色娘子軍》來，當然話大好聽，主要是分析藝術上的得失。領隊的劉珂理排長較有政治經驗，立時斥責：行軍走路不要隨便講話，還有一句：「要注意政治影響」。我們悚然而悟：這有「攻擊革命樣板戲」之嫌，弄不好會惹火燒身，就立時住嘴不講，心中暗暗感謝劉排長。這事也沒洩露出去。

可是，在離我們不到二里地的南清溝村卻出事了：舞蹈家協會的許樹娥，三十歲出頭的女同志，也是對京劇《紅色娘子軍》議論了幾句閒話，被人密報上去，軍宣隊立時抓住這個「階級鬥爭新動向」，把小許打成「現行反革命」，鬥的七葷八素。小許感到末日已臨，前途無望，趁人不備，服下了大量敵敵畏農藥跑出村去。「現反」分子突然失蹤，馬上四出尋找，發現許樹娥死在村外的小樹林中。她以死向這種「莫須有」罪名作出強烈的抗議！然而，死了也不能放過，還要將其「自絕於黨和人民的罪行」大批一通，然後讓家屬來收屍並領受「反革命家屬」的帽子。許的屍體被她的好友許廷鈞（後任文化藝術出版社社長）為防變質而掩埋並悄悄修了墳，許的丈夫很感謝廷鈞不顧壓力的仗義，與之成為好友。這是文聯大樓內被逼死的第二個青年文藝工作者。不知當年作出此決定的那位解放軍和積極參加批鬥小許的人，今天作何感耳！

農村勞動是人難勝天，一下雨就得停工，大家貓在宿舍裏歇著神聊。一九七〇年春夏之交，天安門廣場舉行過一次有毛澤東、林彪參加的大型群眾集會，天安門城樓上站滿了多方面的領導人和代表人士，這名單有誰沒誰怎麼排列很有學問。大家在名單中發現了一個熟悉的名字：汪曾祺。老汪一九五七年在民研會被劃為「右派」，發配到張家口，怎麼突然上了天安門？

我倒知道一點端的：老汪在張家口以種土豆勞動改造到一九六四年（對此段生活，後來他寫過好幾篇以此為題材的小說），他的「右派」是按「比例」進去的，大概不重。一九六五年，北京京劇團據毛澤東指示，將《蘆蕩火種》改編成突出武裝鬥爭的《沙家浜》，十分需要創作人材。與汪曾祺同在西南聯大中文系受教於沈從文門下的同窗楊毓珉，正在北京京劇團任編劇，就向領導上推薦了汪曾祺。調一個摘帽右派回北京參加樣板戲的創作，費盡不少周折，經相當負責的領導人批准，汪才調進了北京京劇團。一九六五年春，我去約《沙家浜》創作經驗的稿件時，見過他，他謹小慎微不敢多言，但文章是他執筆的。「文革」開始，老汪挨整不出意外，也有一些資訊過耳。此時突然上了天安門，可能是樹立某種落實政策的典型。一九七七年春，我被暫時安排到北京京劇團創作組工作，與汪曾祺同事，談話機會多了，遂提起他一九七〇年登上天安門曾引起大家議論的往事。他詼諧地一笑，講了一段妙語：

京劇舞臺上大官出場，除了四龍套外，有時還需要加一兩堂手舉瓜錘鉞斧、身穿軟靠的大鎧站堂，以烘托八府巡按以至皇上的威風。讓我上天安門，不過是一個站堂的大鎧耳，是伺候人的，而且就「光榮」過這麼一次，實際上以後我還是「控制使用」，倒讓文聯的熟友們掛心了。

之後，政策寬鬆，允許身在北京京劇院文學處的汪曾祺隨意寫，願意寫什麼就寫什麼，不加干預，汪公別具一格的小說傑作接踵而出，才成就了上世紀八十年代後「超一流」的文學界一代方家。

一九七〇年六月，突然宣布文化部寶坻五七幹校，劃歸河北省軍區領導，由廊坊軍分區管理。原來自某野戰軍的軍宣隊返回部隊。新的領導小組由廊房軍分區楊、宋兩位副政委和省軍區正團職蘇科長組成，從廊房軍分區及各縣人武部抽調了很多人分駐各連。我們五連的一把手是參軍較早的某縣人武部長，二把手是年輕的破格提拔的某縣人武部副政委，還有一些參謀幹事和戰士。那位楊副政委是一九四八年入伍的，正年富力強，很善於宣傳鼓動工作，也有點人情味。他在即將成熟的大片麥田邊緣的一塊土崗上（這定為未來蓋房建校的所在，已蓋起一些簡易房屋），召集全校大會，七八百人從各村來到這裏。楊副政委有幾條宣布很能抓住人心：一是大家是下來勞動創業鍛煉改造來的，不是來受懲罰的，在人格上都要平等；二是大家在北京都有家，有妻兒老小，各家有各家的困難，因此從第三季度起實行輪流休假制，每季度革命群眾可以休假七天回北京；三是有不少夫妻同下幹校，長期分居不是辦法，將來蓋起新房，凡夫妻都可享受單間，還可以把孩子接來全家團聚，以免得夫妻被迫在村外麥田中鵲橋相會，讓人看見也不好，還壓壞了麥苗糟踐糧食。說到這兒，全場哄堂大笑，有的人激動得流了淚。緊接著他話鋒一轉：現在麥子快熟了，這是頭一次自己雙手種的糧食，長勢又不錯，那就全力突擊麥收，要搶在雨季到來之前做到場光地淨。這裏的雨季來得早，一下雨就存水，動作稍慢糧食可就要泡湯了！

一番話講得真漂亮！大家的情緒立即被鼓動起來了。

過去我們下鄉支持麥收是常事，收麥子的活路是熟悉的，累是累點，還撐的住，何況這麥子是自己種的！收下來要全部上交國家，沒說的，幹！

這時又出了個小笑話：有位號稱「博士」的女同志「多知多懂」卻不斷「串電短路」，居然放出一段絕妙好詞：不要著急，麥收戰鬥咱們要最後打響，因為各連駐地都在咱們南邊，總不能北清溝的麥子比南清溝先熟吧？它比咱們村靠南，二里也會有差別的。大家哄堂大笑：「『博士』高論，拜服！」

麥收真是搶，天不亮就起床下地，天黑下來才收工。割麥子，中午不能幹，太陽曬透了，麥粒易掉。一部分人上場脫粒、碼垛、揚場、曬麥、裝麻袋、扛上車，夜間還要守夜、防火。幹吧，玩命地幹！這是而上了場，中午曬場翻場則是最好時機。我們先全體割麥，麥子一登場，就兵分兩路，一部分人繼續割，龍口奪糧，和雨季賽跑。這時已無分革命群眾和「審查對象」，全在拚命幹自覺幹，眼見著一袋袋晾乾曬好的金黃色小麥裝上汽車拖拉機送往國家糧庫，人人心裏都無比自豪：我們終於用雙手種出糧食貢獻給國家——這貢獻是不能計價的。下幹校國家撥了幾十萬元專款作經費，大家每月工資要七萬多元，一共生產了多少斤小麥？每斤合多少錢？這只能算「政治帳」不能算「經濟帳」。

在那個時代，五七幹校林立。從離北京最近的河北，到河南、山西以至江西、湖北、寧夏，都有中央機關的五七幹校。情況不盡相同，不少幹校的勞動十分繁重艱苦，超過一般人的體力負擔，以此作為對缺少體力勞動和農村生活習慣的知識分子和機關幹部的「懲罰」，有的還降低伙食標準，不讓承擔繁重勞動者吃飽，夜間加班乾餓著不給夜餐吃，甚而能用牲畜、機械的，故意棄而不用，而以人力代替。例如設在固安縣的中央某部五七幹校，離北京僅九十里，有直通公路，卻讓學員步行拉雙輪木車進北京拉「糟」——餵豬作飼料，三人一輛車，一推一拉一人換班，來回一百八十里，限兩天往返，不許在北京停留片刻，把人當牲畜使以為「鍛煉」。至於值夜班，夜裏挨批鬥餓肚子，也不乏其事。閻綱的〈想起郭小川〉一文，就記述了他以「五・一六」身分連夜挨鬥回到牛棚中，餓得前心貼後心，黑暗中郭小川悄悄遞過兩塊餅乾，使閻綱潸然淚下。相比之下，我們沒受過這種非人道的勞動懲罰，算是幸運的。

人算不如天算。我們拚命搶麥收，每天高強度勞動十幾小時，仍然沒有搶在雨季前面，還沒收完、打完，雨就來了。苫麥垛，翻晾，防止麥子生芽；地裏還有若干麥子沒割完，已經被水泡了——這就是大窪地也就是大鍋底的特點。由於地窪，一下雨，水全流向這裏，平地水深將及膝，被泡的麥子幸而還沒倒伏，在水中露出麥穗。雨一停，趕緊突擊到水地中尋找未收的麥子，割一點是一點。怎麼運回去？各村村頭倒扣著的平底木船發揮作用了。這種船吃水很淺，水有一尺深就能行船。我們借村裏的木船，把從水中撈割出的麥子裝上船，由老鄉撐船引路，七拐八繞，居然繞到一條渠中，船直駛到村頭，離我們的麥場很近了。這就形成一種非常有趣的景觀：踏水割麥，行船運麥，村頭卸船接麥。劉厚生、華君武、蔡若虹、王朝聞等在村頭卸船；我等和「五・一六分子」劉惠民、高振廣等年輕些的，要下水割麥。一切井然有序。

目睹這如畫如詩的場面，王朝聞這個川劇專家犯了戲癮，竟然手執長長的船篙，做了一個川劇《秋江》中老艄翁的身段，差點摔倒；華君武狠瞪了他一眼：又忘乎所以了，別給自己惹禍。

雨停停下下，天陰陰晴晴，我們利用天晴的空子，力保麥子少受損失。不過，還是有些麥子沒收回來；收回來的也有少部分受濕發熱生了芽。連日下雨，村前村後溝滿壕平，形成了好幾個水坑，坑裏還有魚。大窪中的水，只要不下雨，水就慢慢滲，但總保持一尺左右深，於是又出現老牛拉木船的奇特、罕見的景觀：幾里外大窪那邊的村裏一個婦女難產，接幹校的女醫生去救治，必須橫穿這積水的大窪，水太淺又難以撐船，於是就套了一頭牛，拽著這平底木船在大窪中擦著泥底滑行，女醫生背著藥箱、戴著草帽端坐於船上，好像媳婦回娘家走親戚，儼然一幅農村風俗畫。常見關於狗拉雪橇的描寫和鏡頭，但老牛拉木船過大窪，您聽說見過嗎？

一直到七月底八月初，這龍口奪麥才算告一段落。軍宣隊實踐諾言，大家輪流回京休假。回北京有兩條路線，一是往東步行二十里到林亭口，乘長途汽至寶坻，再換火車或汽車回京，但林亭口至寶坻的公路等級很低，一下雨就封路不通車。另一條路是向西沿大窪邊走三十多里，直至一個小火車站，等寶坻去天津的火車到楊村，再換車回北京。這條路雖多走十幾里地，但有保證，不致耽誤在林亭口。我們幾個人搭伴走西線乘火車，吃過早飯出發，下午三時才上火車，在楊村再等車換車，到北京家中已是晚上十點了，整整走了一天。回來時，從北京坐汽車到寶坻，很順利，至林亭口還是不通車，只好在寶坻住一夜，次晨各連返校的數十人，浩浩蕩蕩步行，先走五十里到林亭口，喝茶休息，再走二十里分別回村，仍是一整天。那些新老「審查對象」，不許回京休假，倒也少受這些罪。

這還不是最困難的。我曾到在天津軍糧城駐防的某部隊中鍛煉的某文藝單位外調，那裏是清一色的黃膠泥地，一下雨什麼車也走不了，交通斷絕，除非直升飛機。因地窪積水又是稻田，蚊子非常厲害且不怕人，所以他們晚上值夜班或上廁所，除長衣長褲外，還要戴特製的「頭盔」——用竹條撐起一個頭盔式的罩子，綳上塑膠窗紗，連頭帶脖子全扣上，急得蚊子只能在「頭盔」四周飛轉，有如轟炸機盤旋尋找扔炸彈的目標。我們那裏雨後青蛙徹夜長鳴，蚊子甚為猖獗，但還沒厲害到這種地步。

進入九月，秋高氣爽。又傳來一個激動人心的消息：搬家，新地方的條件要比這裏好得多！

第六章
安營紮寨團泊窪

中國大陸有一個怪現象：一些私下流傳的事，最後往往基本上是真的。

從一九六九年九月至一九七〇年九月這一年中，我們從北京而懷來土木，從土木而宋家營，又從懷來再到寶坻南北清溝，一年搬了三回家，理由皆是為了更好地辦五七幹校，使大家得以安居樂業並經受鍛煉，這足以與歷史上有名的「孟母三遷」、擇善而鄰媲美。

然而，我們超過了孟母，還要四遷。且都是先在私下竊竊私議，悄悄傳告，領導上不動聲色，甚至還闢過謠，最後竟然都是真的。

平心而論，一年中四次搬家都是有道理的：懷來、寶坻自然條件惡劣，一是風冷，一是水澇，雖有戰天鬥地、白手起家的豪言壯語，但平地摳餅建成一所五七幹校，將幾百人的勞動、生活、學習安頓管理好，實非易事。自從把幹校劃歸河北省軍區由廊坊軍分區代管後，人家是這裏的土地爺，對這一帶情況了若指掌，深知在寶坻大窪裏建校的不易，就給我們選擇了新校址——團泊窪，雖也是位於靜海縣內有名的窪地，但那裏已是一個勞改農場，現正在收縮，可以無償讓給我們一部分房舍和熟地，只要再補建一些房子就成了，這當為事半功倍之事，可省掉不少精力、材料和金錢。

只是整整一年中，四次大搬家，勞人費馬，物資損耗，雖有客觀原因，但反正國家掏錢，「交學費」吧。不過，反覆不斷地搬家，一年下來，倒培養鍛煉出一支有相當水平的搬家裝卸隊。捆綁、裝車、加固、卸車，保證裝得瓷實，決不致半途拋撒損壞，又快又好。可惜那時還不興創辦搬家公司，否則京城頭一家搬家公司當讓給我們。

說動就動，從九月下旬起哩哩啦啦搬了一個月，五個連，一個校部，在寶坻縣城還有一個木工班——負責打製門窗蓋房，還有大量的木料和成品，都要拉走。五輛卡車，幾臺拖拉機來回運。有的大件還要走火車從寶坻運到靜海縣李七莊，再轉汽車拉至團泊窪。

我在宋家營搬家時，當過一次最後出村的留守隊，這次又榮膺此任。與我一起的，當然還有連幹部、革命群眾，但更多的是一向幹重活、髒活而不容討價說話的「新老審查對象」，比如劇協的趙尋、高振廣、美協的華君武、蔡若虹、陳伯萍（已故的中國美術館離休研究員，當時扣著「歷史反革命」的帽子。此人很會幹活，手很巧，他的岳父是琉璃廠有名的古玩商，與先父是好友，他的在《文藝報》工作的妻子黃文珍，我稱大姐，陳實為我之「大姐夫」，但此時不敢「敘舊」）和劉惠民（不到三十的小夥子，美術學院剛畢業，不幸蹈入「五・一六」泥淖）等。

搬家時儘量把東西都帶走，但還是損耗了不少，例如連部大院的食堂，曾搭起天棚，放了一些原文聯食堂中的大八仙桌，風吹雨淋太陽曬，大部分已東倒西歪散了架，只好扔了，幾間男女大宿舍的雙層大通鋪，包括廚房、庫房中的閣樓，都是用做檁條的長方子嵌入牆中為架，上面鋪木板。板子一抽就下來，還有用，可運走，那鑲入牆中的木方

幹校不斷搬家

子、柱子，都要給生產隊留下。另外還要送人家一點東西，哪怕幾個三屜桌、木櫃子，人家有用，也是一分心意，九個月來沒少麻煩人家。

我們這個裝車搬運隊實際上的技術總指揮是陳伯萍和劉惠民，他倆有體力，會幹，又不惜力，雖無政治地位，但幹活是實打實的。華君武等人，包括我，實際上是打下手，聽陳、劉的指揮。人越走越少，最後只剩下我們十來個人，雖有政治地位之分，卻無實際之別，大家互相呵護，避免受傷減員。此時是一個頂一個，誰也少不得。陳伯萍在裝車時，踩上一個尖朝上的大釘子，釘子穿透膠鞋扎入腳心。我們從留下的藥箱中找出紗布、消炎粉給他包紮好，他一瘸一拐地照樣堅持幹。車就那麼幾輛，等車的時候各處收尋要運走的物資，車來了抓緊裝，裝完了就能喘口氣歇會兒。伙房留了一個人一口鍋，散夥的伙食總要吃得好一些，何況這裝卸隊體力消耗很大。晚上，連部大院中僅我們這幾個人，往日的喧鬧都沒了，大家或坐在一起吹牛，或到村供銷社弄兩斤每斤不到一塊錢的薯乾酒，湊點菜，一個大碗裝酒公用，一人一口輪流轉圈地喝。這時，我們之間什麼界限也沒了，我雖負責「五・一六」專案，卻同劉惠民等「五・一六分子」（他的專案不歸我管）一起聊天喝酒，消磨這寂靜的長夜。

聽來回往返的汽車司機和跟車人的介紹，團泊窪環境很好，比懷來、寶坻都強，我們的心實嚮往之！

環境優美，「曲徑通幽」

捱到十月中旬，從寶坻總算把家搬完了，同離開宋家營時一樣，拔鍋拆灶捆行李，同老鄉告別，上了最後一班卡車。我們這支混合裝卸隊，繞林亭口，過寶坻，走楊村，從天津市外繞過去，直奔團泊窪。

汽車過了一座與津浦鐵路並行的千米大橋，橋下碧波蕩漾，是一條筆直的大河。汽車過橋沿河堤上的土路左拐，經過三十公里的大堤才到團泊窪農場。車行進中，左側是大河，河中有白帆點點的漁船，右側或田地或蘆葦叢。跟車往返的先行者說了句笑話：「別小看這個地方，這長三十公里、西至靜海縣城的寬近二十公里的團泊窪，其總面積與地中海的明珠馬爾他島國的國土面積差不多。」再往前走，見河堤土路彎成一個大弧形，他又介紹說，一九六三年發大水時，從這裏炸開河堤，利用團泊窪分洪保天津；一九六三年的一場大水，使團泊窪農場傷了元氣，逐步收縮，才有我們今天遷校之舉。

卡車在大堤上走了一小時，終於拐進一個搭著標語牌樓、四周有圍牆壕溝、牌樓下有執槍解放軍站崗的大門中，順公路下行走上東西大道，兩側有紅磚排房，北側居然還有自來水塔；南側還有一個完整的小院，這裏用做為文化部靜海五七幹校校部。汽車南拐，到一個大三合院停下卸車。北房是一個長寬各幾十米的大廳，是為五連的臨時宿舍，東、南的房舍比北大廳要小，也還寬大，是臨時連部、校部庫房等。

我們卸了車，提著行李走向北大廳的宿舍。這裏原是個宰殺鴨子的加工車間，白瓷磚帶自來水龍頭的洗鴨池遍布大廳中。用一些美協展覽用的彩色三合板，依洗鴨池分隔成十幾個小單間，全連男女共住於這個大廳中，男士以班為單位各得一「單間」，支不開木床，幾塊磚頭架起幾塊木板就是鋪；女士們另走一個通道，「房舍」位於大廳一角，彼此無涉。大家共居一個頂棚下，以一人多高的三合板區別男女、班排，曲曲折折，行行繞繞，非常有趣。晚上隔著「牆板」能彼此搭話，鼾聲互擾，卻誰也看不見誰。這不知是哪位高明「設計師」的傑作，有人以《紅樓夢》中賈寶玉題大觀園入門碣石的「曲徑通幽」贈之，覺得十分貼切，卻只能私下名之，無人敢公開題記。

全校的人幾乎都在突擊建房，除四連、校部、二連（作為直屬校部的機務連，木工、鐵工、汽車、拖拉機統歸該連）有舊房舍可用外，其他各連都要建新房，尤其我們五連，全部新建，計五排五十間宿舍及一排食堂伙房，還有倉庫、廁所等，共七十間一千平方米的建築量，地址就在大廳南邊一百米外的一塊空地上，先來的人正熱火朝天地蓋房，原來在懷來宋家營初拿瓦刀、忘了留門的老幾位，如今都成了建築隊的主力師傅，瓦刀一掄很像回事。

蓋房的紅磚，三里外的農場磚窯大量供應，拖拉機拉磚一天可往返多趟。這不能不佩服幹校劃歸廊房軍分區管理後，這些「地頭蛇」所發揮的獨特作用：團泊窪農場是橫豎各十幾里、面積達幾十平方公里的大勞改農場，建於二十世紀五十年代，好像是一座封閉的工農業兼具的鄉鎮。一九六三年分洪之前，這裏非常富庶，大片的稻田，河網縱橫，魚不用養，溝渠中有的是，能自己蹦上岸或遊到稻田中，任人隨便撿。由於水源充足，水質又好，農場大量飼養鴨子加工出口，所以才有那麼大的鴨子加工車間留下來供我們暫作宿舍。一九六三年大水退後，要根治海河，上游修了層層堤壩座座水庫，使門前這條千米寬的獨流減河水源減少，水質變差，鹽鹼度增高。由於缺了水，農場元氣隨之大傷，鴨子完了，魚沒有了，水稻也受影響，農場不得不往內收縮（監押的犯人都在農場的深處），將靠近進門處的一部分房舍、土地讓給幹校。這裏歸廊坊地區管，軍分區要哪塊地方還不是一句話。

五七幹校大蓋房

靠近大門的外側。住著一個幾十人的「果林隊」——從部隊「清洗」出來的「右派」在這裏進行遙遙無期的「改造」。他們主要在大堤上幹活，反正有的是房子，乾脆讓他們搬到大堤上守大門——他們終究不是判了刑的罪犯，還有一定的自由行動權。這些從部隊上下來的「右派」們與我們做了幾年好鄰居，相處融洽。雖然地位不同，但都是被改造對象，僅是五十步與百步之差而已。

農場麻雀雖小，樣樣俱全，連磚窯、醫院都有，給我們建校提供了極大方便。前有大河，背靠農場，分給幹校的一千幾百畝稻田就在營區旁邊，最遠處不過三四里地。在這裏幹活兒，真是「天堂」了。

那個年月，不興休息。我們從寶坻像搖煤球似地搖了幾個鐘頭的汽車，到達團泊窪幹校已是下午，放下行李，立即投入勞動。那時頭等重要的任務是突擊蓋房，已是十月半，要一個月內全部蓋好，上凍前住進去，必須日夜趕工。咱們是後來者，技術活不會，拉磚已有安排，只有當壯工，挑水和泥。水好找，大堤下有護場渠，不過幾十米遠，挑就是了；和泥可是累活，而和勻和細和出砌磚好使的泥可不容易。雖有鐵鍬、三齒等工具，卻沒那麼大力氣；乾脆脫鞋扒襪子用腳去踩，效率很高，還受表揚。只是秋風一吹，腳上裂了許多小血口子，走路一瘸一拐，那也要挺著幹，「輕傷不下火線」嘛，何況這是為自己蓋「窩」。

劇、美、曲三個協會這些耍筆桿的文人也真不含糊，一個多月硬把六七十間新房給蓋起來了，還挺是個樣兒，大家都很自豪。那位石敬野，儼然已是夠級別的瓦工師傅了，他主持蓋的那個廁所，精雕細琢，水泥蹲坑地面抹的溜溜光，一面坡的頂子倍兒齊，紅牆砌得四棱見線。人們戲稱：這是建築大師石敬野的紀念豐碑！

秋耕冬灌活受罪，攔河拉網捕魚忙

我這個人大概是天生打雜兒的命，真是像〈哪裏需要就往哪裏去〉那首歌詞說的那樣，在五七幹校我什麼活都幹過，卻又都不是主力，只是打雜的下手。不僅我如此，許多「挨審查」的人物也如此。

一九七〇年秋，初來團泊窪，蓋房建校是壓倒一切的中心任務。但又不能單打一，分撥給我們的土地要秋耕、冬灌，而且要日夜不停地作業。這回又抽到了我。先是跟拖拉機秋耕。拖拉機牽引著五鏵犁進行翻地，開拖拉機都是各協會的青年幹部和工人新師傅。我們跟機的坐在機後的五鏵犁上調整犁刀入土的角度、深淺，力求保證翻地質量。

這活兒一個是髒，拖拉機揚起來的土整個甩向我們跟機的身上，滿頭滿臉滿身，成了「土地爺」；其次身體要靈活，跟機時難免被甩下來，全是鬆土倒摔不壞，就是不能讓犁刀碰著受傷，還要趕緊爬起來在翻過的鬆軟的土地上繞個圈躥上機具，接著幹，精神高度緊張。這些活兒非青年人莫屬，而劉厚生、華君武等人都已五十開外，雖歷來從事髒活重活，但這樣的活兒不敢讓他們上，手腳不靈活萬一出了事，誰也負不起責任。好在跟機只需一人，年輕的有兩三個，輪流上。其餘人包括不上機具的，持鐵鍬修埂挖渠，準備澆地。這活兒不算什麼，只要下過鄉的都會幹，那時幹部下鄉是常事，這樣的農活難不住我們。

要冬灌了，分日夜兩班作業，我受命為夜班組長，麾下之將有華君武、程之的（美術館的）幾個人，從晚八時到次日早八時。白班再換另一撥人。各連皆如此。校部生產組日夜有人指揮，水是從五里地外獨流減河邊的農場揚水站抽上來流入主渠中，再分流到幹、支、毛渠中，挑口子流入要澆的地塊。澆完堵口再挑新口澆新地。這種澆灌方式相當原始落後，水的浪費很大，除了渠內土地滲透外，再就是決口跑水。今天多用噴灌或者滴灌，絕少跑冒決口之事。

晚上八點，我身穿棉衣棉褲外罩去順義四清時三十元買的舊老羊皮襖，率領我的部下，每人發兩個饅頭為夜餐（晚飯是窩頭鹹菜小米粥，實難頂住長夜的勞動），私下裏懷揣一瓶白酒禦寒用，手執馬燈扛著鐵鍬出發，到指定地段，查水看渠。水不足，尚未到達指定地塊，要不斷與校部巡水員保持聯繫。校部主管生產組的原是五連軍宣隊一把手的安次縣人武部張部長，上世紀四十年代的老幹部，坐鎮進水渠道的樞紐處——養豬場，指揮各連澆地。上半夜我幾次跑到豬場彙報水不足澆不上，張部長布置調整。將近十二時，水逐漸上來了，挑了幾個口子，水入地了。見沒大問題，遂燃起一堆篝火，烤饅頭打歇吃夜餐，留一人看水，有事趕緊喊人。輪班吃完飯，已夜兩點，尚還正常，心想這一夜已過去一半，地也澆上了，等澆的差不多，通知閘閘停水，就算任務完成了。除來回看水的外，沒事的幾個人靠在篝火旁小歇，不由眼皮打架。

「不好了，開了口子跑水了！」我們一躍而起，朝跑水地段奔去。決口有二尺寬，白花花的水四處亂跑。趕緊堵口，幾把鐵鍬往決口扔土，但口子大土少，扔下去的土被沖得無影無蹤。我是領頭的，雖初冬夜寒風刺骨，也顧不了許多，脫衣服下水堵口。還沒等我下去，華君武、程之的都年長於我的兩位，捲起褲腿，跳入渠中，搬土塊石頭堵口子。我見這塊地澆的已差不多，一面急命人赴豬場通知閘閘改道減少水流量，同時支持在水中的華、程二公堵口子。我雖沒跳入渠中，但整個棉褲都濕透了，鞋也泡在泥水中。

苦戰了一個多小時，幾處決口都堵住了，水流量也減少了，大家累得筋疲力盡，凍得舌頭打不過彎來。華君武這位著名漫畫家，被扶上來後一屁股坐在剛澆過地的泥水中，長歎一聲：「我拼了老命，再也幹不動了。」華、程二位當時身屬「賤民」，但在搶險堵口子上，卻能先我這比他們年輕十幾歲的臨時指揮官而行，絕無「階級異已分子」偷奸耍滑、有意「破壞」之舉，恰恰體現了一位老革命對工作負責不計自身安危的精神，令我肅然起敬。將他們扶到篝火旁烤身取暖，這時偷帶的白酒起作用了。哈哈，原來不只我一個人帶了酒，好幾位都是有備而來，居然還有從農場供銷社買來的罐頭！一大搪瓷缸中倒滿了白酒，你一口我一口輪流喝，白酒入肚，暖流傳身。更重要的是：一場冬灌夜戰中，我從華君武等「賤民」

身上，發現了極為可貴的閃光的東西。

事實上，在從寶坻的最後大搬遷中，我就同華君武、陳伯萍一起幹，他們搶重活、不叫苦，也是很突出的，只是沒碰到這夜間搶險堵口子的突發事件。幾件事聯繫在一起，雖在黑夜中卻使我覺得華君武很有光彩，不像那些揭發大字報說的那麼壞（那時的思想還在「左」的籠罩下），而革命群眾與「審查對象」的界限，在這寒冷的冬夜中幾乎蕩然無存。以後幾年我與華君武相處得很好。

天亮後，我率領著身著「鎧甲」（一衣泥水，身上衣服全凍得硬邦邦的），昂首闊步班師回營。回到「曲徑通幽」處，飽餐了一頓窩頭鹹菜小米粥後，鑽入被窩美美地睡上一大覺。我們濕透沾泥的棉衣，自有幾位年老體弱幹不了重活的老大姐，幫我們刷洗烘乾。

到一九七十年秋末冬初，下幹校一年後，才真正投入建校工作。嚴冬日短，要拼命搶工程進度，晚上砌牆看不見，就推土平院子，真是日夜連軸轉，體力消耗極大。相形之下，伙食就有點跟不上了。我們按當時部隊戰士標準，每月十三元五角吃包伙，早晚是窩頭鹹菜小米粥，中午吃饅頭或小米、高粱米飯，有熱菜，可是細糧很少，吃肉更少。於是有人就提出：我們這裏靠河近水，有水就有魚，何不打點魚改善一下伙食？此建議是四連音樂研究所的一位老工人提出的。他是個魚迷，把打魚的粘網等都帶到幹校來了。在寶坻的雨季，河渠平漕，他那漁網很起作用，四連很吃了幾次魚。團泊窪農場內外，河渠縱橫，過去魚很多，現在也不會絕跡，打點魚豈不一舉數得？這建議立即被採納，確定每連出兩人共十人組成打魚隊，與果園隊合作，他們隊長老孫也是魚迷，且設備齊全：攔河大網、皮衩（橡膠衣褲，下水用）、縴繩縴拍子等一應俱全，還有兩條機動船在獨流減河的碼頭上拴著。但人家在這兒住久了，不稀罕魚，主要幫助新來的鄰居。

我和黃沫（《文藝報》的編輯，曾被打成「黑線骨幹小爬蟲」，作為家屬來的而沒去咸寧，文化部一個系統內允許這種通融。已故）作為五連派出的打魚人。先摸摸情況：大河裏漁帆點點，如果像京劇《打漁殺家》那樣使撒網，要技術還要有小船，這個我們不行。跟在大河中打魚賣魚的船家聊天得知，居然有從盛產螃蟹的勝芳來的。勝芳螃蟹極有名，足與南方陽澄湖大閘蟹相比美，何以離鄉背井走出近二百里到減河打魚？漁家慨歎：「根治海河改了水，勝芳已經種了麥子，沒了水又上哪去找螃蟹？」他們在大河打的魚也不多。一斤以上的活鯉魚才五角一斤。

我們先選中離校舍很近的水塔旁邊的一條長幾百米、寬有十幾米的幹渠小試。向老孫借了一副十幾米寬的大網，從橋邊放到大渠中，渠兩岸各有六七人拉縴，縴繩上隔幾米就拴著一個竹製的縴拍子，套在拉縴人的身上，縴拍子橫在胸前，身體往前撲用力拉縴。這跟江河逆水行船要拉縴一樣，很費力氣，漁網一沾水分量很重。兩岸人數相等，學縴工那樣喊著號子，前傾著身子一步一步向前拉。因初次行動，果園隊支持了幾個勞力，孫隊長親臨指揮。就這麼吭唷、吭唷地拉著網走完全程。然後穿皮衩下水，攏網、收網、摘魚。這是種竭澤而漁的方法，一網拉過來，魚無分大小，一個跑不了。近二里地的大拉網，收上來，竟有幾十斤各種魚！初戰告捷，十分興奮。分給果園隊一些，人家出了工具和勞力，但他們一點不要。雖為「右派」，卻具風格。

於是我們圍著農場內外，四處攔河拉網。早晨吃完飯，校部的吉普車拉上漁網和帶著乾糧的我們，送到某個幹渠或河邊，由我們下網捕魚，下午車再來接網、魚和人。除了東邊的獨流減河太大，我們下不去外，南、西、北三邊都跑到了，收穫最大的是農場西界牆外，從洋閘過來的大河渠，一網竟得魚百餘斤！中午在河渠邊野餐，燒堆火烤涼饅頭。以後越來越精：帶上小鍋、調料和白酒，把捕到的小鯽魚當場刮鱗開膛，取河水沉澱後煮魚湯，極鮮美，就著饅頭喝著酒，河邊秋風一吹，衰草微搖，另具一番風味。

這確是難得的美差，活兒雖累點苦點，有時還要下到冰冷刺骨的河水中，但自由自在，水闊天空，不受拘束。華君武、李超、劉惠民等人享受不到這等美差，因為打魚要出農場邊界，他們還沒有「行動自由」的權利。

好景不長。這種打魚方法是沙鍋砸蒜——一錘子買賣。拉過一次網，這條河渠裏的魚基本就乾淨了，緩上來要等到明年。農場內外的河渠跑遍全拉了一遍，也就沒處可捕了。我們在洋閘往北的河渠中打漁拉網（洋閘是個小鎮，也是豬肉供應點，還有小飯鋪和通往天津的長途汽車站，離幹校二十里），當地的老鄉像瞧稀稀哈兒那樣，瞧著我們這些身穿破制服、戴眼鏡的人撲身拉網，覺得很奇怪；不像農場裏的犯人呀，再說也不許他們出來呀。過了兩天熟了，主動過來搭訕聊天。他們是靜海縣的農民，看樣子生活也不富裕。他們說，現在逮魚可費勁了，魚少。要是一九六三年發大水以前，這河溝子裏的魚有的是，一抄就是多少條，撿著吃吧。

我們這個打魚隊只存在兩個多星期就壽終正寢了，成果是幾百斤雜魚。十個壯勞力，十幾天功夫，再加上汽車油料損耗，還是那句話：只算政治帳，不能算經濟帳。

不過這臨時打魚隊在結束時，竟與果園隊搞了一次去大港油田的乘船遠遊。從我們一到團泊窪起，就注意到順大河往東南的遠處，有幾支日夜不熄的大火炬，那就是盛產石油的大港油田，離團泊窪不過五六十里路，順河直走可達海邊，大港就在離海很近處。果園隊有兩條機動船，早就惦記能有機會乘船沿河而下瞅瞅大港。魚不打了，網具還給果園隊。關係處得不錯，孫隊長說咱們遠征一次，坐船去大港那邊的蘆葦蕩裏撒幾網。

還是以打魚名義去的，實際上是玩。乘的是那條小型的拖船，老孫親自掌舵，果園隊的哥兒們應承船上各項雜務，我們成了貴賓。船越向前行，人煙越稀少，也許離海近了，潔白的海鷗追在船後飛。船上有獵槍，老孫伏在甲板上一槍打中一隻海鷗，將其撈上來，自有人拔毛開膛，船上有柴灶，一會兒就燉熟了。我們也帶了一些食品和酒，大家湊在一起吃喝。那時也沒有環境保護意識，沒覺得打死海鷗有什麼不對，甚而覺得河中野鴨子甚多，要有鐵砂子槍一撂一片，比打魚實惠。海鷗肉很粗，看起來個兒挺大，去了毛燉熟就一點兒了，果園隊的哥兒幾個很拘束，孫隊長放話，都是自己人，沒關係，隨便吃喝。有酒即成友，幾杯下肚後，在我們追問下，他們才說出，這果園隊中的「右派」全部是解放軍中的軍官，最低是中尉，最高到上校。有的什麼也沒說過，不過在日記上寫過幾句犯忌的真話，一九五七年夏天全軍突然一次大搜查，有的人的日記就成了「罪證」，於是就成了「右派」。比我還小兩歲、一九五七年才二十一歲的雷達兵中尉小陳，就是這麼打成「右派」的。小陳一手好無線電技術，後來成為幹校的電視機、收音機的義務保養員，幫了我們不少忙。

果園隊即右派隊，是沒有刑期的犯人——還不如農場裏面號裏關押判刑的罪犯，十年、二十年的還有個盼頭；而果園隊，是沒人管更沒人要，「改造」遙遙無期，有的人老婆等不及離婚了，沒結婚的更娶不上媳婦了。就這麼混唄。一位上校不甘屈辱，曾在夏天泅水過河外逃，不想被河中水草纏住淹死了。那位孫隊長也是部隊上下來的，爽快粗獷，很有人情味。他說，這些人都有一技之長，官階大多比我高，到底怎麼回事，我也不清楚。既然現在是斷線的風箏沒人管，農場只好先管著，大家一塊兒湊和，都不容易，平平安安就好。攤上這麼個隊長，也是一種福氣。

據說，這個果園隊到上世紀八十年代初才被平反改正，大部分已到退休年齡，受了二十多年的罪，到老才得以回家，可有的人的家已經沒有了或根本沒有過。

近三十年後，我偶然遇到昔日果園隊的平反後到北京出版系統工作的楊開沅。他比我小一歲，原是部隊文工團的，一夜之間成了「右派」，他略述了一九七五年我們撤走後的情況。由於「批鄧」，「階級鬥爭」又尖銳化，再加上有人往中央寫信反映，上面指令把他們拉出農場弄到邢臺一帶「勞改」，又受了幾年罪，到八十年代初才陸續平反，大多已花甲上下，大半輩子完了。

寒風凜凜入「凍房」

初到團泊窪，從十月中旬到十二月初不足兩個月時間，全幹校連軍宣隊在內上下八百號人，都在為生活奔忙，什麼「運動」、「大批判」、「鬥黑幫」、「批『五・一六』」都顧不上了，就為食和住兩件大事張羅。

糧食供應轉到了靜海縣，有汽車去拉糧，順便還可以買點菜和肉；大量的過冬白菜，好在有團泊窪農場供應，用拖拉機拉來就成了。接受去年在懷來宋家營菜被凍的經驗教訓，就要尋找安放白菜的好菜窖。從寶坻北清溝時就一心撲在種菜上、有「菜頭兒」之譽的美術理論家華夏，請纓承擔這護菜過冬的任務。他找到了一個存放白菜的好地方——原來的宰鴨大車間、我們的臨時男女宿舍對面，用做庫房的那座大房子有入地一米多深的地下室，原是為隔潮而建的，沒什麼用處，有鐵柵欄通風透氣。華夏好像發現了「芝麻芝麻快開門」的寶洞，啊，這是一個多麼好的菜窖！不過，這地下室太矮了，人在裏面要蹲著，出入要從拆去鐵柵欄的窗戶爬鑽。但這難不倒年近五旬的華夏，他率領一批人，用流水作業法把幾萬斤冬貯大白菜一棵一棵地傳送入「窖」碼好。在外面卸車傳菜的多是女性，這活不累；貓腰蹲著傳菜的，當然是我們這些三四十歲的男人。華夏在最裏面碼菜，這是技術活，非「菜頭兒」莫屬。

白菜入窖容易，但一冬天的養護翻晾劈幫扯葉什麼的，還是很繁重的活兒，這由華夏一人包了。一冬天，他幾乎天天下「窖」，把白菜整理得井井有條，劈下的廢幫爛葉，他爬著一點一點運出窗外送垃圾坑；食堂用菜，也由他分選，先吃那不宜久放的，爬著一棵棵抱出來，裝上小推車，送到食堂。

華夏是工作狂，辦什麼事都極認真，從來不大想到自己。二十世紀五十年代，他任《美術》雜誌編輯部主任時，一心撲在工作上，沒日沒夜，下放五七幹校，他幹活不惜力，種菜有興趣，春夏秋帶著華君武等人種菜。但團泊窪的土地鹼性大，菜長不好，他百折不撓，反覆試驗，開始種出的茄子、番茄只有乒乓球大小，後來越弄越是個樣兒，但受土地條件限制，產量有限，還要外買；冬天，他就跟窖存白菜幹上了，一連四年，年年如此，不用人布置、催促，不言不語埋頭苦幹。粉碎「四人幫」後他重新走上美術研究領導崗位，還是這麼幹，以致稍稍滑一點的青年，把不少活兒都推給華老頭，他笑呵呵地不言語全接下，仍是忙得腳丫子朝天。等他退居二線不再擔任實職，對美術研究所的事仍放心不下，八十歲的人了，還從紅廟東里跑到什剎海前海西街去所裏上班。他只是工作、幫人，他那憨厚的本性，使他不會投機取巧，否則以他的功力和在美術界的威望，稍稍弄點手段，早「發」了。可是，他沒有，老實人的本色幾十年一以貫之。連他那同為美術家的妻子徐青也長歎：「這輩子，我嫁了一個工作狂的機器人。別看他那麼粗放，只知工作、不會生活，可很懂情，能厚待人。他從不為難部下，儘量幫助培養；我被劃『右派』時，我已經準備離婚了，不想連累他。可他根本沒把這當回事，置政治壓力於不顧，開玩笑地說：『你要是走了，這仨孩子，我怎麼辦？尤其跟我是雙胞胎的兒子，誰管？』」——這有個笑話：華夏兩女一子，兒子明明虎頭虎腦，各方面都極像他，從小就在文聯大樓跑，有一次兒子問他媽：「怎麼我跟我爸爸長得一模一樣？大概我們是『雙胞胎』吧！」話是在機關食堂吃午飯時說的，弄得同桌人笑得噴飯樂彎了腰。

老華頭終於敵不住上年紀了，近些年幾次住醫院。相濡以沫半個多世紀的老妻守在床邊伺候。這時她總想著：我最困難的時候，是他那寬闊的胸懷，溫暖容納保護了我，這樣的男人雖不修邊幅不講外表，但無私無畏關心他人，哪找去！現在老夫妻年近九旬，一身重病，行動都不便了。但他們還是那末樂觀、助人。

幹校的新房子終於在十二月初搶工完成了。由於天冷得太快了，抹好的牆面乾不了，閃爍著亮晶晶的冰花，房頂不過是椽子上鋪層草簾子加瓦，很薄，所以屋內寒氣逼人，我們戲稱為「凍房」。

「凍房」也要住。十二月十日，全校敲鑼打鼓，各連新建宿舍統一進住。房子雖冷和糙，終是我們自己一磚一瓦、挑水活泥蓋起來的，看著也高興。住房按班排分配，建築面積每間十五平方米，住三至四人也夠擠的。所以大家十分羨慕那十幾間夫妻房：凡夫妻雙方都在幹校者，可分得一間房夫妻同住，安起個臨時的小家，有點溫馨的家庭氣氛，雖然不少是老夫老妻了。

我們從離開北京到懷來起，尤其河北省軍區接管後，就有一個與眾不同的特點：取消「黑幫」集中看管居住的牛棚，無論老的還是新的「五・一六」，都一律下班排。我所在的五連，一、二排是劇協，三排是美協，四排是曲協。我所在的二排四班，就有老「黑幫」趙尋和新「五・一六」張潔。張潔當時的丈夫黃沬隨妻子下了先懷來後團泊窪幹校，可是，妻子成了「五・一六」被隔離審查，夫妻二人不能過話。黃沬本來話就少，性格內向（我們曾是乒乓球友），此時就更終日不發一言。可是，夫妻房仍是有他們一間，足見這廊坊軍分區的解放軍，講政策和人情。為首的楊副政委早在寶坻時就說到，將來蓋校舍，要允許夫妻同居，強行拆開不好（當時他還不能也不敢說「不人道」），要不然夫妻團圓只好鑽麥地，讓老鄉看到，簡直不成體統。後來這話果然兌現了。有好就說好，工軍宣隊當時執行的是「左」的路線，辦了不少錯事，但他們也是人，不是一切都壞，好說好，壞說壞，後面還有記敘．當然，十個手指不一般齊，在革命口號震天響的工人解放軍中，確有一些人不僅「左」得厲害，還幹了不少壞事，包括侮辱婦女。

十間夫妻房不夠用，從另外四十間單身宿舍還要抽出幾間；再留下連部、軍宣隊的住地，房子就較緊了。我們屋內住有班長王興志、我，另外一位是已「解放」的身體瘦弱的電影理論家賈霽，再一位就是「中央專案」的趙尋。當時對已「解放」的老幹部，常冠以「革命」二字稱之，表現尊重，實則逗哏。如老曲藝家、原曲協主席陶純就是「陶革命」，老戲劇家李之華（時任連長）、劉亞明（先為劇協「末代皇帝」，後任中國戲曲學院黨委書記）則為「李革命」、「劉革命」，文革前夕從解放軍調來充實「政治力量」的師職幹部孟一川、杜震，也就是「孟革命」、「杜革命」了。「孟革命」還有個笑話：孟一川時任副排長，在寶坻，老鄉們詫異：這白鬍子老頭幹了幾十年，連個「正排長」都沒撈上。而賈霽這位一九三八年參加革命、畢業於延安魯藝的老幹部，自然順理成章稱之為「賈革命」，但「賈」「假」同音，也可戲稱為「假革命」，他也不計較，一笑置之。

宿舍也有兩間打通的，少道牆，可多住幾個人。三排美協就有這麼個大通間，而且裏面住了「三大賢」華君武、蔡若虹和王朝聞，外加張鍔（原中國美術館館長），畢克官（著名漫畫家）、何溶（原華夏的副手）、吳步乃（後任《美術》雜誌主編，時還年輕）等，等於是把「群賢畢至」的美術家協會給搬到團泊窪來了。這間大房子中出了不少可資紀念的事，容後再表。

大家匆忙入住，房子既濕又冷，生起爐子烤，潮氣迷漫，煙火薰人，經常頭昏腦脹噁心，只好出來在冷風中透透氣。但，大家心裏還是高興的，奔波了一年，四易其址，終究有了自己的「窩」，不再向老鄉「號」房子借住了。在懷來宋家營，我們曾借住過一家農民的過道間，裏屋是人家的一家子，出入得經過我們的住地。農民那時真淳樸，這事擱在今天，誰幹？

在寶坻，我和趙尋、王興志在老鄉家同睡過一條炕，沒電燈點煤油燈。我們睡覺不習慣於頭朝外炕沿，而是頭朝裏牆。趙尋擦完身躺下後，覺得頭上刷刷紙響（牆上貼有舊報紙，防掉土），像有東西爬動，拿手電筒一照，啊，足有兩寸長的一個大毒蠍子！這要是被蜇上，還了得！

我們連的十間規模的伙房兼食堂很氣派：外間是食堂，有方桌、洗碗池子（團泊窪農場有水塔，可引來自來水），裏間是廚房、庫房。兩個新盤起的大灶臺，兩口三尺大鍋，供應全連一百五十多人早晚三餐。五個連隊外加校部機關，共六個建制，都有像樣的食堂，食堂組成人員也真夠級別，我們連是管理員陳剛（後任中國劇協書記處書記）和老戲劇家劉乃崇，紅案掌勺大廚是作家王波雲和曲藝理論家馮不異，白案的主力則是漫畫家鍾靈。這是前期，後期更硬。校部管理員兼炊事員是俞琳（戲曲研究家，後任中國戲曲學院院長，已故），四連的管理員是八面玲瓏的「衍聖公」堂弟「孔聖人」，他的故事很多，容後再說。燒一手漂亮南方菜的電影理論家鄭雪萊，則是一連的伙房主力，管理員是後來下海辦公司的電影家協會精明的王雲人。

各連都在忙於精心布置自己的新家。人多，房子仍不夠，就把農場的少量舊房修修住人。我們五連全是新房，四排單身宿舍形成一列，為西屏障；食堂與夫妻房南北遙遙相對，相隔五六十米，東側以陶鈍捐款為基礎，又蓋起三間庫房——陶鈍年歲大了，難以下田參加重勞動，就充任保管之職，他自掏腰包蓋起庫房。捐款為建校蓋房以至修建豬圈的解放了的老幹部，不只他一個。這樣，五連就形成了一個大四合院。院子近千平米，城裏哪找去。

經營自己的家，大家興趣盎然：各排宿舍前栽上木方子，拉上粗鐵絲，用來晾曬衣服、被子。在果園隊懂無線電的那位小陳的指導下，各連都樹起了電視天線。因遠離京津，又地處大窪，電視天線杆高達二三十米，由幾根圓木用鉛絲捆綁接成。安裝這樣的天線很費勁，主管生產的副連長殷可善是個能幹的年輕人，身體棒，農村出身，會幹活，一聲吆喝：「壯實的男子漢，給我出來幾個，咱們把電視天線杆給豎起來。」一下來了十幾個，挖了深坑，桿子上拴上繩子，有拉有扛有推的，在老殷的號子指揮下，幾十米高的電視天線桿子終於矗立起來。我們這些三十來歲的，幹這力氣活兒沒得說，榮膺「壯實點的」還覺得挺光榮；而五十左右的華君武、趙尋、李超、劉厚生等，談不上「壯實」，也不是「自由人」，年輕又有力氣、會幹活的「五・一六」劉惠民和高振廣，自然要「衝」在前面承擔最累和最危險的活兒——萬一桿子豎不好倒下來，先砸扶桿的他們。

不過，這倒無分彼此，因為這是給自己幹，接上天線，帶下鄉的老式電子管的黑白電視機就可看上圖影了，雖然那時電視裏沒節目，除了喋喋不休的「文革」新聞外，就是周而復始的革命樣板戲《智取威虎山》、《紅燈記》、《沙家浜》等，多是拍成的電影片。初時新鮮，老看這個就乏味沒人瞧了。反正食堂裏，有個原在文聯禮堂放麥克風開會發言的一米多高的講臺，放上一個碩大笨重的電視機，倒挺威風的。各連都協同行動，一時都有了電視。只不過這些電視機太老了，又隨著大家四處奔波，裝上後總不聽話，經常出毛病，不時要送天津修理。這裏面還有辛酸的故事，容我後敘。

一九七十年底，文化部團泊窪五七幹校上下八百口子人，無分三六九等，個個喜氣洋洋，因為倒底我們有了家——能棲身的家。那時，下五七幹校是按毛澤東的「最高指示」，是「反修防修、徹底改造世界觀」的大事；但是沒有期限，誰也不知更不敢問要「改造」多久，反正都做了長期打算，如今有了「窩」，不再流動了，當然心裏踏實些。不過，我們的家不在團泊窪，老婆孩子都在北京，即使住上夫妻房、兩口子團圓的人，孩子也扔在北京，家裏有老人的還好，孩子有人管；沒老人的，任憑十幾歲的孩子「自己管理自己」，像華夏夫妻扔下的三個孩子，大女兒十八歲，帶著妹妹和十來歲的那個「雙胞胎」的小弟弟，自己開伙立灶相依為命。游默、張志儒夫妻兩個女兒留京，大的上初中，小的上小學，您說能不讓當爹媽的揪心嗎？只是因為「革命」，一切都要置之度外，這些苦楚只能藏在心裏。

就這樣，我們在「凍房」中迎來了一九七一年。

排樣板戲、拉練和唱「窩頭歌」

大家都有了住地，我們原來那個「曲徑通幽」的大宰鴨房的宿舍就空出來了，校部命令改成一個大禮堂，開會用。無非各連抽調壯勞力，用榔頭、鐵釬連砸帶撬，把一個個水泥砌的貼有白瓷磚的洗鴨池砸毀拖出，果然成了一個上千平方米的大廳。說聲開全校大會，各連自帶馬扎、板凳、折椅排隊魚貫入場，幾百人黑壓壓坐滿大廳，很像回事。因為突擊建校，校方宣布暫停休假。去年在寶坻時還沒有休假制度，今年更不許回京過年，怕人心散了，提出要在五七幹校中過一個「革命化的春節」。

於是，一系列的安排出來了，拉練、排樣板戲，辦小賣部，目的無非是拴住大夥的心，別想家。

那時有個「最高指示」，說讓全國人民大學解放軍。我們的班、排、連建制就是學的解放軍，住進「凍房」後，還搞起「早跑步」；每天早晨六點半，各連的廣播大喇叭響起起床號，大家趕緊穿衣起床，二十分鐘後院中集合，像軍隊一樣出早操跑步，一路喊著「一、二、三、四」，「保衛祖國，革命到底」等口號，沿著大路，跑上大堤。迎著東方微熹的黎明和河道吹來的朔風，大家倒也精神抖擻、意氣風發。各個連的跑步出操隊伍，常擦肩而過。這出操跑步，倒不強求一律，「老弱病殘者除外」，而且不分身分，「五・一六分子」，稍年輕些的「黑幫」如劉厚生等，也參加跑步；年紀大些的或婦女，則在大院中遛彎散步，後來居然有人打起太極拳，對此，軍宣隊也視而不見，聽任自然。因為，「文革」已經四五年了，初期那「橫掃一切」的風氣也大為收斂。一九六六年夏秋「破四舊」時，太極拳、氣功都在橫掃之列，一些拳師被毆打至死，其中包括道家出身、任職於中醫門診部、傳授我道家獨特的自發動功、年逾七旬仍鶴髮童顏的老中醫胡耀貞先生。他可是文聯學練道家自發動功的一些人的老師。

那時，把革命樣板戲奉若圭臬，雖然政治帽子嚇人，但藝術上真有可取之處，有些著名的唱段如《紅燈記》的「臨行唱媽一碗酒」，「我家的表叔數不清」等；《智取威虎山》的「穿林海跨雪原……」，「小常寶控訴了血淚罪狀……」等；《沙家浜》的「智鬥」三人對唱和阿慶嫂的大段二黃「風聲緊，雨意濃」等，還真好聽，不少人學著哼唱。那時還沒有《杜鵑山》、《海港》、《龍江頌》；只有一個《紅色娘子軍》，不怎麼樣，因議論還逼出人命，前節已述。這時有人提議，乾脆咱們也排一出樣板戲片段。三連有戲曲研究院，五連有劇協，會唱會伴奏的都有，排戲不困難。解放軍領導當然支持，這是「宣傳毛澤東思想嘛！」

說幹就幹，選的是《紅燈記》「痛說革命家史」那場，演員除李鐵梅B角外，全是五連的：李玉和由王興志扮，B角是汽車司機馬志賢師傅；李奶奶由劇協的張志儒（原是話劇演員）和趙鼎真（俄文翻譯）雙演，李鐵梅由以家屬身分跟來幹校的梁彥（歌劇演員，總是郭蘭英的B角，後任中國音樂學院副教授，已離休）和四連一位家屬（舞蹈演員）扮。場面幾乎全是三連戲曲研究院的，他們有戲曲音樂研究室，樂器上都在行，文武場齊全。操胡琴的是五連曲藝研究專家馮不異，他下幹校後空閒時間就鑽研樣板戲唱腔，熟得很，常給王興志、張志儒、小馬等吊樣板戲唱段。二胡是不才區區在下，「娶媳婦打幡跟著哄」，唱腔我會，二胡跟著胡琴走，萬一跟不上錯了，有閃轉騰挪藏拙的機會。

不幾天戲就排出來了。在大禮堂先讓領導審查，點了頭，跟著在全校大會上演，大家精氣神很足，甭說演員，就那堂場面也真不含糊，大鑼是由有名的場面票友、有「張大鑼」綽號的張宇慈先生執掌，他是著名書法家張伯英先生哲嗣，從小研究京劇音樂，在專業的場面先生中也很受尊敬，他那大鑼在司鼓吳春禮指揮下，輕重疾徐恰到好處，打出了戲的藝術節奏。兩段李奶奶的「十七年……」、「鬧工潮……」大段二黃，由於是女老旦，調門高，唱得滿宮滿調，喝彩聲不絕。到李鐵梅的「聽奶奶講紅燈……」，胡琴、大鑼真給勁，轉身舉信號燈跑圓場時，照樣是高低音的兩面大鑼雙用，「張大鑼」的威風抖出來了。我們不是專業京劇工作者，但聽得多，見得廣，像《紅燈記》這類樣板戲，從排演未成型時就跟著採訪，與演李玉和的李少春、錢浩樑「浩亮」，演李奶奶的高玉倩，演李鐵梅的劉長瑜以及編劇翁偶虹，導演阿甲，音樂設計劉吉典、李金泉，都是熟朋友，這場戲看了不知多少遍，熟極了，照貓畫虎磕模子，也能磕出個八九不離十來。

戲排演得有一定質量，但「鐵路員警，就這一段」，排全劇可沒這能耐。在校部迎新年聯歡大會上，這場戲是壓臺的大軸，演過好幾次。觀眾倒不分類別，舉凡革命群眾和「審查對象」，按連、排、班指定地區就座。搞戲曲有名氣又內行的文化名人、此時正倒楣的張庚、吳祖光、劉厚生、戴不凡等，以及已獲「解放」的李之華、晏甬、郭漢城、張真等戲曲理論批評家，也看得有滋有味。他們沒想到，這些年輕的部下平日只會舞文弄墨、紙上談兵，此時也能上臺來真格的，不由也樂了。

這方面劇協的人不如戲曲研究院的，他們中真有些人是上過臺、票過戲的「內行」，除一九五九年內部改編排演了現代京劇《青春之歌》外，還不時演幾齣傳統老戲，他們那裏內行多，像當年研究生班或進修的塗沛、逯興才、沈慧宣、李玉坤以及後任中國京劇院院長的蘇移、著名戲曲導演金桐等，都是在中國戲曲學校學了八年而沒當演員，進戲曲研究院改事編劇、導演、理論研究的高材生，上了臺鑼鼓一響，要什麼有什麼，逢年過節不時排幾齣京劇自娛自樂，這在戲曲研究院是有傳統的。劇協就不同了，話劇演員出身的不少，編劇、導演、上臺演話劇那是行家裏手，搞戲曲的只有伊兵、張真、劉厚生、戴不凡、劉乃崇以及曲六乙、劉珂理、余仲華、王興志和我，十來人而已，都是「旱鴨子」，沒下過「水」，不過看得多、又愛好、寫文章而已。哼兩句還行，真上臺可就要出乖露醜。可這次排《紅燈記》，演員卻主要是劇協的，演李奶奶的兩個都不是搞戲曲的，但演唱得有質量，被人戲稱「准高玉倩」；演鐵梅的梁彥，在中國歌劇院時，曾學演了不少戲曲，河南梆子、河北梆子、黃梅戲等也都學過，這位二十世紀五十年代遼寧人藝的歌劇臺柱，只因與陳剛結婚才調來北京，屈居郭蘭英之下，能外行嗎？

戲排演成後，校部指示，再搞幾個小節目如相聲、快板等，湊成一臺，組成毛澤東思想文藝宣傳隊，到周圍各村去演出，既給老鄉拜年，又宣傳毛澤東思想。於是，我們恢復了清末民初老一輩戲曲演員的「跑簾外」（農村流動演出，

在幹校禮堂演出《紅燈記》

也稱跑「野臺子」）的傳統，不過已不是木輪加鐵瓦的牲口大車，而是一輛手扶拖機拉服裝、道具，開車的就是當年演劇四隊負責人、前劇協祕書長、當時還沒「解放」的李超，他對這種流動演出很熟悉。我們手執樂器步行，到村裏簡單化化妝，拉場子就演，沒有舞臺，跟天橋撂地差不多。小節目有曲協一幫人，弄點相聲什麼的手到擒來。我們去了團泊窪農場周圍十來里內好幾個村子，中間有沒有後來出大名的大邱莊，不記得了。

反正那時農民很窮，白送戲上門分文不取，自帶乾糧，不過喝點開水而已，所以很受歡迎。農民們抱著小的拖著大的，把場子圍得滿滿的，不斷叫好兒，我們心裏很滿足。

那時還興「拉練」（文革中特殊行動，開始在解放軍中推行，部隊拉出軍營，徒步長途行軍，以為鍛練，後在「大學解放軍」的口號中，地方群眾也搞長途行軍拉練，一走多少天，沿途住在農村中，就產生了「號房子」問題。我們是早出晚歸一天完成，沒有借宿問題。）全國大學解放軍，解放軍搞拉練，工廠、機關都要學，也要拉練。我們這些下鄉接受改造的五七戰士焉能例外。不過，我們不能像正式拉練一樣，拉出去多少天，只能一天五六十里，早晨懷揣乾糧整隊出發，出農場大門往北，順著大堤二十里，拉到團泊村。團泊窪是大窪地，大片土地沒法種糧食只能長蘆葦。秋天我們來時，還是蘆葦搖曳，叢中影影綽綽看到有人手揮大片刀在割，這點我們有生活：在寶坻北清溝水中割麥時，見過當地農民揮這帶長把的片刀有節奏地割麥，一掄倒下一片。此時的團泊窪，蘆葦已大片放倒，這是一項很高的副業收入，可編葦蓆、做葦簾子。白洋淀一帶的蘆葦更多，家家農民都有這手藝，為編葦蓆，當地的農舍都很特別；院子小而房間大，為的是在屋內地上編席，一領葦蓆當時能賣兩三元，所以白洋淀的農民也較富，勞動日值能達兩塊多，比大多幾角錢的村子要好多了。

大隊行進中，可謂精神振奮，鬥志昂揚，軍容整齊，歌聲嘹亮。參加拉練的都是清一色的中青年革命群眾——老弱病殘走不動，「牛鬼蛇神」不許去。

團泊村小歇後，往西，直奔我們打過魚的那條大河。那是團泊窪農場的西界，這個農場是個十五里見方的大場地，我們幹校在東頭，農場西牆外有村落，時已屆午，我們打尖休息吃乾糧喝水。那時的人真好，村裏給燒了開水，村支書、民兵連長等都來慰問，高呼「熱烈歡迎五七戰士」，民兵連長還提議來場籃球友誼賽，村裏有個簡易的籃球場。盛情難卻，每連挑了兩三人，我們五連是殷可善、黃維鈞和我。我們個頭都不矮，當年上學時常打籃球，還有幾手「絕」的，估計上場還能打一陣，不致於輸。哪知人家是一水兒的二十多歲的彪實小夥子，沒准還是部隊下來的，不僅球技不差，而且體能出色，跑、跳、撞、搶、投，我們都居下風。到底三十多歲的文人，又走了三十多里地，體力不逮，不一會就輸得一塌糊塗，跑都跑不動了，時間沒到就收場了，認栽。好在「友誼第一，比賽第二」嘛。

還剩下十幾里路，午飯後略事休息，就開拔。下午的精神頭就不濟了，十幾里地走了兩個多小時，等回到幹校，儘管滿面英雄色，實際是強撐著沒趴下。當然，伙房也讓我們美美吃一頓晚飯，不再是窩頭、鹹菜、小米粥了。

提起窩頭、鹹菜和粥來，還出過一個笑話，軍宣隊為此差點整了人。我們那時的伙食是中午有菜偶有細糧，早晚窩頭、鹹菜、粥。從一九六九年九月底下鄉，到這時已吃了一年多，久而難免生厭，稱之「老三樣」天天雷打不動。這時大興毛澤東語錄歌，都要學唱，我們拉練時，一路上就唱了不少，什麼「下定決心，不怕犧牲，排除萬難去爭取勝利」等等。

這些語錄歌中，有一首是林彪的詞，即「老三篇（指毛澤東的《為人民服務》、《紀念白求恩》和

《愚公移山》，當時奉為經典，人人要學要背，還要查考），不但戰士要學，幹部也要學。老三篇最容易學，要真正做到就不容易了。」這首歌曲調還挺好聽，大概是老音樂家李劫夫作曲，也上口好唱。天天唱，經常唱，唱著唱著，不知哪位仁兄玩起文字遊戲給改了詞，雖幾字之易，還用原曲調，意思卻大變，改詞是：「老三『樣』，不但戰士要『吃』，幹部也要『吃』。老三『樣』最容易『吃』，要真正『愛吃』就不容易了。」在私下傳唱，唱完哈哈一樂。當然這大多是我們這些年紀不算大還不夠老成的人幹的，不過無聊空虛以博一粲而已。年紀大的以及被審查者，已是驚弓之鳥，當然不敢參與。

不過就是逗樂，確實沒有其他不軌想法。可是，沒有不透風的牆，且這涉及偉大領袖的接班人「林副統帥」的語錄，如此胡為，豈不是褻瀆不恭！軍宣隊聞之勃然大怒，立即召開全校大會，一把手楊副政委聲色俱厲地說，這是一個嚴重的政治事件，是對偉大領袖毛澤東和最敬愛的林副主席的極大不敬，宣布；從今以後不許再唱，誰再唱就以反革命罪論處！幸好沒有追查到底是誰的「創作」，哪些人唱過；若是來個大揭發大檢舉大批鬥，那我們可就慘了。從這點說，我覺得這位楊副政委還較通情達理，不過嚇唬一頓壓下去，大事化小，小事化了而已，鬧大了對誰都不好。

幾位文藝老太姐在農村的表演唱

「窩頭歌」事件就這麼被壓下去了。可是幾個月後，「九・一三」事件出來了，當然林彪的語錄也都是混蛋反動話，該批。於是，我們私下又唱起「窩頭歌」，就是大聲唱，軍宣隊也不管了。

俗話說「三十年河東，三十年河西」，「窩頭歌」不過事隔了幾個月，就由「河東」而「河西」了。世界上的許多事情就是這麼怪。

歡歡喜喜過大年

階級鬥爭的這根弦，在那個時代繃得太緊了，而北京又是「無產階級專政下繼續革命的中心」，自從一九六九年九月底，把上百萬的幹部趕出北京下五七幹校或乾脆下鄉插隊，以及此前的知識青年上山下鄉「接受再教育」北京城少了不少人（當然又有一些新貴陸續調進京）。從此，對進京和返家探家的人加以諸多限制，回京買車票要憑某一級革命委員會的證明，或者持有在京單位的工作證，否則乾脆不賣票。逢年過節更是如臨大敵，原則上不准我們這種「等外」的五七戰士、上山下鄉青年返京回家過節。我的原在北京軍區後勤部工作的岳父，以一些「不在板」的歷史問題，硬給定了個「資本家兼地主」，清洗出部隊，以七句高齡，被強行送回原籍河北省玉田縣勞動改造。幸喜早年他在家鄉人緣好，也做過不少好事，如土改前

幹校四位老女文藝工作者
前排戴眼鏡者，就是在坐坦克趕火車的章輝。

有土地也不多，分給本家親戚種，土改前就把房子主動獻給村裏使用等等，又因為他早已定居北京，解放後又參加了工作，進入後勤部成為非軍籍行政職工，所以鄉親們對他印象較好，並沒有難為他，反而頗多照顧。但到底一個高齡的孤身老人，難以勝任農村繁重艱苦的勞動生活——一切都要自己動手，不久就病倒了。生產隊眼看老人病勢日益沉重，就勸他回北京，並給開出了公社革委會的進京介紹信。一九七一年春節的正月十五，他拖著病體、拿著證明先乘汽車到唐山，再買火車票到北京。但，他的進京介紹信不夠級別，不賣他到北京的火車票，照顧他賣到黃村，連豐臺都不行。他在黃村下車後，再倒短途車到了豐臺，在車站中蜷臥一夜（幸喜他年已七旬，不太引人注意了，要是年輕，早把你「請」走收容了）再換郊區公共汽車，輾轉回到北京我的家中（他的家已被強迫「沒」了），見到吾妻他女兒時，父女抱頭大哭一場後，立時臥床不起。那時我還在幹校，等我後來回京休假，見到老岳父已形銷骨立、奄奄一息了。

回過頭再說我們。一九七〇年的春節是在寶坻「革命化」的，那時也沒休假之說；我因參加抓「五・一六」回京辦「學習班」而在京度過春節，但只准許輪流回家看看，因為被審查者張潔還被關押著，只停止了「鬥爭會」，還要有人值班。一九七一年春節又到了，大家經過幾個月艱苦繁重的建校勞動，且已停止了四季度的七天休假，大多希望能把這七天挪給春節，回北京與妻兒老小團圓。但這是絕對不可能的。軍宣隊除以「大道理」教育我們：一切要服從保衛毛澤東和「無產階級司令部」的安全的大局。於是煞費苦心，想方設法讓我們在五七幹校安心過好春節，還要過得熱鬧有氣氛。

領導幹校的軍宣隊來自廊坊軍分區。廊坊地區（專署）原稱天津地區，設在天津市，後來才遷往廊坊。一九五二年被槍斃的大貪污犯劉青山、張子善就是天津地委書記和專員。所以廊坊地區和軍分區在天津還有相當的根基。軍宣隊以廊坊軍分區名義，為團泊窪五七幹校辦了個「軍需特供」。那時，物資匱乏，買東西十分困難，而有「特供」關係的單位和個人，就可順利買到十分緊俏的好煙、好酒、罐頭食品、紅白糖、不要布票的床單、衣物等等。利用這一「特權」，在幹校中設立了一個小賣部，三間門面，由跟著老劇作家也是五連連長李之華、以家屬身分來幹校的中國青年藝術劇院老幹部蕭曲主持。這位蕭經理富有經商天才，沒有多久，天津「軍供」門路打得很開，市場上罕見的汾酒、直沽高粱酒、牡丹牌和大前門牌的過濾嘴香煙、整包的紅白糖、花生瓜子等源源進貨，真是生意興隆，使三里外的農場供銷社黯然失色。幹校中工資高的老幹部不少（幹校人均工資百元，每月五、六十元的年輕人占大多數），購買力較強。大家都喜出望外。

軍分區又給打通了天津對幹校副食供應關係，天津市指定重慶道副食中心店為團泊窪幹校的供應點，各食堂可以直接赴津購物，包括極為緊俏的水產品。

軍宣隊這些「惠民」措施，很使我們感激。這個春節至少在物質上過得很豐富：各食堂抖擻精神，精心安排食譜，花樣翻新，讓大家吃得很舒服；一些嗜煙酒者，蜂擁至小賣部，二元七角一瓶的汾酒敞開供應，而且無分革命群眾與被審查者，凡顧客一律平等。華君武、丁聰還「黑」著，此時都在餵豬，平日藍布圍裙不離身，圍裙上有個裝雜物的大兜。丁聰穿著圍裙進入小賣部，出來時大兜鼓鼓的，揣著一瓶汾酒和幾個午餐肉罐頭，得意洋洋。在五連食堂掌管白案的鍾靈是酒鬼，汾酒、直沽高粱、二鍋頭兼收並蓄，而且咋咋呼呼邀人共飲；華君武不肯也不敢張揚，可是酒他沒少買。

另外，農場酒廠的產品也參與競爭，他們生產的白酒和仿竹葉青才一塊錢一斤，很適合我們這些低工資者。我們不買汾酒，而零打這類便宜也夠質量的散酒，買不起罐頭等，有花生、羊雜碎佐酒就很知足，晚上也湊在一起喝上幾杯窮聊一陣。我們屬於「貧下中農」，倒也自得其樂。酒客中以當年給田漢開車的李光華師傅最積極，常到我們屋裏聊天、喝酒，即使我們不在屋，他照樣自斟自飲。聊伴則是賈霽，「賈革命」體弱不喝酒，而趙尋既不喝酒也因身分特殊不愛說話，常悶頭不響吃水果——也是小賣部進的貨。

當然還要組織點文娛活動：在大禮堂放電影，仍是《地道戰》、《英雄兒女》之類的片子，還有文娛晚會，各連都要出節目，我們的《紅燈記》選場仍是大軸。

正月初一，互相拜年，軍宣隊大部分都在（大家輪流回家。他們是軍人，不受限制，且家也不在北京），校部一二把手楊、宋兩政委到各連拜年、聚餐、敬酒，反覆叮囑：春節要休息好，過了年就要進入春耕大忙了；別想家，忙過這陣，會放假的。

是的，一千多畝稻田在等著我們種呢，一切又要從頭開始。

第七章
傾心全力建家園

一九七一年至一九七二年底，是文化部團泊窪五七幹校的全盛時期。雖說有「戰天鬥地其樂無窮」，「革命最需要的地方我們去」等豪邁口號，但嘴裏不敢說，心裏也有個小九九：憑什麼有的人的子女就不去上山下鄉，而在城裏安排了工作，或者參了軍；憑什麼咱們去五七幹校，人家卻照樣留城裏工作，還升官換房子，又沒有輪換制……但是，我們文藝圈的人心裏較為平衡，因為除了江青直接抓的「樣板團」中的樣板戲劇組人員——在北京就是京劇《紅燈記》、《沙家浜》和交響音樂《沙家浜》、鋼琴伴唱《紅燈記》外，其他文藝界中人，統統趕下五七幹校，好像文藝只有這幾樣就成了，這有江青的「文藝紀要」為指標。人家不要咱，咱只好走人，大家都彼此彼此，失落感倒不是很大。

至於期限，沒有。毛澤東的「最高指示」說，要長期無條件地與工農兵相結合改造自己。過去雖然也不斷下鄉勞動、搞「四清」，但那是短期的，不徹底的，這次可徹底了。因之，大家對這幹校四遷之後的團泊窪，還是較安心的，本著「自己動手，豐衣足食」的精神，建設我們的新家園。這一點，倒無分革命群眾還是未定案的審查對象，都知道自己將在這裏長期住下去；而後者則更希望早日定案，恢復自己的「公民」身分，而不再被管制。

養豬養雞，種稻爭水

分給幹校的一千多畝稻田和一個養豬場，就在營區西南的二三里地的範圍內，養豬場位於中心，四周都是我們的田地。下地最遠走半個多小時足矣。

過了年，就忙活起來。養豬場要派駐養豬班，那裏有住房，可以住在那裏，至少夜裏，要有人值班。養豬是又累又髒的活兒，且沒時沒晌，日夜都要勞神分心。這活兒，各連都是未「解放」被審查管制的人物首當其選。五連又是華君武、蔡若虹、劉厚生等，但由革命群眾領導，原《戲劇報》編輯部主任、後任影協書記處書記的王傑（已故）就成了帶班的，還有「湯太醫」——戲劇翻譯家湯茀之（已故），因養豬而喜歡擺弄量杯、豬藥而得此雅號。三連是已六旬開外的戲曲研究院一把手張庚等人。其他連的養豬手有漫畫家丁聰、米谷，電影理論家鍾惦棐等。養豬的另一收穫是積肥，而掏廁所積糞肥也「順理成章」地歸了他們。

都說幹什麼愛什麼，那時候還真有愛校如家之心。前文說過，老陶鈍掏錢為五連蓋了倉庫，盡他的老保管之責。此風一起，那些已被解放的老幹部，因為工資高、有積蓄而紛紛捐錢幫助連隊建房購物。身負養豬責任的王老傑（昵稱）自掏腰包一千多元修豬場。因豬場是農場移交的，有的豬圈已傾圮，數量也少不夠用，那就修舊的、建新的。只要買來磚料，勞力不成問題。三連的一些已解放的老幹部也捐款蓋房、蓋新豬圈。

蓋過全連六十間房子及倉庫的「師傅」們，修建豬圈還不是小菜一碟，石敬野又能大顯身手。

雞鴨也養起來了。由華夏之妻、《戲劇報》的老美編徐青管理。她對養雞、鴨既認真更有感情，每天忙早忙晚，剁雞菜拌鴨食，精心飼養。雞窩鴨廐就建在營區旁邊，雞、鴨常在營區跑來跑去。鴨子游水也好解決：營區東側就是一道防護用的水渠，引出點水來流進小水池讓鴨子鳧水並不難。徐青在幹校六年，一直是「雞婆」，與夫君華夏的「菜頭」堪為匹配。雞養大了，送食堂大家飽餐一頓，什麼黃悶雞、香酥鴨都有，這時徐青臉上洋溢著勞動收穫的幸福。

可是，她最怕鬧雞瘟和黃鼠狼夜襲。有天夜裏，雞窩鴨廐中叫聲異常，他們夫妻趕緊披衣而起去查看，原來是黃鼠狼夜襲雞鴨群：只見被咬死的雞鴨，不過在頭上、脖子上有個小洞，汩汩地往外冒血。據說黃鼠狼是以尖嘴咬雞鴨脖子專喝其血的。面對幾十隻死雞死鴨，徐青忍不住哭了一場，結果我們又大嚼了一頓，饞鬼們不禁心中暗暗「感謝」黃鼠狼！

春天買回來小雛雞養，「雞婆」徐青可精心了。忽然發現一灘有白油的稀雞屎，她知道准有小雞病了，但不知是哪一隻，若不加控制，就會鬧起雞瘟，大雞小雞全得完。徐青把小雞聚攏起來，一個個地看雞屁股、聞雞屁股，終於把那隻病雞找到處理了，保住成群的雛雞。其夫華菜頭曾把妻子雞婆查雞屁股的感人之事畫了一張黑白速寫留念，並未張揚。

雖有豬場，究竟相隔有二里地，食堂每日的剩菜飯、泔水，往豬場運送十分不便，勞人費馬，乾脆在食

雞婆查病雞（華夏老人贈與本書作者）

堂邊再修個豬圈，養兩口豬。說幹就幹，食堂管理員、過去家務活兒什麼也不會幹的陳剛，此時能宰雞開膛，殺豬後洗「豬下水」翻豬腸子，此時又拿起瓦刀，與鍾靈、劉乃崇等用撿來的廢磚、廢料砌了個豬圈，沒花一分錢。陳、鍾、劉都是耍筆桿的，蓋房雖是「二把刀」，砌個豬圈還難不住他們。

食堂的豬明顯比豬場的豬上膘快，餵得足實，幾個月就二百來斤。宰肥豬這活兒可誰也沒幹過，頭一次宰豬是外請師傅，在人家指導下，先學怎麼拴豬：幾個棒勞力，把肥豬四隻前後蹄分別拴成兩對。抬到殺豬處，師傅操起彎形的殺豬刀，從豬脖子下一刀捅入，直刺豬心，

待豬掙扎一陣，豬血流得差不多了（用盆接血，加點鹽，一加熱就成血豆腐），用自行車打氣筒從豬肛門處往豬腹內打氣，讓死豬漲得滾瓜溜圓。然後放入盛滿開水的大號鐵鍋中燙豬，再以支起的木杠吊起死豬刮毛。刮豬毛的方法有如剃頭刮臉，刮毛的工具是一塊方形、背厚邊薄而銳利且略彎成弧形的鐵板，雙手持刮毛鐵板從上往下刮，動作要快，要就和著燙豬後的熱乎勁，慢了豬身涼了就不好刮了。不一會兒，一個白白胖胖的全豬就出來了，再開腸破肚取「下水」。師傅幹活兒麻利快，不一會兒齊活兒了。食堂設備了酒菜招待，師傅感慨地說：「我好久沒宰過這麼大個兒的豬了。我們那裏的豬很不好往上收，收上來的豬毛重有一百五十斤，就很難得了。老百姓手裏缺糧呀，人吃都難，哪有富餘養豬。哪像你們能養出這麼大的肥豬，看你們泔水桶裏的剩窩頭漂著，豬能不上膘嗎！」

宰豬時，在旁觀看的不少，有的是幫助捆豬的。有兩位看得最專心，一個是高振廣，「五・一六」審查對象，農村出身，有力氣會幹活，殺豬從小見過。另一個是後任中國曲協祕書長的許光遠，也是幹活不惜力的主兒，二百斤的大包上肩就走。這兩位後來成了我們的宰豬師傅，手底下也麻利快。直到多年以後，許光遠還開玩笑說：「什麼時候找機會，咱們湊在一塊，再弄頭豬宰，過過癮。要不然，再過幾年就

弄不動了。」可惜他已因癌症先行。

人都好強，有的年輕人對這兩位「宰豬專業戶」還有些不服，老幹那個拴豬的下手活不甘心，也想要回刀。後來有次宰豬，個兒不高，北京大學中文系畢業的周家興這回要主刀。一切按程序進行，到捅刀時，不知這位周老弟是臨時手軟還是什麼原因，尺把長的刀只捅進一半還歪了，當然捅不到豬心上。豬痛得一蹦，把拴前後蹄的麻繩撐斷了，豬脖子上帶著刀淌著血翻身就跑，大家忙著追豬，在院子裏繞大圈。不知誰找了根木杠子，一掄打在豬頭上，大概豬也流了不少血沒勁了，昏倒在地光哼哼。這時再重拴重抬再補一刀。從此也留下笑說：「周家興宰豬——人跟豬賽跑！」

開春，一切準備就緒，就要春耕插秧種稻了。

稻田的首要條件是水。水的來源是門前千米寬的獨流減河。浩浩淼淼的大河，碧波蕩漾。農場南側的大堤下，修有一個揚水站，電泵抽水揚入大堤上的農場幹渠，再分流到支渠、毛渠而灌地。渠道雖配套，但還是原始的土渠，而不是現在砌有水泥石塊的幫底或塑膠管道的少損耗的渠道。土渠易跑水，浪費嚴重。灌溉前，支、毛渠都要挑了再修。這是基本農活。那時幹部下鄉不斷，玩鐵鍬修渠全會。不過春天風大，修土渠時遇上風沙蔽日的壞天氣，大家頂著風幹，腰裏拴個繩子紮住棉衣，免得往裏灌寒風。打歇休息時，大家靠在背風的渠幫上，用衣服遮風點上一支煙，半躺著深深吸上幾口，美極了。

水進來了，揚水站日夜開機。看泵的主要是果園隊的，也有幹校的——三連戲曲研究院的老戲曲藝術家劉木鐸。他是子襲父名。其父是民元前後著名藝術家劉木鐸，原名劉藝舟，湖北人，早年追求變法維新，曾赴日本早稻田大學留學，得識黃興、宋教仁等革命志士以及酷愛藝術、後因宣傳革命在天津被軍閥殺害的王鐘聲，從此走上搞新劇、幹革命之路。辛亥革命之前，他曾來北京與名伶田際雲（響九霄）同班演出，後率團至大連、安東等地，又過海去威海衛演出。劇團成員既演戲又是獻身革命的武裝別動隊。當他在山東聞聽到武昌起義消息後，對同伴說：「黃龍飲馬，光復神州，此其時矣。」遂率團登上開往煙臺的輪船，佈景道具中有大炮、炸彈、旗幟等，半夜船經登州（蓬萊），劉等拔槍迫令船主拋錨靠碼頭，一排盒子槍射向城頭，輪船汽笛長鳴。拂曉時，城上守軍看不清，影影綽綽見船上旗幟飄揚又槍聲連連，以為革命黨來攻城，嚇得屁滾尿流，望風而遁。劉藝舟兵不血刃，垂手而得登州城。而後，黃縣也光復，劉遂就任「登黃都督」，轄膠東七縣。袁世凱竊任總統後，劉藝舟見局面改變，遂離開登州，經上海轉赴廣州投奔孫中山。在此期間應同行名伶、也參加過上海光復起義的潘月樵、夏月珊、夏月潤之邀，脫下將軍禮服，一起登臺唱戲。潘、夏因光復上海有功，曾同被孫中山授以少將軍銜。一時「督軍唱戲」傳為佳話。再後來，劉藝舟重走以戲劇宣傳革命之路，編演了不少革命新戲，諷刺時政和軍閥官僚，每每待不住不得不化裝而逃。但他九死無悔，雖生活貧困，仍堅定走以戲劇教化眾生之路。其子劉木鐸，從小隨父練功學戲讀書跑碼頭演戲，一身好功夫，臺上的戲路很寬，後來乾脆承襲了其父的藝名。建國後他在中國戲曲學校工作，專工導演，曾為著名京劇藝術家劉秀榮導演過京劇現代戲《四川白毛女》，後轉事導演研究。「文革」驟起，他因不是頭兒，為人又和氣，未受太多罪，不過隨大家一起發配到幹校。此時，他已年近六旬，就給派了個在揚水站日夜倒班看泵的活兒。果園隊同幹校關係好，技術活歸人家，劉就是值班。他照樣早晨在河灘上踢腿練功，在室內不時拿個椅子頂，一身功夫仍在。只是，我們《紅燈記》選場沒有請出這位大導演給排排，真為憾事。

稻田裏雖然事先平過地，但要求地平如鏡，若土地高低不平，水就上不勻，水上不去的地方，稻子就長不好。所以插秧前還要有一次水中刮地的活兒。在農村，是牛拉著刮地板找平；幹校沒有牛，但有的是人，就以人代牛。這是極累的活，理所當然地讓那些非自由人打頭炮，華君武、蔡若虹、王朝聞、劉厚生、李超等，都以人為牛，兩人一組，麻繩為套，拴著一塊長木板，在水田中弓身拉著前行刮地。我沒拉過，不知這活兒有多重；但看到這幾位五十開外的老同志，身子前傾，幾至頭觸水，面部痛苦無奈，可以想像這水中木板刮地的活兒要遠重於我們捕魚下網時的拉縴，何況我們是在旱地，他們是在泥水中呀！一小時一換班，換班時，他們幾乎已站不住，爬上了田埂，一屁股就坐在地上大口喘氣，尤其是年長又體弱的文藝美學理論家王朝聞，癱倒在地幾乎動不了了，長歎：我是拼了老命了。

那時，講究「以大批判促生產」，「大批判下田頭」，在中間打歇時，還對這幾位盡了最大力量的老藝術家念稿「批判」，他們站著低頭聽。哪個連都如此，田頭「批判」聲此起彼優、張庚、吳祖光，呂驥、袁文殊、江豐、丁聰等文化名人，都難逃此厄運。牛只幹活不挨鬥，人呢？牛馬不如！

插秧了，秧苗是從農場育好的秧田中勻過來的。插秧要搶天時，全體上陣，腰彎如弓，拼命地幹。所幸的是，還有幾部插秧機在運作，稍減輕一點負擔。

插上秧後，重要的是水要合適，秧苗喝不上水不行；水大了，淹了秧苗也不行。要恰到好處，水齊秧苗腰。這時我才體會到稻田地必須平的道理。稻田的水要日夜看著。我們大家排上了班，白天夜裏輪流倒換。五連和三連合使一口閘，規定了時間；夜十二時前不落閘，水歸三連用；十二時準時落閘，水轉向

插秧水戰

五連。有一天夜裏十二點了，該我們進水了，可是水位上不來，水進不了地。出身於安徽農村的原《戲劇報》編輯部副主任司空谷是我們這個水班的頭兒，他對種稻使水懂一些。他拿著馬燈仔細察看水閘，發現雖落了閘，可三連那邊不見水少。這閘板有鬼！老司空脫下衣服，撲騰跳下四五尺深的支渠，一個猛子扎下去檢查，啊？閘雖然落下了，但下面的閘板卻被抽掉兩塊！水當然上不來，照樣往三連地裏流。這是不講信義也違反生產調度指揮的錯誤。老司空及我們這幫看水的當然不幹了，找對方領頭的，戲曲舞美理論家、後來任過中國京劇藝術基金會祕書長的龔和德交涉抗議。劇協和戲曲研究院本是兄弟單位，平日來往配合很多，人都很熟，但涉及到偷水搶水的事，這個虧可不能吃。老司空渾身水淋淋、連冷帶氣直哆嗦，操著安徽腔指著龔和德說：「你、你……你這個上海人太聰明了，竟幹出這損人利己的事……」免不了一場小爭吵。道理明擺著，辯也辯不贏。值班看水的校部軍宣隊聽到爭吵聲趕來過問，當然免不了要批評三連幾句。合上閘板，水漲上來，五連灌，三連停。

由此體會到農民為爭水而打架以至發生械鬥，就不難理解了。

為種稻插秧，全校幾百口子人可以說拼上老命了，尤其是正值壯年的男勞力，日夜三班倒。食堂也給勁，午飯、開水送到地頭，吃的也比平日大有提高，只是早、晚的「老三樣」還不可改變。大家期望這水稻一定要來個好收成，要超過去年北清溝的幾萬斤小麥。事實結果又如何呢？

天公不遂願，改業謀他路

抱這個願望的又何止我們團泊窪幹校。這裏是水稻區，周圍幾十個村子都種稻子，唯一的水源就是這寬闊的獨流減河。

這條河很寬，卻不深，因為它是洩洪道，不是深深的江河。一九六三年以前，水很充足，用不了，故而這一帶還盛產魚蝦螃蟹；後來，根治海河，上游修了不少水庫，處處截水，獨流減河的水量比過去大為減少，空出的河灘地種了不少高粱。種稻插秧時，哪裏都要水，沿河的抽水機、揚水站多了去了，機器日夜不停地轟鳴，白花花的水從減河中抽上來分流利各個渠道中。眼看河水在減少變淺，到了五月，正是稻田叫水的時候，大河中有的地方都露出了河底，有水處也不過尺把深，眼看水就要抽不上來了。這時候水若一斷，秧苗將全部乾死在稻田裏。沒辦法，用汽車從揚水站拉水，不走渠道。遠水解不了近渴，一卡車四噸水箱裝滿，就是一點不灑，又夠誰用？更重要的是，這裏的土地鹼性大，鹽鹼地要靠水沖洗，所以獨流減河裏的水含堿量也較高。水多時，還不大顯；水少快乾涸時，水中的鹽鹼濃度很高，拉來的水放入稻田裏，等於是在澆鹽鹼汁，真是飲鴆難止渴！

由於缺水，眼看大片稻田完了，多少人多少日子付出的勞動，以及物資、種子、電力、油料的消耗，全白扔了，累也白受了，架也白打了。這時，心裏才有點明白：為什麼農場那麼大方，一下子把一千多畝稻田連同部分房舍全部無償轉讓給我們。原來，今非昔比，自然條件變了，稻田他們也種不了了，只好收縮；正好我們要來，樂得送個人情，反正是國家財產，全民對全民。

稻田是不行了。沒種下稻子的地就不種了，改種玉米。立時選種、拌種、播種，機器、人工兩條腿走路，很快又種下了一片。

為防病蟲害，玉米種子事先用農藥拌過，下種時前面男人刨坑，後面婦女點種。收工回來，女同志難免要抖抖裝種子的書包，掃掃身上的土。這就又出亂子了！不知誰的書包的夾縫裏有零星沒點出去剩下的玉米種子，被抖摟出來掉在地上，徐青餵養的雞，在院子裏尋食，吃了落在地上的拌過農藥的玉米種子，一下被毒死一大片。此時，主管五連的軍宣隊一把手是縣人民武裝部的副政委，很年輕，是當時的「火箭幹部」。人不錯，就是文化水平不高，工作能力較差。抓生產還行，抓運動、專案就困難了，作個報告都結結巴巴，讓我們想笑又不敢笑。可是，發生雞被毒死的事件，他立時來了精神，召集全連大會，聲色俱厲地恐嚇：「這是別有用心的反革命破壞，是一場嚴重的階級鬥爭，一定要追查到底。坦白從寬，抗拒從嚴！」

這玉米種子的抖灑者，是劇協原人事科科長陳凡，一位抗日戰爭中期參加革命的老大姐，平日穩重、溫和。一聽這話，她的臉都嚇黃了，回到宿舍就哭，後來只好找這位副政委去坦白認錯。面對這位參加革命的年頭同自己年齡差不多的老幹部，他也不好再提什麼「階級鬥爭」、「反革命」，讓寫個檢查，把死雞埋了，了事。

可是，對歷史上有點「碴」的人，這位副政委就不一樣了。那時分給五連一匹馬，馬倌一職就讓「解放」了的原《劇本》副主編李欽擔任。李老欽盡職盡責，為方便夜裏添草加料，他搬到馬棚去睡。冬天馬棚透風，李欽怕凍著馬，把自己的棉被給馬披上。雖然有點知識分子的迂，但足見他一片赤誠。馬懷上駒子，李欽更為盡心，自己出錢給馬加「營養」。

有馬就有車，車是一掛膠輪大車，趕車的把式是李超。這位劇協前祕書長，身體棒，有力氣，又會幹活，車、鐵、電、機修全成。所以開手扶拖拉機是他，趕大車還是他，雖然他還沒被「解放」。李超無論幹什麼，都是全力以赴盡心盡力。當時，我那四歲的小女兒跟她媽媽來幹校探親，小傢伙跟李超伯伯最好，因為跟著李超伯伯既可坐拖拉機又能坐大車，城裏可沒有。

俗言：「常在河邊走，難免不濕鞋。」不知怎麼回事，馬的後臀給磨破了一塊露了肉，這下子這位副政委又乘機大發雷霆，大罵二李居心叵測，有意損害懷駒的母馬：「這不是存心破壞、伺機反撲嗎！」李超未定案，李欽過去有把柄，只有聽罵不敢吱聲。這是殺雞給猴看，嚇唬嚇唬大家：你們不要瞎鬧騰，老老實實接受我們的「再教育」。

由此又發生了兩樁笑話：一是已故詩人鄒荻帆，「文革」前隨《世界文學》雜誌調往中國社會科學院（當時稱哲學社會科學學部）外國文學研究所，後去河南五七幹校。其妻史春芳在劇協搞外事工作。老夫妻情愛篤厚，「運動」前在文聯大樓時，出雙入對、挽手而行，「很潮」！如今，夫妻相隔千把里地，只有靠鴻雁傳書。鄒荻帆常以詩贈妻，信中難免有「心」呀、「箭」呀的浪漫詩句。這信中內容不知怎麼讓軍宣隊知道了，並彙報上去。在一次全校大會上，一把手楊副政委未點名地進行批判：你們這「箭」要射誰？你們的「心」在無產階級這邊還是資產階級那邊？不在五七幹校好好學習改造，卻搞這一套，這是資產階級花崗岩腦袋在意識形態上向無產階級的進攻！好厲害的口氣。當時史春芳大姐有高血壓和心臟病，硝酸甘油等救急藥隨身攜帶以防不測。但軍宣隊不懂這類救急藥的性質，卻說：什麼「爆炸」性救治，人體血管心臟能「爆炸」嗎？「爆炸」只能是消滅敵人或敵人反撲的軍事手段，純粹胡說八道！以後再這麼說，就是別有用心了！

另一個笑話是，過年不許回京，有些夫妻全在幹校的，在北京的孩子就從北京來幹校團聚；又有夫妻房，全家擠著睡，倒也其樂融融。孩子尤其男孩子難免淘氣，對幹校的一切都感到新奇。過年，去農場供銷社買些爆竹放。放不完，男孩手中都存有一些。陳剛、梁彥夫妻有兩個兒子，幼子小東當時不到十歲，正是淘氣的時候。有一次他點著爆竹隨手甩進食堂邊的豬圈中，驟然巨響嚇壞了靜臥的小豬，一下「炸」

了圈，豬從圈中蹦出來，滿院子跑，把餵豬的華君武的臉都嚇白了，跟著豬追，一個個地逮回。大家也趕緊幫忙。禍，是孩子闖下的，那位副政委不好說什麼，卻鐵青著臉大聲訓斥華君武沒有盡職。這位漫畫大師是「中央專案」，隨時小心翼翼，他怕的就是這個。幸好小豬迅速追回，一個沒少半個沒傷，否則……

稻田完了，大田活兒也不多，不能讓大家閒著，總得找活兒幹。我們四班被調到豬場，每天推土墊圈，定時起圈堆肥。幹這活兒的是王興志和我以及趙尋、張潔，後二位一個是「中央」專案，一個是「五・一六」，他們埋頭幹活兒，一聲不吭。但倒底是一老一女，不如我和老王三十多歲正當年，所以推小車、起圈等重活都是我們的。起豬圈又髒又累，圈內的豬糞黏糊糊又髒又臭，哪能讓女人下去？這活兒老王和我包了，趙尋和張潔在上面倒肥成堆，這也是很累的。不過，我們幾個人單獨在豬場幹活，沒有眾目睽睽的監視，興志這個班長倒不狐假虎威，而且很有人情味，悄悄地對趙、張都有所照顧，有時主動讓他們多歇會兒，我們兩個脫光了膀子多幹點。

轉眼天熱了，進入了雨季。一下雨，除了有時搶著追點化肥外，一般就只好歇工。大家又熱又累後，就盼著下一天雨，好歇歇。

一九七一年的夏天，出奇的熱。我們的住房，頂子很薄，一曬就透，屋裏熱得像蒸籠，晚上沒法睡覺。有一天夜裏，實在太熱了，一迷糊汗就順脖子流，床上的葦蓆燙手，根本閉不上眼，只好起來到院子裏坐著搧扇子，有的脫成光膀子，在水龍頭前不斷地沖身。男人可以這樣放肆，女士可就難辦，只好房內悶著，出來的也是衣褲整齊坐著搖扇子。反正，這一夜全幹校絕大多數人沒有睡，一直等到東方破曉。

由於天氣太熱，軍宣隊決定上午勞動，下午學習。早出工，趁涼快的時候幹，少流點汗；我們那個豬場積肥班照樣推土墊圈，起圈積肥，循環往復。到十一點熱上來了，收工。吃午飯，有綠豆湯解暑，趁還沒大熱，趕緊歇個晌覺，補補夜裏的虧覺。

下幹校前，這些腦力勞動的文人，患失眠症睡不好覺的大有人在。這時幹一上午體力勞動，中午吃完飯，睏勁兒就上來了，平常睡不著午覺的人這時也能睡了。下午三時吹哨起床。拿著小板凳順著南牆根陰涼處周圍一坐，開會學習。這半天勞動、半天學習（實際上是休息）的生活，真讓人愜意。有人戲曰：「咱們體力勞動與腦力勞動完美地結合，提前進入『共產主義』了。」

因為下雨，門前的獨流減河又有水了，仍是碧波蕩漾。天這麼熱，正是游泳的好季節。學習到五點，下河游泳。整隊而去，有人監督領隊怕出事，還劃定範圍，往河中游不能超過百米，那裏已由果園隊幫忙做了標誌，過了竿算違紀要處分。我們愛游泳的這時大顯身手；不會游的，也水邊坐坐，泡泡腿。天然水溫度高，站在水中十分舒服。

那時每年法定七天的節假日，在幹校因為由解放軍領導，又多了一個節假日，那就是八一建軍節。事先就準備，當然要大吃一頓，還要辦晚會演節目。

就在七月底的一個下午，突然通知說有重要廣播。「白（景晟，著名電影配音藝術家，列寧的配音就是他）廣播」那渾厚的聲音在大喇叭中反覆呼籲，要大家按時收聽重要廣播。原來是基辛格祕密訪華後的中美公報。這是外交上的一件大事。雖然早在春天的東京世乒賽上，由莊則棟領頭的中國乒乓球代表團，在中斷五年後再次出現，重振雄威，引發了中美乒乓外交。美國乒乓球隊訪華，莊則棟率團回訪美國，很有那麼點意思。但這是民間外交，就如同與日本的民間外交，從一九四九年建國後一直活動頻繁，友好接觸是多方面的，涉及藝術界最有代表性的是一九五六年梅蘭芳率領強大陣容的京劇代表團訪日，日本一些著名的藝術團體如歌舞伎前進座、松山樹子芭蕾舞團訪華，很熱烈很友好，但中日兩國政府間始終冰冷地僵著。同美國的民間外交才開展幾個月，就一舉突破開始了政府間的往來，更宣布尼克森總統一九七二年春天訪華。這對我們這些已形成思維定勢的人，感到很突然，跟不上趟，當然更多的是高興。每日下午的學習又多了個話題。特別是與基辛格會談的名單中有喬冠華、章文晉和我的中學同窗趙稷華（早已從外交部駐香港副特派員任上退休），立時想起「喬老爺」王府井街頭賣小報，章文晉率領兒女到文聯大樓為妻子張穎「自我解放」，刷大字報聲明，以及趙稷華在外國語學院大長其個（原個兒矮），終於贏得著名法語翻譯羅旭芳心等往事，心中不勝羡慕。他們都出來工作了，可我們……

所以，這年的「八一」過得最熱鬧紅火，不僅是建校兩年後頭一次團圓慶「八一」，基辛格訪華更給幹校從上到下帶來喜氣。儘管天公不作美，「八一」那天下大雨，大堤是土路，一下雨就要斷道誰也出不去進不來，反正肉菜酒都預備齊了，乾脆關起門來過節，吃飽喝足後拿著凳子冒雨上禮堂看節目去。外面還有解放軍在雨中的大堤上站崗放哨，農場中關押勞改的犯人早早收監，一切都是那麼踏實美好。

節目都是現排的，有合唱、獨唱、快板等，樣板戲唱段是主要內容。我們五連的樣板戲唱段大合唱，連軍宣隊也參加一起唱，來個軍民同樂。合唱中有《智取威虎山》唱段，報幕是演過李鐵梅的梁彥，她一緊張說走了嘴：「下面演唱《智取山威虎》選段。」話一出口，發現錯了，可收不回來了。她嚇得臉刷地白了。那時樣板戲絕對權威，錯一個字都是政治問題，弄不好就是反革命！這個以家屬身分跟到文化部團泊窪五七幹校的中國歌劇舞劇院的主要演員，腦中立時浮現出在寶坻南清溝，因對樣板戲《紅色娘子軍》不恭而被迫害致死的舞協許樹娥的身影……

不知是喜事連連，還是廊坊軍分區的解放軍比原來某軍的軍宣隊「左」的程度要差一點，反正對梁彥女士這一嚴重的「政治錯誤」，未予深究。梁彥為此多少天忐忑不安，睡覺淨做噩夢，就怕被打成「反革命」。這是她多年以後重提舊事時自己說的；而且還說了個笑話：大家回到北京重新工作後，幹校舊友還不時有所聯繫。有一次華君武來電話找陳剛，我接的電話。華老頭一聽是我，就開玩笑：「我找『智取山威虎』！」引得陳剛夫妻哈哈大笑。

「林彪事件」初步動搖了軍心

轉瞬暑熱已過，進入九月金秋季節。這本是秋收大忙時，但因為稻子毀了，大田不多，幾百號人，光大田那點東西，一動彈就完事大吉，遠不如寶坻時春麥搶收時那麼緊張繁重。活兒，總是有的幹的。九月下旬，突然布置下來，要日夜趕挖防空壕，防止戰爭突然爆發，要求防空壕要一人深，上面有遮蓋掩護物，以防止飛機上的電子偵察。為什麼？因為這裏靠近大港油田，敵人飛機一轟炸，我們這裏必然會被涉及。敵人是誰？當然是「社會帝國主義」的「蘇修」，而不會是遠隔太平洋的美帝，何況他們的基辛格剛訪問過中國。而我們跟「蘇修」，從一九六九年的珍寶島事件後，一直嚴重對立著。

那時候的人們真善良、虔誠，上面怎麼說，下面就怎麼幹，而且真誠地相信。立時就在營房南邊的空地上勞作起來，認真賣力地揮鎬舞鍬，嚴格按規定辦：一人深，二尺寬，四周見棱見角，邊壁溜光，而且曲折相連，壕上蓋有草簾子遮擋。我這個人直，想到哪就說到哪，不由說：蓋個草簾子又有什麼用？噴氣式超音速飛機那麼快，能看到我們這幾間破房和蓋著草簾子的壕溝？小弟弟朱以中很認真地對我說：「現在飛機上都有『電子眼』，地面上一草一木都能看得清楚。少說多幹，別惹事。」

緊接著布置每晚抽兩個男勞力守夜盤查，提高「階級鬥爭警惕性」。這只能是革命群眾，而且是壯年的男人；按排、班輪流值夜。我們這個班，只有我和班長王興志夠資格，輪到我們班，就是我們兩人守夜打更。值班室在食堂，每一小時圍著營區巡查一遍，有時不免碰到其他連的守夜的，大家用手電筒互晃一下，算是打了招呼。

值夜班，絕對不許睡，也不許看書，實話說也沒書可看。漫漫秋夜，幹什麼？拆被子、洗衣服。要換厚被子了，把蓋髒了的薄被子，利用夜裏拆洗，食堂有上下水道，用水方便，就是秋夜水涼，手都涼得紅了。守夜的，次日白天休息一天。早晨把洗淨的被單、衣服晾好，吃完早飯，躺倒大睡至吃午飯，有五小時就夠了。下午，不冷不熱，陽光灑落大地，正好出遊。我和王興志借了兩輛公用自行車，出校直奔二十多里外的團泊村洗澡。那裏有溫泉，設備雖簡陋，但水質非常好。溫泉泡澡，洗淨一身泥垢，精神煥發，往返近五十里毫不覺累。這也是我們這些正值壯年人的所能獨享的。其他上了點歲數的即使有此想法，近五十里的路途之遙，也望而卻步了。

團泊窪勞改農場的大田與幹校土地參差交錯，犯人們不僅可以「越界」勞動，而且還有一些單獨的如拉車、運物的活計要進入幹校區。一些輕刑犯也允許進入農場供銷社購物。幹校成員不時去供銷社買東西，所以，犯人是常見的。有時還能見到帶腳鐐的重刑犯，在農場的大道上走動，以及列隊而行的女犯人。

犯人們絕對不許進入幹校生活區，因這裏離農場大門及邊界很近，進入這個地區就有被認為越界外逃的危險企圖，對此，守衛在大堤上的解放軍有權採取行動。

犯人們有固定顏色的服裝，冬天一律黑色棉褲棉襖，夏天是一身白布褲褂（女犯是黑褲白衣）。這是由於冬天一片黃土地，夏天有青紗帳，冬黑夏白，較為醒目，老遠就能看到，便於看守。

我們初到團泊窪時，為勞動準備的舊衣服經一年的磨損，補丁摞補丁，顏色不一，純黑的也有，因此曾被解放軍警衛誤會而阻攔，把我們當成勞改犯人。後來正式通知：夏天，我們不許穿白褲，冬天要避免一身黑。這不難辦到，因為城裏幹部服主要是藍、灰色、沒黑的；唯女士那時代在夏天流行黑綢或的確良至膝下的半長七分褲，上身白的確涼短袖衫，她們勞動一天，吃過晚飯洗涮一番後常換上帶下鄉的城裏裝束，腳下穿流行的塑膠涼鞋，很瀟灑大方。女性愛美無可非議。雖然這犯了女犯的下黑上白的忌，但女犯們只在農場深處勞動，而且犯人們晚飯後一律收監不許出來，故幹校女士身著此種裝束，夏日黃昏在大堤上散步，其知識婦女高雅的氣質風度，倒也不致引起解放軍生疑。只是，幹校中不許女士們穿裙子露腿，以適應周圍的環境，這一點很使愛美的中青年女性遺憾。

過了國慶日不久，安排休假。按原規定是在每季度的中間。這回提前了，而且一律整批走，按時回校。留校值班延期休假的要經過批准，而且人數要壓低到最限度。

我因老婆出差，家中沒人，蒙特批允許留校緩休假。伙房必須開飯，鍾靈留下，我和另兩位臨時進食堂做炊事員。被審查者不許回京，豬、雞要有人餵，再加上軍宣隊留守的領導，也有二三十人。各連大多如此。七八百人的幹校，呼啦啦走了大部分，全校只剩下百餘人，顯得出奇的寂靜。大家沒什麼大活兒，就是留守看攤，餵豬餵雞加做飯。事閒人少，飯也好做，就可以做細點吃好點。伙食費有限不好開銷，大家掏腰包出個一元兩元的，就能打打牙祭。我們包了餃子，而全員時吃餃子十分困難，只有過年時吃，還要多人幫廚。大河中剛打上來的活鯉魚五角錢一斤，買來乾燒，每人一條，交五毛，那也幹。這七天優哉遊哉，瀟灑愉快，重要的是嘴不虧，這使嗜酒的鍾靈和華君武，晚上弄點下酒菜，悄悄喝上兩杯，我也常陪坐小飲。這時，我們之間已沒有了什麼政治界限。留守的一位軍宣隊此時也睜一隻眼閉一隻眼，隨我們怎樣過日子。

喝酒話就多，聊天是不可避免的，但都不大敢涉及政治問題。可是，突然提前休假，大撥人回京，暫不回去把假期後延而值班的，過去是鼓勵，這次是限制，感到蹊蹺；再聯繫突然「備戰」修防空壕等反常行動，不由隱約感覺可能出了什麼大事。但，我們身在幹校，資訊不靈，只是有一點政治敏感罷了。

果然沒估計錯，悶葫蘆罐等大隊人馬歸來後，集中傳達中央文件時終於揭開：發生了「九・一三」事件，林彪叛逃，折戟沉沙於蒙古的溫都爾汗，等等。這無異於一個晴天霹靂，震得大家目瞪口呆：毛澤東的「親密戰友」、黨章上寫的接班人，怎麼一下成了反對並謀害毛以至於叛國出逃的罪人？特別是那個《五七一工程紀要》中的國民經濟停滯不前，知識青年上山下鄉是變相勞改，大批幹部下放五七幹校是變相失業，攪得人們心煩意亂，因為這關係全幹校每一個人，多數還是兩者都占：自己下幹校，子女去農村。話幾乎說到每一個人的心坎裏，認為有點道理，是這麼回事。可是，誰敢說出來？不僅不能說，還要厲言聲討批判。

批林彪的謀害毛澤東、林立果的小艦隊及選美較好辦，唯獨「變相失業、勞改」說，實不好談，心裏有共鳴，認為林彪、林立果厲害，他們抓住了社會存在並普遍關注的問題，也就一定程度蠱惑攏住了人心。我們當然明白，林彪、林立果驕奢淫逸，這些說法不過是政治鬥爭的手段，他們絕不會真正關心廣大老百姓的，若是他們真上了臺也不會對老百姓有多大好處。每人對此都必須表態，不僅要擁護黨中央英明決策，還要狠批林氏父子的《五七一工程紀要》。實在想不出多少理由，只好說：我們下五七幹校工資照發，世界上哪有發工資的失業者？而把「變相」二字迴避了。其實，問題是明擺的：剛當五七戰士時也「光榮」了一陣，後來回京休假，處處受歧視，包括去醫院看病，一聽說是幹校的，醫生的態度就變了，事實上我們是被打入另冊的二等公民，連老婆孩子都抬不起頭。

為穩定大家情緒，此時更要大抓階級鬥爭。軍宣隊組織大家去農場禮堂重看蘇聯電影《偉大的公民》、《列寧在一九一八》等，說是「歷史的經驗值得注意」。但所傳達、討論、口頭批判、看電影只是革命群眾的事，對新老未定案的人，還視為異己分子，此事對他們嚴格封鎖，「只許老老實實，不許亂說亂動」。進入冬季，又重新抓起冷了一段時間的揭批「五・一六」和「反革命修正主義文藝黑線」的事，搞得熱火朝天，大字報貼滿各連營區，上掛林彪，下連幹校的張庚、呂驥、華君武、劉厚生、蔡若虹等人以及年輕的「五・一六」，他們再成活靶子。

不僅如此，還大抓「現行」。發生了這麼兩件事：一是「五・一六」與老「右派」勾結「反攻倒算」。那是指當時舞蹈家協會的許廷鈞和大漫畫家丁聰。他們受命外出拉酒糟餵豬，在農場外一個小飯館吃飯喝酒，酒後話多，難免發點牢騷，閒議幾句。這時被人揭發了，立時召開全校大會批鬥。許廷鈞一九六四年山東大學中文系畢業後到舞協，此時三十多歲，外號「老慢」，即說話行事慢條斯理，有一定之規，較沉穩，你急他不急。此時他是「五・一六」審查嫌疑人。丁聰從一九五七年因「二流堂」事件，與吳祖光等人同時劃為「右派」，他卻安之若素不在乎，該吃就吃該喝就喝。此時兩人被拉到臺前批鬥，面對口號震天響和當面對質或揭發，兩人不慌不亂從容應付。尤其丁聰，這陣勢見過多了，玩起「大帽子底下開小差」的把戲：口頭上誠惶誠恐，上綱上線，實質上什麼也沒有，就是喝酒聊天，沒說犯忌的話，下次不喝也就是了。面對這「死豬不怕開水燙」的架勢，大家也沒轍，何況批鬥許、丁本來就是虛應故事做做樣子。

多年以後，一次全國政協開會，許廷鈞去會上公幹，偶遇文藝界的政協委員丁聰，「小丁」熱情拉著「老慢」的手，四處介紹：「這是我們在五七幹校時一起挨鬥而誰也不咬誰的真正的難友！」使得許多文藝界名流對這位「慢兄」肅然起敬。

第二件事是：也是在大會上，幹校一把手突然聲色俱厲地說：「現在有人給周恩來總理寫信，誣衊幹校，信還是轉到我手裏來了。你們要放明白點，周總理既然把你們交給我們管，那總理是聽你們的還是聽我的？今後，一律不許給周總理寫信，信一律投寄幹校郵箱，必要時我們要檢查，司機班更不許給人帶信到天津發，否則以違紀論處。」這是公然在踐踏憲法，但在「文革」中，誰又想到中國還有一部《憲法》？憲法在那時一文不值！大家心裏暗笑：這個幹校中有許多文藝界名人，早在上世紀的三、四十年代就同周總理有來往，與總理很熟，所以才寫信；而你一個小小的副師職幹部，周總理認識你是誰？不過既在人簷下，不能不低頭。

軍宣隊對大家的控制似乎更嚴了，官架子也越來越大了。例如各連的電視機大多老掉牙，愛壞，小毛病找果園隊那位懂無線電的老弟修修；大毛病就要送天津了，這就要找便車搭。

五連的電視機又壞了，聽說校部領導蘇科長要去天津辦事——幹校是五部卡車一部華沙牌小汽車，這小汽車成了幹校解放軍頭頭的專車，去天津、廊坊、保定都乘小汽車而不坐火車、長途汽車，這是官譜。指定我和美協的老夏搭蘇科長坐的小汽車送電視機去天津修。五連離校部有幾百米遠，電視機重達百斤，汽車彎一下就裝上了，但蘇科長讓我們去校部上車。我們用繩子拴好，找根木杠把電視機抬到校部。那位領導陰沈著臉（平日對人還和氣），一言不發坐在司機旁邊；我們扶著電視機小心翼翼地坐在後座不敢言

劫後餘生的丁聰（照片上右）
在全國政協會上得以與老友重聚。

聲。車到天津，離修理部還有好遠，車停了，讓我們下去，因這位科長有「要務」，不能為草民繞路送達。幸好那抬電視機的木杠還在車上，我們下了車，一前一後抬起電視機走了好幾條街才送到修理部。天津街頭用木杠抬電視機步行，可稱絕無僅有，我們給添了一景。我們慜了一肚子氣，但沒處去訴；找地方吃點飯喝了二兩悶酒，趕農場班車下午回到幹校。

等取電視機時，打死我們也不敢再搭乘領導專用的小汽車了，是跟著去天津辦事買菜的卡車去的，還是我和老夏。卡車到天津先辦事，最後到修理部接我們，司機赫福林（影協的）年輕有力氣，又是各協會的自己人，根本不用年邁的老夏動手，我幫著他一使勁就把電視機舉上卡車。前後往返迥然有異。心情也當然有別。

軍宣隊力圖以階級鬥爭控制住幹校人心，但由於林彪事件，人心發生了變化，雖然這變化還較輕微，未全浮露出來，卻也難於控制了。

子女得關照，衆人心裏安

「文革」中一個幹部下放五七幹校，一個知識青年上山下鄉，是震動全社會、關乎千家萬戶的事。前者是一鍋端，說走全走拋家捨業；後者在「老三屆」之後，一年一茬的「畢業」，大部分都要下鄉，源源不斷。很多家庭，尤其是中年幹部，自己或夫妻倆下了五七幹校，留城子女很快「畢業」了，也要下鄉，父母、子女天南地北，各自懸心，十分煎熬人，又毫無辦法。

團泊窪幹校的軍宣隊領導，雖然也不能不執行「左」的路線，督促大家狠批林彪集團的「明為『極左』實為『極右』」的「反革命綱領」，但也明白，《五七一工程紀要》中，最能使這些人動心而又不敢明言心聲的就是這兩條：幹部下放五七幹校是變相失業，知識青年上山下鄉變相勞改。所以，光批判講大道理，「狠鬥私字一閃念」不行，需要辦點關乎大家最憂心的問題的實事，以穩定人心。

大家最憂心的無外兩事：一是企盼早日重新工作，這軍宣隊沒轍；二是已經下鄉和馬上就該下鄉插隊的子女讓父母牽掛，這倒可以想點辦法通融化解一下，既不違反中央規定，又適當通達人情。

幹校決定興辦小工廠，製造揚聲器（小型擴音器，農村廣播需要量很大，技術工藝也不複雜）等。工廠職工招收幹校學員的上山下鄉的子女：待下鄉的也可來幹校小工廠工作，離開城市到農村也算下鄉了；已插隊或去兵團的，可通過一定手續調過來，仍屬上山下鄉範疇。此政一出，那些子女正屆下鄉為此發愁的各協會幹部真是額手稱慶，子女能來幹校，在父母身邊，又進小工廠幹點技術活，全家在團泊窪團圓，這是多麼大的福氣！不由得心中感念廊坊軍分區軍宣隊的德政。

呼啦啦，團泊窪幹校一下子來了幾十名十八九歲的男女青年（少數並不是幹校成員的子女，也不知什麼關係進來的）。他們朝氣勃勃，愛說愛笑，使幹校平添了若干生氣；他們集體生活，上班工作，下班後又蹦又跳，再去看看父母、叔叔、阿姨，生活得有滋再味。揚聲器的銷路不錯，他們每月還能拿三四十元工資，在那時可太稀罕難得了。

他們和我們都為之感到愉快幸福。這些小青年多數人陶醉滿足於此，卻也有少數有心人業餘時間抓緊複習功課及自學新課，希望有朝一日能衝出去上大學大展宏圖。何況，那時已有工兵農學員推薦上大學的規定，要爭取這個難得的機會。

他們工作滿兩年後，幹校獲得一兩個推薦上大學的名額。經過嚴格的篩選，有幾個父母情況、家庭出身較好的獲得推薦，而一些平日下苦功的孩子由於各種原因，推薦榜上無名。被推薦者略多於錄取者，要經過一次文化考試。這個形式還要走。但對某些根子硬的（如軍宣隊親屬的子女）不過走走過場而已。題目都是ＡＢＣ常識性的，可這些孩子頂著初中畢業的名兒，實際上初中的課程根本沒怎麼學，面對試題如墜五里霧中，成績當然很差，有好幾個就被刷下來了。有個女孩，文靜穩重，也獲推薦，還給了她複習時間，終因基礎太差，各科考試成績實在不行而被淘汰。她抱著枕頭哭了好幾天，後來我們看到了他們傳抄出的試題，不禁慨然長歎：哪裏是考大學，連考高中的試題都不夠格，只要把初中課程學紮實些，基本上就能拿滿分，然而……全國青年一代的文化素質在急劇下降，這已是不爭的事實，這樣推薦上來的工農兵大學生，文化基礎擺在那兒，名能副實嗎？這是誰之過？心裏在想在問，嘴裏誰敢說。

壞事往往也能變好事。這次推薦工農兵大學生及文化考試，深深地刺激了這些單純的孩子們，激發了他們的學習上進心。未被推薦的更加奮發苦學，相信一旦時機成熟，拼命也要跳過龍門，那些被刷下來的及他們的好友，也不再那麼滿足現狀樂天無憂，晚上也開始讀書學習了。

揚聲器小工廠雖辦於團泊窪五七幹校，又可以說不全屬於五七幹校。後來軍宣隊就把工廠遷到軍分區所在地廊坊，這批孩子也跟著過去當工人。「文革」結束後，據說文化部與廊坊軍分區，對這個工廠和這些子女的歸屬還有爭議，最後又把他們遷往北京南苑的文化部紅藝五七幹校，而工廠大概留在廊坊了。

這批孩子的出路又是怎麼樣呢？恢復高考後，除少部分人憑本事考上了大學外，大多數被分配到文化部所屬的文藝系統工作，因為畢竟是中學生，工作都很一般，多是工人編制。可是很快差別就顯出來了，那些堅持刻苦自學、基礎較紮實的，不長時間就顯露出頭角，如李欽的兩個兒子都在小工廠，由團泊窪而廊坊而南苑，最後分配到藝術研究院。由打雜而逐步成為研究人員，今已評為副研究員，在戲劇影視研究上子承父業卓有成果；還有人進出版社當了編輯等等，幹專業工作的並不少，有不少人寫出了作品。

幹校的小工廠並不是人人能進的。像吳祖光的兩子一女，因為他本人還屬另類，當然無資格受到關照，可是孩子爭氣不服輸，不靠父母靠自己努力。長子吳鋼獲一售貨員職位很不容易，他醉心攝影，後來拜老攝影家張祖道為師，用一臺一二〇方匣子式的海鷗牌照相機起步，潛心學習，青出於藍而勝於藍，今已成國際知名的攝影家，他的戲劇及演員肖像攝影作品曾展覽於大陸、臺灣和法國；次子吳歡，去了石油勘探隊當鑽探工人，今已成知名的影視劇作家及書法家；女兒吳霜，本與李欽幼女李玉苗、游默長女游星輝中學同窗，吳霜可能有母親新鳳霞遺傳因子的影響，天生一副好嗓子，卻因為是吳祖光、新鳳霞之女，哪個藝術單位都不要，女高音歌唱家郭淑貞慧眼識珠，除悉心指導外，還把吳霜一盤演唱錄音帶推薦到美國（當然是「文革」後），得獲留學美國專攻聲樂，成為一名蜚聲中外的女高音歌唱家。吳霜才華橫溢，精力過人，興趣廣泛，又涉獵於寫作，劇本、散文、雜文全上手，創作了許多別具一格的話劇劇本，甚而自導自演，粉墨登場，這方面大概吳祖光的遺傳基因又起了作用。

吳霜的同學、馬倌李欽的女兒李玉苗先進塑膠廠當工人，後考入北京化工學院，繼而留學法國，先後獲碩士、博士學位，現與夫婿（博士後）在德國工作。游默的長女、也就是十三歲的姐姐照顧六歲妹妹的那個小姑娘，高中畢業考入南京大學，畢業後先做研究設計工作，後去美國進修，現與她帶大的小妹（北師大物理系畢業）同在美國工作。這樣的例子還有不少。

這些孩子之所以能擺脫困境脫穎而出卓爾不群，並不是父母的督促以至完全的遺傳基因作用。但父母們平日刻苦治學寫作從藝，給了他們無言的榜樣作用；而父母不在身邊，以致他們因父母而吃苦受委屈，更激發了他們不服輸奮力拼搏的雄心壯志，所以才事業有成。今吳祖光、新鳳霞、李欽都已長眠地下，他們生前都已看到子女學有所成，勢必離世時心無所憾了。

下幹校的夫妻學員有的身邊還帶有學齡前或剛上小學的子女，也都是在有了夫妻房後才接至身邊，因為北京沒老人，孩子小沒人管。這批孩子正屬於撒開歡兒玩鬧的年齡，團泊窪農場的自然環境好，又跟在父母身邊，無疑要比在北京寄託在別人家裏處處受拘束好得多。這群孩子中，上小學的較少，要上也不過一二年級。農場小學離此不遠，去半天就回來了，「文革」中上學借用老舍的《我這一輩子》中的一句話：「湯兒事」，哪兒都如此，農場小學屬農村小學，更「湯兒事」。沒上學的，在父母的安排下，上午認認字，寫寫紅模子，做點簡單的算術，可不敢教孩子背唐詩。他們小，學一會兒就膩了，跑出來在營區玩一會兒，膽大的還敢到食堂找伯伯阿姨要個饅頭吃——他們每月交九元伙食費，照樣領一份，一點不少。

遇到食堂殺豬或改善伙食，他們亂跳亂跑拍手歡叫，看著這群天真無邪的孩子，人們大多抿著嘴樂。下午不上學，則是這批孩子最開心的時候，可以湊在一起放開了玩。一、五連營區相鄰，後期又合併成一個連，孩子們也自成一夥，不過女多男少，男孩僅有原《大眾電影》美編陳徹的兒子、上一年級的陳衛東；女孩大多沒上學，有影協梁彥（男）夫婦的女兒梁小禹，現北京電影學院知名教授周傳基的女兒周小歡，後期小女胡緯上學前也隨我來往於幹校，自然加入了這一集團。他們常躲在哪個犄角旮旯避風躲曬的地方，玩起「過家家」。這一男多女的組合，陳衛東無疑成小把戲們捧著的人，一會他扮爸爸，哥哥，一會又扮新郎，女孩們圍著他轉。我們看到孩子們認真地玩著，不禁發出會心的笑容，有人說：「團泊窪幹校上演新《紅樓夢》：一個『黑寶玉』（陳衛東皮膚較黑）成天總被一群小姑娘包圍伺候著。」

再大一點的上三四年級的孩子，則不跟這些小不點兒玩了，他們到田地捉螞蚱，割草編辮子，農場

（村）有的是可玩的。如今，這群孩子早已長大成人，大者五旬，小者也在四十五六，「文革」結束後受到了正規中小學教育，大部分考上了大學，有的還出國留學。像那個「黑寶玉」陳衛東，湖南醫科大學畢業後去了美國；吳啟文的兒子「小二黑」，在友人擔保資助下出了國，陳剛的放爆竹炸豬圈的小兒子和他哥哥走的是另條路，早已成材。

如果不是粉碎「四人幫」，結束「文革」，及時撥亂反正，那麼幹校中的大小孩子的前景，可能遠不是這樣，會毀了不少人。這裏面有廊坊軍分區的領導們的德政，不能不在此書上一筆。「左」歸「左」，德歸德，理應實事求是。

這不是我一個人的看法，因此我們很幸運知足。

美國總統來，幹校「池魚」殃

一九七二年春節，援例我們不能回京休假。按理說，過了正月十五，節已過了，一切復之正常，該讓我們回北京了，何況從去年十月已五個月沒休假了。可是不行：美國總統尼克森二月下旬訪華，北京要嚴密封鎖，各類閒雜人等不得進京，其中包括我們。必須讓過這風頭。

這時陳剛的老母突然病危吐血不止，要回京料理。他的母親非比尋常，不是親娘勝過親娘，實際上老太太是為陳家立有大功的老保姆。

陳剛是杭州人，姐弟五人，父母早亡。除長姐已出嫁外，陳剛和她的兩妹一弟，隨著在他家傭工多年的奶媽流落在河南。乳娘心痛沒爹娘的奶兒子及其弟妹，不忍心讓這四個孤兒流落街頭沒人管，毅然捨掉自己的家，承擔起陳家四兄妹的教養重任。抗日戰爭中，老人家領著四個孩子逃難，有點衣食先給四個孩子，自己忍饑挨餓衣破受寒。四兄妹對老人家感情極深，勝過親娘，一直以「母」待之，從小叫「媽」的。陳剛是老人家的乳汁餵養大的奶兒子，在傳統規矩中，乳娘就有半母的身分。老人把四兄妹——扶養成人，都進了大學。四兄妹成親，老人家一直以母親身分受兒媳、女婿大禮，一律叫「媽」；小一輩則叫「奶奶」或「姥姥」。我們這些陳剛的同事朋友一向也以「伯母」尊之。

陳剛、梁彥結婚後，老太太一直跟著他們生活，七十開外的老人又接手帶兩個孫子，對被錯劃「右派」的另個「兒子」，和因出身等原因受屈的「女兒」也呵護有加。老人家把一生的心血氣力都給了陳家，而自奉甚薄，到老了累得腰都直不起來，成九十度直角，就這樣仍每日勞作不息。有這位老奶奶管家照顧，陳剛的兩個兒子相形之下要比其他孩子被扔在北京沒人管強多了。

如今，老人家突然病危，陳剛夫妻在幹校，兩個孩子又小，只有一個妹妹臨時滯留在京，沒法料理。讓陳剛夫婦趕回北京緊急料理老母諸事，於情於理於法都是必需的。

但，就是不成。此時幹校一把手楊副政委已榮升為獨立師政委，接任的是原二把手宋副政委、一九三八年參加革命的副師職幹部，人較寬厚，只是能力稍遜。但在陳剛夫婦請假奔救母親病危這件事上，從連到校的各級軍宣隊都十分「原則」，缺少「階級情」，竟然如此作答：「不就是個老保姆嘛，找街道幫忙料理一下，若死了送火葬場火化就完了，有什麼必要請假回去呢！」這番話，陳剛夫婦聽了，真要比評劇《杜十娘》中被李甲遺棄的杜十娘那段名唱「聞聽此言大吃了一驚，好一似涼水澆頭懷中抱了冰……」還要強烈得多，陳剛被氣得渾身哆嗦，但不敢出言；梁彥強壓滿腔怒火：「能說她是老保姆嗎？老人家把一生都給了我們，勝過世上的任何一位親娘！我們不去給老人家料理送行，那還叫人嘛？再說能讓兩個不懂事的孩子去辦奶奶的後事嘛！」義正詞嚴，無懈可擊。依梁彥爽直的性格，本來還會有更厲害的話：「要是你們的爹媽病危，也這麼對待嗎？」事情到了這個地步她也不在乎了，到底她是一九四五年參軍的，除宋副政委外，哪位軍宣隊員的資歷也比不上她。

軍宣隊只好讓步，但只批准梁彥一人回京，假期七天；不許孝子陳剛去送別老母，理由甚荒唐：「這種事男人回去沒什麼用，回去一個女人就全辦了。」

「軍令」如山，陳剛只好把悲楚藏在心裏，臉上還要陪著笑：「服從組織決定」，梁彥幾乎是在號啕大哭中登上了去天津的班車。老人家是肺癌晚期，鄰居譚醫生幫忙送入她所在的醫院，已無法救治。老人不願住醫院，更想兒子，非要回家。但梁彥不回幹校銷假，陳剛的假就批不下來。七天假滿，梁彥和幼子哭別了婆母和奶奶，趕回幹校，換陳剛回京。陳剛最後總算見到老母，與妹妹、長子一起把老人家接回家中，不幾天就過世了。

這件事深深地傷害了大家的感情。陳剛兄妹由保姆帶大，他們夫妻、兄妹對「母親」十分孝敬的事，幾乎眾所皆知，軍宣隊為什麼這麼苛刻不通人情？多年以後我體悟到：他們也是人，也有妻兒老小，未必真是這麼渾而故意刁難；那是個非常時代，種種荒唐不經、不可理喻的事層出不窮，他們大概也是「上命所遣，概不由己」吧。

還需補敘陳剛喪母後，兩個兒子發憤圖強的事。老人過世時，長孫陳小羊十七歲，初中畢業後被工宣隊選中推薦到航空系統的曙光電機廠學徒，這在當時是極了不起的好差事；次孫陳小東十一歲正讀小學。兩個孩子大概受父母影響，都喜歡文科，哥哥愛歷史、弟弟迷戲劇。可是，因從文而飽受挫折的陳剛，堅決反對兒子們再走自己之路，讓他們搞工科不許學文。哥哥在工廠很受培養，也要強，沒上過高中卻考入專業對口的北京航空航天大學，畢業仍回廠工作，兩次被派赴美國進修，被評為高級工程師，現居加拿大。弟弟十一歲時死了最貼心親近的奶奶，暫時隨父母到幹校。可是他已進入高小，還要回北京上學。家裏沒人哥哥忙，管不了他；陳剛把小東放在相隔不遠的鄰居好友、原哈爾濱話劇院院長李默林家搭伙，有了吃飯的地方，但飯後他回家，自己複習功課完成作業，獨立生活。一個十一歲的男孩子，自己守著空房子，能管得住自己，不易。空閒時，他翻讀父母的書籍，更加喜歡父母所從事的文學戲劇。

陳小東高中畢業後，父親不許他學文的初衷不改，強令他報考北京工業大學。迫於嚴命去應考，一連兩年都以幾分之差落榜，人也變呆了。只好讓他換換腦筋，到電視劇藝術中心去當臨時工，打雜。他卻如魚得水，什麼都上心幹，利用幫《電視文藝》收發稿件之機，潛心鑽研，練寫影視藝術分析的長短文章，署名「林石公」（臨時工諧音），有的文章發表了，有的自己寫後收起來，這些事父母一點也不知道。三年後，他毅然報考中央戲劇學院戲劇文學系，拿出自己的文章習作，老師為他的天分和刻苦震驚。在戲劇學院他與鞏俐同屆，畢業後，又搭入張藝謀的班底，什麼都幹過，什麼也難不住他，因為他打過雜經驗豐富，功底又深厚，直幹到張藝謀的副導演。現在他有自己的廣告公司，在文藝界十分活躍，事業有成。這令堅決阻止他從文的老爸也不能不點頭嘆服。

回過頭還是說尼克森訪華吧。直到三月中旬，中美聯合公報早已發表，諸事早已結束，才允許我們休假回北京。闊別半年，北京有所改變。大概為應付尼克森來訪，北京的街頭從西四到西單，從東單到東四，以及前門大街、王府井、地安門幾條主要商業大街，所有的商店門面都粉刷一新——不過不是油漆而是彩塗，既快又省事，商店的名稱也大多做了改變，刪改了「破四舊」時那些「革命化」的新名字，如「永紅」、「衛東」、「工農兵」之類，代之以較正常的商店名稱。有的是老名恢復如利生體育用品商店，中國照相館等；有的新起的名字卻起得很受聽，如王府井有個樂器行，使用的是「宏聲」，很貼切，這類新改的名稱有不少保留了下來。至於「瑞蚨祥」、「同陞和」、「全聚德」、「厚德福」等有名的大小字號，因涉及「封建」，還不能恢復，只能以「北京綢布店」、「北京烤鴨店」暫時代之。不管怎麼說，順眼順耳多了。不過，雖然色彩斑斕，面貌一新，但因是臨時趕工，反給人一種匆忙不真實的感覺。這已經很不容易了。

尼克森訪華的公開活動，我們已在幹校的電視轉播中見到不少鏡頭。回京後，又聽到一些令人忍俊不禁、啼笑皆非的故事。

跟隨尼克森訪華的有一大批美國記者，他們自帶了衛星轉播設備，向美國和全世界電視轉播。中國沒經過這麼大陣勢，不免有些緊張，搞形式主義、造假的惡習又大肆泛濫起來。

尼克森在北京訪問時，北京的居民一般不許上街，都待在家裏；陽臺上不許晾曬衣物，以免有礙觀瞻。但尼克森和記者們所到之處，又不能空無一人，總要有些遊人應景陪襯，於是在長城、十三陵就發生了這樣的事：由各單位經政審後選派出少數人，到長城、十三陵一帶扮作遊人、情侶，身穿整潔服裝，身背照相機或半導體收音機，這些當時都是稀罕物品，是上面發的，完事收回。長城沒出什麼事，到十三陵，尼克森夫婦及主要陪同人員逛完後迅速離開，也未出什麼事，主管人召集「遊人」集合，收回半導體等。正在這時，載有美國記者的幾輛大轎車才到，因為尼克森的車快，他們落在了後面，卻把真實情景看得一清二楚。

美國記者還要參觀、採訪居民住宅區。那時我所住的安定門外興化西里新建不太久，清一色的紅磚五層公寓式樓房，遂選中八號樓交通部宿舍作為「開放單位」，但不是全開放，只選出幾戶，也要經過嚴格政審。我妻子的一個女同事，因係貧農出身本人又是工人，丈夫是復員軍人，被選中。工廠放她幾天公假，徹底收拾打掃，公家還「借」給他們家一些高檔的臺布、花瓶等擺設，弄得一塵不染，好像生活很富足。周圍環境大搞衛生。美國記者來時，大家不許出門，商店裏擺滿了難得一見的綠葉蔬菜。大家誠惶誠恐，不敢違令。美國記者走後，接待家庭的主婦，長呼一口氣，幾乎癱倒。

從此，我們的八號樓，就作為「開放區」，不斷有「外事任務」，每次都如此，後來發展到「內事」也這樣：李素文當人大副委員長時，也曾到此視察，還是這一套。小女那時剛上小學，在街道辦的「小飯桌」吃午飯。那天不僅吃得特別好，進門還要用香皂洗手，教大家要向「李副委員長」問好。

不過，也有一點好處：無論外事還是內事，逢有「客」至，那物資匱乏的小商店，貨架上立時充盈起來，尤其是難見的綠葉蔬菜。所以，客人一走，大家立時像打衝鋒似的衝向商店排隊搶購，甚而有相隔不太遠住在和平里、化工部宿舍的人拿著手袋，逡巡在不遠的地方，見車隊一走，立即跑向小商店，以致引發利權不外溢、憑購貨本才能購買之爭。

七天休假，聽了這麼多笑話（後來的發展，則是眼見親歷，我也衝鋒搶購過蔬菜，住在離我家幾站路的同幹校的戲曲研究院的劉開宇夫妻，突然到我家串門，原來「醉翁之意不在酒」，目標是買內、外賓走後的綠葉菜！）不免有些苦澀。

這次回幹校的人，幾乎不約而同地在行囊中多了樣東西——幾本書。

私下讀「紅樓」，犯忌；得見足球賽，開心

幹校生活已近三年，一切都已安定習慣下來。前景如何，大家都一樣，隨它去，不想。但最大的苦悶是

沒有書讀。那時號稱學馬列、讀毛選，但天天讀之，實也令人有枯燥之感。真想讀點文學作品，稍慰寂寥。

書帶的不能多，也不敢動那些「封資修」的，不過是一些魯迅的著作，《三國演義》以及《紅旗譜》《林海雪原》之類而已。那時絕大部分名著都挨批，就是我們從事戲劇工作的專業書籍，從中國的《元曲選》到外國的「斯坦尼」，全在被「禁」之列。

小弟弟朱以中帶了一部亞東書局出版的還缺一冊的《紅樓夢》，大家奉若珍寶，私下傳看，不敢聲張。因為這是犯忌的，毛澤東關於《紅樓夢》最少要看五遍，是封建社會崩潰前夕的百科全書的「最高指示」還沒下達，否則讀之豈不冠冕堂皇。

軍宣隊知道大家手中有一些馬列、毛著以外的書，但無法追查也懶於追查。傳書看的面並不廣，且多在晚間上床後偷看，總不好闖入宿舍尤其是女同志住房中搜查吧。

春天，照樣耕種，不過再不敢種水稻了。種大田，播種幾天就完，就是開苗鋤草也較簡單。因為土地鹽鹼化，常有一片片土地不長苗或苗瘦稀疏。那時，東埔寨內戰正酣，有個查爾平原爭奪很激烈，我們就戲稱這不長苗的片片土地為查爾平原，倒願它多一點，可以一帶而過，能省不少勁。

春種秋收，養豬做飯，一切同於去年。年老和年輕的被審查者，依然同於過去，監督勞動，不許回京，甚而取消張潔及丈夫合住的夫妻房，將她趕往女宿舍，而其夫主動申請去養馬，與李欽一同住馬棚。

轉瞬到了夏天，天熱掛鋤活減輕，河中有水可游泳，更有讓一些男人興奮的國際體育比賽有所恢復，對此電視有轉播，讓枯燥的生活平添了一些興奮點。

那是一九七二年夏天，阿爾及利亞二隊和智利國家青年隊兩支足球勁旅訪華，比賽在北京工人體育場。我們的電視只能收到天津電視臺，幸而天津臺轉播北京的比賽，所以兩支外國隊與國家隊的三場足球比賽，我們這些球迷都看到了。那時的國家隊成員有戚務生、王積連、藺新江、徐根寶、王后軍、李宙哲等，都是後來的知名教練。這支隊伍成立於「文革」前夕，可稱為國家隊的第三代。

「文革」伊始，天下尚未大亂，足球賽事還有，記得一九六六年六、七月間，印尼、古巴、阿爾巴尼亞青年隊等相繼來訪，就由戚務生這批年輕人應戰。當時這支隊伍很有實力，隊中有個十八歲的小將胡登輝，頭腦清楚，視野開闊，傳射搶點皆佳，是個已顯露出光芒的球星。阿爾巴尼亞國家雖小，但足球不俗，以往同我國家隊交鋒，勝負只在一個球。而此次，中國小將卻淨勝三球，其中胡登輝起了至關重要的作用。那時「文革」雖已開始，還只在機關學校中熱鬧，工廠還沒動，所以工人體育場的國際足球賽照樣客滿。我是個從一九四四年十歲起就看正式比賽的足球迷，上中學時踢過，守大門。對手中有年維泗在內的育英中學隊，但我這守門員雖受過京華著名門將徐琪老師的指點，仍抵擋不住年維泗等人的強大炮火。工作後改踢為看，從二十世紀五十年代起，京中著名國際比賽幾乎無一漏過。即使「文革」初起時那幾場比賽，我不再敢張揚也悄悄買票去看了。其中，胡登輝給我留下極深的印象，其光彩甚可說勝過十年前的張宏根。

可是，一九七二年對阿爾及利亞二隊、智利隊的比賽中，其他人都在，唯獨不見胡登輝。原來他已被迫害至死！一個不到二十歲的青年，又有什麼問題？小胡家庭出身不好，卻有非常強的足球天賦，當時哪個隊也不敢要他，最後八一青年隊破格將他收歸帳下。「文革」中，八一體工大隊「內戰」十分嚴重，老的、曾任國家隊教練的戴麟經，小的、有非凡足球才華的胡登輝，都含冤而逝，使我國足球事業蒙受很大損失。當然，這是後來知道的。

阿爾及利亞一九五九秋年宣布獨立後，包括原在法國國家隊效力的七名前法國國腳主力，立時回到祖國，以他們為主組成阿爾及利亞國家隊。訪華比賽中，以張宏根為首的那屆國家隊應戰，竟以五比一大勝。而一九七二年應戰阿爾及利亞二隊，卻踢得十分慘烈。儘管戚務生等訓練於「文革」前，腳下功夫不錯，卻難以抵擋阿爾及利亞二隊咄咄逼人的攻勢。十三年前，大勝包括有七名原法國國腳主力的阿爾及利亞國家隊四個球的優勢不見了，拼力死戰，仍以一比二敗北。這只是阿爾及利亞的二隊，若人家的國家隊來，又要輸多少！

不過，六年未見足球，就是輸了，我們這些在電視機前的觀戰者（主要是男人），其高興也難以言表，忍不住不斷鼓掌喝彩。這引起了走進食堂的軍宣隊那位胡副政委的不滿，立時斥責說：「至於嗎？瘋了！」他出身於靜海農村，沒念過幾天書，可能也沒看過什麼足球賽，當然難以理解從北京來的歷經大戰無數球迷的心。他嚷嚷他的，我們看我們的，該叫好照樣叫好，他也沒有轍。

只是把華君武、蔡若虹嚇壞了。華君武是文藝界名人中極出名的球迷，見多識廣，從二十世紀三十年代球王李惠堂風頭獨健時就看球，幾十年不輟。此時他與蔡在食堂靠後倚著牆觀戰，也十分興奮，只是由於自己的身分不同，不敢言聲；胡副政委這一聲斥責，嚇不住我們這些「革命群眾」，卻嚇住了華君武。他不敢再看，悄悄溜出了食堂，可又不死心，躲在窗外遠覷，那怎麼能看得清楚。可憐的球迷華老頭！

那年夏秋國際足球賽事不斷，我等大飽眼福。回京休假，更是想辦法弄球票去現場看比賽，精神稍有寄託。

女士們對看球沒興趣，不少人用靈巧的雙手搞起了小工藝品，廢物利用，最流行的是將泡沫塑料塊用小剪刀剪成形態各異的熊貓，再略施顏色點染，頗具風格。此物的首創人是三連舞蹈家協會的吳曼英，很快在女同胞中蔓延開來，你剪我剪大家剪，作品越來越多也越精美。

剪出的作品不僅自己欣賞，也饋送男同胞，以感謝不時幫她們幹點力氣活。我得到的贈品至今仍留存為念。

還有些手巧的男人，趁幹校有木料，居然打起了木匠活兒的主意。鉋子、鋸自己做，買來刨刀、鋸條、鑿子，扁鏟，一套木工工具就齊了，進而做小書架、小木凳等。後來有人回京還打起傢俱來，《找朋友》的曲詞作者隆蔭培，是後來中國藝術研究院舞蹈研究所的研究員，又是個好木匠，他家的全套傢俱都是自己做的。翻譯過阿根廷名劇《中鋒是黎明前死去》的陳繼遵，居然以幾個月時間，自己做出來一把小提琴，是一刀刀挖刻出來的，音色還可以。

這時的幹校，流行著這樣的順口溜：

女剪熊貓男做刨，
夫妻房中娃娃抱。
種田養豬幹點活，
腦體結合樂逍遙。

這無疑是一種厭煩情緒。隨後而至的大分配，使團泊窪五七幹校開始走向沒落。

第八章
百無聊賴混生活

經過三年的五七幹校生活，人們的浮躁心態逐漸趨於平靜，轉而思索起來未來的走向問題：

較年輕的一般幹部渴望能重新工作，這也包括那些已被「解放」的知名文人學士；還在受「審查」的無論青年還是名人，都希望及早定案做結論，只有走了這一步，才能考慮重新工作的第二步。

工作，重新工作，又去哪裏工作呢？

「文革」伊始，一系列「最高指示」把中宣部、文化部及其所屬的文藝單位全部轟垮，人員驅趕到五七幹校，藝術表演團體是直接到部隊去，文藝工作在北京，除了中國京劇院和北京京劇團那兩個「板兒團」偶偶演演「板兒戲」外，什麼都沒有，文藝工作以至演藝界亞似一片荒蕪的沙漠。

後來，成立了以于會泳為首，包括浩亮（錢浩樑）、劉慶棠、王曼恬等人的國務院文化組，取代原來的文化部，抓文藝工作。文化組上頭是江青，人家是「紅線」，其他人包括我們是「黑線」，是撤銷砸爛單位，其情況正如《紅燈記》中李玉和一句臺詞：「是兩股道上跑的車，走的不是一條路！」

雖然如此，眾人渴望工作之心只能在心中萌動，卻不知路在何方。好在七八百人都在，彼此彼此都一樣，倒也能維持著一種平衡。但這平衡是脆弱的，到一九七二年秋冬，就被打破了。

大分配，幹校顯頹跡

一九七二年秋，突然傳來新華社和出版口要從幹校選調一些人的消息。不久，宣布了名單，不過幾十個人，都是校部和各連的骨幹精英。去新華社的有影協的方傑（時在校部政工組）、郭林春，劇協的陳大斌、馮孝豪（女），曲協的殷可善（時任五連副連長）等；去出版口僅劇協就有李之華（老劇作家，時任五連連長）、劉珂理（一排長，後任燕山出版社社長，已故）、石敬野（二排長，後任北京廣播學院黨委書記）、屠岸（時在校部政工組，詩人，戲劇評論家，後任人民文學出版社社長兼總編輯，現為中國作家協會顧問）以及我們的班長王興志（當時去人民出版社，後為中國社科院文學所研究員，老舍研究專家）等。有的還是夫妻同走：李之華的夫人蕭曲，屠岸的夫人章妙英。對五連說，主要的連排幹部都被「挖」走了。

這次調動，人數不多，卻產生了不小的衝擊。接著又傳來了消息：國務院文化組要從幹校選調大批的人。不久傳言證實：從北京來了一些穿軍大衣的人，到幹校閱人事檔案聽取介紹，決定選調名單，其中就有我認識的北京京劇團政工組的老吳。

他們在幹校的那幾天中，人們的神色是既興奮又緊張，比較年輕一點的更沉不住氣，希望這次機會不要錯過，既可回京工作，又可闔家團圓。

在宣布名單的頭天晚上，五連軍宣隊胡副政委突然來到我和余仲華的宿舍，悄悄相告：你們準備一下材料移交（指「五・一六」專案），這次選調名單中有你們倆。

雖然事先也有所估計，以我們的年齡，政治情況和專業修養，一般說屬於較好而大有希望被選調的；

但當好消息傳來時，興奮得難以遏止。是夜無眠，盤算眼下及未來。

被文化組選中的人名單宣布了，幾乎囊括了各單位大部分業務骨幹，每個連都有幾十人，共一百多人，加上到新華社和出版口的，調離幹校重新工作的達二百人出頭，幾乎占幹校人數三分之一。調走的以年輕的為主，也有老幹部，如羅揚、賈霽、江有生、沈彭年（曲藝家，已故）等。

被選調的喜形於色，忙著收拾行裝，名單上沒有的，雖不敢公開表示什麼——那時候一切聽憑組織決定，但心裏那滋味只有自己知道。但，風雲突變。就在離校赴京前夕，我突然被通知：緩調。沒有任何理由，就把我刷下來了。對此，幹校領導也不知內情更無法解釋。我只有服從的份兒。

不能不說這是對我的一次巨大打擊。我百思不得其解：究竟為什麼？論各方面條件，我哪一點都不比宣布調走的人差呀！這是誰給下了絆子？

幾年以後，我才得知：文化組確定選調名單後，曾召開過一個座談會，邀請先調往新華社的人出席，徵求意見。據說，在新華社工作的原劇協的某人，說我是文藝黑線骨幹，個人主義思想嚴重，不宜選調。這樣，文化組就把我刷了。得知此訊後，我很憤慨不平：你怎麼這麼狠毒，到底誰跟「黑線」更近？誰整天跟著領導屁股後頭吹吹拍拍？誰又不斷公然違紀同不許戀愛的女實習大學生私下談戀愛！後來，隨著年齡增長閱歷加深，我也不斷反思總結，是有自己的不對之處，主要是過於耿直，鋒芒外露，言行不慎而得罪了人，不大會栽花，卻無心栽了不少刺，當然適當時機人家要給你一下子了。這大半輩子我沒少吃這個虧，但我從不講嫉恨報復，甚而努力以德報怨。再說，塞翁失馬焉知非福。我沒走成，又在幹校居停三年，直到「四人幫」垮臺，我才得以重新工作。這也是難得的人生際遇和體驗，否則這部拙作也就沒有波瀾起伏的後半部了。

劇協的同事兼好友游默、張志儒夫妻也在選調之列，他們喜笑顏開。尤其這位志儒大姐，母親被轟回原籍，兩個幼女留在北京，她的精神壓力極大，平日常犯神經官能症，這次總算能回北京全家團圓了。此前，冬日晚間，我們常在他們夫妻房中聊天，漫畫家鍾靈更是常客，常攜酒來聯句，參加者還有食堂二管理老戲曲家劉乃崇、小弟弟朱以中。一人一句，聯不上罰酒。漫漫冬夜，倒也其樂融融。不過，我不擅此道，受罰時居多，後來學王熙鳳只作「冬日北風緊」開頭一句，我以「迎來春色換人間」，「大地冬寒孕春機」等開句，由朱、游、鍾、劉去聯，有時我在中間偶插一句。游默一筆好書法，隨聯隨寫，連酒帶詩，頗得其樂。這是一九七二年秋冬人心浮動時之舉。

這次大調動，當然沒有鍾靈的事，他是個想得開的樂天派，買了酒菜來給游默夫妻送行，仍邀請左鄰的我和右舍的朱以中，以及劉乃崇相陪同樂，仍要聯句。但游氏夫妻此時心已飛向北京；朱以中一九六四年復旦大學畢業，因其家庭出身此次落選，我先在榜上有名卻又被刷下來，幾人心情各異，實無聯句雅興，不過喝了幾杯悶酒，說了幾句閒話，散了。

幾天後，送這一百多人上路登程。奉調回京者，喜氣洋洋，無緣登榜者強顏歡送，好話祝福，但自己的路在何方？心中憂慮，不便言明。這次歡送，無論走者留者都別有一番滋味在心頭。因為，它不同於社會科學院等單位，下幹校兩年後全部調回北京不許拆散，這是周總理的保護和命令。我們是「砸爛單位」，不同於茲，但周總理還是極盡保護之能事，這是後來才知曉的。

幹校一下少了二百多人，有如塌了半邊天。往日的喧鬧、歡樂一掃而盡，代之以寂靜、淒涼。人們寡言少語、情緒不高。軍宣隊也沒辦法。適逢春節，沒法攔住大家不許回北京而再在幹校過「革命化」春節了，呼啦啦一大批人回京休假過年，而且逾假不歸者大量出現。

幹校興旺時期過去了，從此日趨式微。這是好事，五七幹校本是「文革」的怪胎。

打起精神還得「鍛煉」

這次文化組調走的是年輕的多老的少。情緒波動大的也以未奉調的年輕人居多，而年長者較沉得住氣，他們大多擔任過一定領導職務，深知上邊對他們是不放心的，所以對此安之若素不著急，這倒是值得我們這些閱歷不深的年輕人學習的。問題在於大量連排班幹部被調走，必須補缺。五連連部全部出缺，只好任命剛被「解放」的原劇協祕書長李超任連長，原劇協領導小組成員、《戲劇報》第一副主編劉厚生任指導員。這兩位從「文革」伊始，就受審查已達數年，來幹校後也是「賤民」，但他們能幹、會幹、苦幹，不言不語，表現出老幹部的素質和修養。如今，一旦「解放」，立即被委以重任，他們立時把工作抓起來。

班排也不成其班排，乾脆取消班只留排。我們二排由兩位女將執掌，一是徐明，一位老幹部，後任文化部群眾文化局副局長，她本是文化部的，卻沒去咸寧，隨夫君王傑來了團泊窪。這一對老夫妻各有個性，徐明是霹靂火的急性子，王傑從不著急，心細，但生活能力極差，什麼東西都丟。他們夫妻房的門從不上鎖，因為不管什麼鑰匙，他都丟，甚至冬天戴在頭上的栽絨帽子也丟了，沒辦法只得找出個破棉帽先戴著，破棉襖腰間系根草繩，就這樣跟著大家去農場看階級鬥爭電影《偉大的公民》，引起警衛側目而視，懷疑他是混雜在隊伍中的勞改犯。他晚間串門聊天時，持桌上火柴點過煙後，習慣性地就把火柴順手裝入自己兜中。那時，火柴限量供應較緊張。大家發現，只要王傑一來，桌上的火柴就不見了。後來在火柴盒上留了個記號，等王傑要離開時，我們攔住他翻他的兜，發現竟有三四盒火柴，我們留下有記號的那盒，赫然也在其中。其他幾盒不知是在哪屋裏順手牽羊得來的。他自己也樂了。他那丟失的栽絨棉帽，一年後又出現了，可那破棉帽又沒了，王傑詼諧地說：「物質不滅定律，那破帽子以後還會出現的，反正我總有帽子戴。」還是在懷來上山開石頭時，他奉命去二十里外的連部給大家領生活費，幾百元裝在身上，等回到駐地，竟一分不剩，他也不知在哪裏丟的，那時沒有今天這麼多扒手和搶劫者。他一笑，認賠。幾十年的夫妻了，急性子、幹什麼事都十分認真又好強的徐明，對這位老公是一點辦法也沒有。另一位排長是楊哲民，《劇本》的編輯，她的丈夫魯煤曾被打成「胡風分子」，從此她以苦行僧式精神律己，惟恐組織不信任。在幹校不怕苦不怕累，潛心讀馬列，不過不大「左」，對我們很有「長姐」之風。後來落下一身病。雖已八旬開外，但疾病折磨得她生活艱難痛苦無比，連腰都直不起來。

五連這樣，其他各連狀況也大多如此。

住房也由緊張而寬鬆，甚至能一人住一間。王興志、賈霽調走，只剩下趙尋一人；我與余仲華後來同住，他走了，理所當然我一人住了。室內有床，大書桌，電燈，白天活不重，晚上異常安靜，正是讀書的好時間。可是讀什麼？除馬列毛外，其他什麼書也沒有！

幹校為穩人心，籌辦了圖書閱覽室。但，那時除了馬列、毛選外，新華書店實在沒有書。後來，出版了《海島女民兵》、《豔陽天》等，總算有了一點文藝作品。當然還包括幫派氣十足的所謂革命新文藝作品《虹南作戰史》，指手畫腳地大發階級鬥爭議論，卻沒有藝術情節、典型人物，讀來讓人作嘔。幸好《史記》等古籍出版了，於是幹校掀起一股讀史之風。

還要打起精神生活。春種秋收已不是主要工作，一是地不行，二是人不齊。幹校名義上仍是每季度休假七天，但一去不歸者，臨時請假而不回者，比比皆是。軍宣隊、連部也只好睜一隻眼閉一隻眼，聽之任之。只苦了那些還沒定案結束審查的人，如張庚、呂驥、吳祖光、袁文殊、華君武、蔡若虹、丁聰等，以及張潔、楊國環、劉惠民等「五．一六分子」，不許他們回北京，但管理上明顯放鬆了。

五連的食堂，除大廚掌勺的王波雲調京外，其餘的陳剛、劉乃崇、馮不異、鍾靈等都在，實力未減。活兒少了，人也少了，就把精力用在改善伙食上。早晚的老三樣不可變，但中午吃的飯好了，晚上還能適當弄點菜。人少了，包子、餃子都能吃了。

後來，劉乃崇與張真等人被借調到廊坊地區京劇團，幫助修改現代京劇《春燕展翅》；管理員只剩陳剛一人忙不過來，就拉我做幫手。有意讓我做他的「接班人」。糊裏糊塗地我又上套了，當了近三年的食堂管理員，又是一番難得的生活體驗。

幹校外無分彼此，「孔聖人」獨具風貌

一九七三年後，吃，成了幹校生活的主要內容之一，食堂管理員一職為眾人矚目。各連的食堂管理員都是能力極強、路路皆通的人物，尤其是四連管理員音樂研究所的孔德墉，極為突出、精明至極，乃曲阜衍聖公嫡系之後，外號「孔聖人」，發生在此人身上有一系列的奇聞軼事，容後敘。雖然一九七三年後，人心散了，幹校不少人留京逾假不歸，但食堂不能不開伙，全在管理員的運籌帷幄。

陳剛有心計，他的調動回京是個別的且含而不露，拉上我幫他，實際在找「替身」；他回京休假、劉乃崇也不在，常是鍾靈代他，所以，我初學乍練時，常與鍾靈配對雙打，也免不了與校部和各連的管理員

俞琳、王雲人、孔聖人、老范等橫向聯繫，一同乘車去靜海、天津買菜。管理員有三大職責：一、採買，包括糧、肉、菜、調料；二、制定食譜，參加操作；三、管理養豬班、菜園子，保證菜、肉供應。此外，還要掌握伙食費收支平衡略有節餘。不能虧損，虧了沒人補。陳剛拉我幫忙，情不可卻；陳剛一走，我只好走馬上任。好在鍾靈能幹又熱情，幫了我不少忙。

管理伙食，我倒不是完全的「棒槌」：先父早亡，從小代表家中以男丁參加各種應酬，對食饌較為熟到，觀先母以至早年家中廚師操作，手不笨也能略做幾個菜，且頭腦尚還機敏，尤較善於數字計算，在家基本掌握財權生計下廚房，老婆只帶孩子收拾房間。一晃四十多年，老妻所帶也由女兒成為外孫女。但，我仍不能擺脫「管家」、「大廚」之職。

當管理員，初學乍練，總要摸索著幹。去洋閘買肉、買菜，是我騎車獨往。自行車後架兩側有大鐵筐，足可裝幾十斤東西，騎車去時輕鬆，回來重車，路又不平，就費勁了。

洋閘有熟關係，我接續上而已。有時鐘靈也去，他為人熱情，又大方，同那裏的師傅熟極了，開玩笑就把事辦了，重要的是在洋閘小飯館吃一頓，喝上幾兩。洋閘不大，卻有名產——洋閘燒雞。每次去必有人託買，但常常無貨供應。於是就想把此宗名品引入幹校：我們有雞，請師傅來現場操作並傳藝。那時，也沒有專利技術保密，人家慨然而應。約好時間，我們宰了幾十隻雞，收拾內臟主要是管理員的事，因為大師傅們要盯著開飯。陳剛在家裏過去從沒幹過這些，現也全能手到擒來，我在這些方面也略知一二。雞收拾好，所用的配料（含幾味中藥及蜂蜜）也備好，下午師傅如約而至。他操作時食堂諸公圍觀，尤其頂替王波雲的「大廚」馮不異聚精會神學得更上心。按要求，雞不開膛，尾部留一空間，掏出內臟，洗淨後，雞腿插入腹中，雞翅互相別住，成整雞狀，所有扒雞、熏雞、燒雞都這樣，整雞不能散開。師傅先用排筆沾蜂蜜水刷滿雞身，晾乾，下鍋炸，因有蜂蜜外裹，雞很快炸成金黃色，比乾炸上色快。撈出淋油再入湯燉。扒雞、燒雞以至醬肘子、豬蹄，講究的是老湯，京都月盛齋的醬牛肉馳名中外，據說有二百多年的老湯，他們的少老闆馬國璋是我中學同窗，我曾就老湯事問過他，他點首承認。做扒雞的世家，子孫分家時，主要不在財富，而是一罐老湯，有了老湯就能子孫世代幹下去。可幹校沒有老湯，只有從頭開始：水、醬油、料酒及特備的布包縫好的「香（藥）料」（此涉及人家商業祕密，不便公開，以免侵權），將過油的雞放入燉熟。出鍋時，雞身色不重，酥而爛，其味絕不遜也不同於市間的德州扒雞、保定熏雞和符離燒雞。全過程我們默記在胸，重要的是留下兩小罐湯，以後可反覆使用。然後置酒相謝，送勞務費十元，師傅高興而去，但這手絕招卻為我們所得。之後，只要有雞，我們就如法炮製，洋閘燒雞不斷湧現於五連餐桌。有雞必有酒，我們管理員、炊事班當居首功，每每被人把酒相敬。

這兩罐老湯，我精心保護，定時加熱保質，用了很長時間。這一自製燒雞的辦法，推而廣之，形成自製醬豬肉。後來再殺豬時，豬「下水」由我洗淨後，同豬大小腸、沙肝（胰臟）白煮而爛，加醬油，勾芡，下蒜末而成馳名京華的炒肝，這是馮不異和我的傑作，因為我們都是老北京著名小吃的愛好者。甚而以豬下水（肺頭、心頭、大小腸）加肉片，做成京華名吃「滷煮小腸」，做法則依幼時常吃「小腸毛」（今馳名京華的「小腸陳」的師兄）時，聽其所述，仿而制之。用料也有絕招，不宜公開。而豬頭則滷而醬之。屢次操作薄有經驗，多是晚上我自己在廚房中製作。以至到今天，舍下的醬豬肘、醬豬肝、醬豬蹄、醬牛肉等，都由我自製，各種老湯都有保存，惟洋閘燒雞較難辦，因炸整雞，家中沒有那麼大的鍋，只好割愛了。

據悉，凡在幹校食堂幹過的，手中都有幾手絕活，閒時烹調與家人友人共用，也是一種很好的調劑腦力的休息。

因土地鹽鹼化，華夏的菜園子雖殫精竭慮，產量仍平平，菜也長得老，外買仍是主要的。有車去靜海、天津，固然可大量購買，但不可能日日有車。五輛卡車放出去跑運輸掙錢——往返京津拉零擔貨創收，這也有好處：一是給司機和幹校增加收入，那時候司機就拿點路程補助和誤餐補貼，幹校收入都用之於民，沒有貪污腐敗大吃大喝現象；二是給一些低工資者往返北京休假提供了不花錢的便腳車，搭卡車哪怕單程，也可省掉六元的車費，占剛畢業者的月工資十分之一。這在幹校人多時不大可能，那會兒都是集體往返，最多卡車送到天津，再換乘火車，回來乘火車再搭農場班車。

有一次也是集體回來，遇雨，大堤土路，泥滑，停止交通，我們誤在了天津，只好住澡堂子。先去吃「狗不理」的包子，大家搭夥小酌，每人花費不多。但也許是閒得沒事，又是身在食堂，竟然跟人家侃大山問究竟，而後居然獲准進了廚房參觀，問明白「狗不理」的包子餡是全豬餡，即用剔下來的肉皮、骨頭煮湯，再用「白湯」（肉湯的行業稱法）剁鮮肉，而不是水打餡——純肉包子餡必須要稀，一般兌水攪拌，蒸時出湯滲入包子皮才好吃。而「狗不理」打餡用的是純白湯而不是水，那味道當然不同了。

沒車外出時，就想法到農場的菜站勻點青菜。人家經營多年，菜的產量、質量比我們高得多。管菜園的老張是位從部隊上下來的四十多歲的漢子，在農場工作已多年，人很熱情肯幫忙。常去就熟了，有時坐下聊會兒天。有次他問我：有位鍾惦棐，頗有名氣的，在你們那裏不在？

鍾惦棐是著名的電影評論家，原在中宣部，一九五六年《文藝報》改版，張光年從劇協調作協任《文藝報》主編，鍾惦棐入《文藝報》任編委，主管藝術部，因〈電影的鑼鼓〉一文獲罪，打成「右派」，一直在影協的「另冊」中，就在電影家協會所在的一連被監管。我告訴了老張。他說，鍾惦棐是我的老首長，當年我給他當過警衛員，他對我很好。你們來了後，我曾向好幾個人打聽過，都含糊其辭，沒像你說得那麼清楚。我哪天看看他去。老張不食言，過了幾天，提了禮品，跑了幾里地，去一連看望受難的老首長鍾惦棐，不談政治，只噓寒暖；還說自己在這裏安家已多年，您生活上有什麼困難儘管言語，我還會像當年一樣照顧您。說得老鍾幾乎老淚縱橫，多少年來他是階下囚、「賤民」，哪受過如此溫暖，真是人間自有真情在呀！

鍾惦棐當時的「職責」是掏大糞，他幹活的認真程度，不次於他寫文章。這類掏糞打掃廁所的活兒，都是「賤民」責無旁貸的，吳祖光、丁聰也司此職。據吳說，老鍾幹得非常仔細認真，還有創造——長竹竿綁上罐頭筒，掏屎尿時一點不灑。可惜我們不在一個連隊，只聞其言而未得目睹。

有時不得不去靜海，只好乘手扶拖拉機去。從幹校到靜海縣來回八十里，六十里大堤土路，能顛得你翻腸攪肚；後二十里是瀝青路，好走，卻常被卡住，因為幹校開拖拉機的都沒有駕駛證和行車執照，交通違章當然要被攔住。有次同三連的合夥坐手扶拖拉機去靜海，又被攔，跟車的王紫峰是老華北平劇院的，唱過戲，一進城他那帶侉味的河北口音，就難在北京舞臺上立足了。於是就到一九五一年成立的中國戲曲研究院做行政工作。車被攔，老王滿面陪笑地過去說，我給您唱兩段樣板戲，怎麼樣？過去，他們被攔車，老王曾用此法通關。哪知人家對老王這帶河北侉味的樣板戲唱段，初次新鮮，老聽就煩了。搖搖手，人家不聽，就是不讓走。這可難住了我們。人家一回頭，看車斗裏有一令白紙，問：「那是什麼？」——原來是中國電影出版社在「文革」前夕印刷出版的電影招貼畫，有《朝陽溝》、《我們村裏的年輕人》、《洪湖赤衛隊》等。這些影片都被打成「大毒草」，價值幾十萬元的電影招貼畫也無法再發行，而隨我們也拉到幹校，正面有畫反面是白的，可以寫大字報、做包裝紙、糊頂棚。直到幹校結束，這批招貼畫仍沒用完，每人分了兩令帶回家用。幾十萬元國家資財，就這麼白扔了。老王趕緊遞過去讓人家瞧。一看有畫又能寫字，員警表現出莫大興趣。老王趕緊把我們帶去準備包東西、墊車的這令招貼畫送上，人家一揚手：放行。後來每次出門都要帶上電影招貼畫，用做敲門磚，可起了大作用。

我們的專供點——天津重慶道副食商場對幹校很照顧，有好東西常給留著，像一元一斤的無頭大蝦，青青的很新鮮，一留就給我們留了幾十斤；其他的稀罕物就更多了，別忘了那時供應十分緊張，物資奇缺。這主要是四連管理員「孔聖人」公關能力忒強，一手打通的。

稱孔德墉為「孔聖人」實有淵源。「聖人」孔德墉，與衍聖公孔德成是親堂兄弟。孔德成是長房墓生的遺腹子，出生後不久，其生母即被大奶奶毒殺，以防止母以子貴。對此，凡參觀過曲阜孔府的，都從講解中知道。但孔德成這個遺腹子幸虧是個男孩；如果仍是女孩（孔德成上面有幾個姐姐），那這衍聖公的世襲職位，就要傳給二房長子繼承。這孔府二房長子就是孔德墉！所以，大家戲稱他為「孔聖人」、「候補聖人」，皆因於此。

「孔聖人」在音樂研究所搞古典音樂資料，據說很有水平。我對其音樂修養無從領略，但對其公關外交能力實佩服得五體投地。他真是路路通，沒有打不通的地方。去靜海買肉，供肉點能為他立時宰豬。人家手快，用電將豬擊昏後也不捆，一刀捅入，刮毛開膛，不過二十分鐘，肉就上了車，還溫著。這種事老孔能辦到。他要是單人獨騎去天津採購，廊坊地區招待所留有他專用的房間（這個房間後來成為我們管理員都可使用的專間，一夜才一元二角）；天津重慶道副食商場不僅給他留著最好的東西，還用推車給送到佟樓的農場班車站。農場班車幾乎成了老孔的專車，上什麼都可以，早晚能等著，甚而開到農場後，不在大道上指定的幹校站停車，北拐幾十米，車直開到四連食堂門口卸車，省卻許多麻煩。司機還裝樣子，一拍腦門說：「我怎麼糊塗了，車拐了彎了，大家多包涵。」老孔農場上下都熟，乘客從無異議。我們就不成，塔班車回來，東西放在大道上，我們再拿小推車推回連裏。

老孔之所以能如此，皆因人緣好，尊重人，好交朋友。坐班車上天津，他一上車，先掏出好煙（幹校小賣部能買到過濾嘴恒大牌以至牡丹牌等好煙），天女散花式地撒向全車，不管對誰，都是春風滿面，有求必應，話說得那麼順耳讓你愛聽，從無生硬端架子之舉。一九七三年後，幹校人心浮動，滯京不歸者日多，老孔也身在其列。不過，他有特殊困難：他的妻子是南越的愛國華僑，二十世紀五十年代奔赴祖國求學，後來在國家氣象局幼兒園工作，不幸得了紅斑狼瘡，此乃絕症，非常難治。他們住在北京動物園西邊的氣象局內，一間二十多平米又帶廊子的大房子卻四不靠，孤零零矗立在大院中間，好似用亭子改建的，四周全是玻璃窗。老孔比我大十來歲（他比衍聖公孔德成小幾歲），在管理員工作中，對我這新手呵護有加。我曾去看望過孔嫂子，並曾為她聯繫過以看紅斑狼瘡出名的中醫皮外科專家趙炳南。趙大夫與先父莫逆，對我們子侄之輩很是關照。但是治療效果不很理想。老孔面對躺在床上的妻子，實有困難，不是偷懶不去幹校。他曾對我說，他的內兄在香港經商，很是發達，曾要他們夫妻去香港治病，願撥給他們一處公司和一座樓以為生活之源。

但那個時候，香港去不了也不敢言語；要去，不僅申請不下來，還要背上「背叛革命當逃兵」的帽子。他不能也不敢提出。他留在北京時，不僅幹校內，就是農場中也不斷有人問：「老孔怎麼還不回來？」隔一段時間，他總要來幹校住一段。只要來了，他就抖擻精神照樣幹，絲毫不露家有重病人讓他牽心的樣子，跟沒事人一樣。

每逢外出採購，只要有鍾靈同行，再有老孔，就特別歡快。鍾靈是個樂天派，從沒見他發過愁，而且精力充沛，從不知累。幹校什麼事他都搶在前面，而且多才多藝，能詩能畫。遇有個壁報宣傳欄什麼的，鍾靈的本事就顯出來了，弄得非常漂亮，空白處由他補詩或畫。

鍾靈最大嗜好是貪杯好酒，酒後曾吐真言：「毛主席在整風文獻中批評的在延安城牆上寫大標語，把工人的人寫成那個搽上加三個小撇，那就是不才區區的傑作。」他原在中南海工作，是汪東興的副手。但他生性散漫，生活又不檢點，以後下調到美協，由副祕書長而辦公室主任，「文革」中挨整丟了黨籍（後來平反恢復），但工資未減，仍每月二百多元，夠他花的。他為人仗義，誰有困難都伸手相幫。他工資高，又有稿費，從不把錢財當回事。可是受過他幫助的人，「文革」中有的又整他，他也不在意，之後該幫還是幫，是個爽朗有血性的漢子。

只要孔德墉和鍾靈碰在一起去天津，那就熱鬧了。不僅一路鬥嘴，還要事畢找個飯館小酌一番。他們照顧我這工資不高的小弟弟，讓我只出一元，剩下的由他倆包乾。吃飯常在天津佟樓餐廳，老孔對那兒熟得很，那時沒有雅座單間，只是招待我們到一個僻靜的所在，連酒帶飯不過五、六元。

一九七四年，幹校更顯鬆散，早先不許回京的人員，有的也准許他們回京探家了，第一批就有張庚、吳祖光。吳祖光號稱才子，青年時就成名。其妻新鳳霞，更是名聞遐邇的評劇大藝術家。可是一九五七年先後被打成「右派」，吳祖光去北大荒勞改，新鳳霞在中國評劇院內受監督，仍上臺演出，她是主演，不上臺觀眾不答應。但謝幕時卻要退往一邊。「文革」伊始，他們夫妻再度陷入羅網，吳祖光在戲曲研究院成了「黑幫」，新鳳霞在評劇院挨批挨鬥，還勞動懲罰：每天與名角小白玉霜（文革前就被打成「反黨分子」開除出黨）在太平橋大街上掃街。中國評劇院緊鄰全國政協，這掃街者可是名流雲集，其中之一就是已被特赦的清朝末代皇帝溥儀。小白玉霜這位繼承發展評劇白派藝術、廣受群眾歡迎的大藝術家，終於沒熬過「文革」的折磨，含冤自殺。新鳳霞僥倖活了下來，後來患腦血栓而致殘，這何嘗不是「文革」迫害摧殘的結果。幸而她偏癱的是左側，右手活動自如。她不能再上臺，除了教戲外，她以右手連寫帶畫。二十多年來，這位從小沒上過學的女藝人，竟然寫了四五百萬字的散文、回憶錄，出了很多本書，畫作更多，她國畫有根基，齊白石的乾女兒嘛。我同他們夫妻相識於一九五六年，目睹他們一九五七年挨鬥劃「右派」受盡屈辱。不過他們「摘帽」較早，吳祖光一九五九年就從北大荒調回北京，被安排到戲曲研究院當編劇，這何嘗不是周總理的有意保護！但，「文革」驟起，四處狼煙，周總理實在顧不上了。今天，吳祖光、新鳳霞已經過世。所幸我存有一幅他們夫妻的畫作：《紫藤》，妻畫夫題送我們夫妻的國畫，彌足珍貴。

有次又是我和老孔、鍾靈去天津採購，偶遇從北京探家回來的張庚、吳祖光等人。張庚可稱除田漢外，是戲劇界輩份最高、名聲最大的專家名人了。一九三八年，魯迅文學藝術學院在延安創辦時，三十年代在上海從事左翼戲劇活動的張庚，出任魯藝戲劇系主任，全國戲劇界許多「三八式」的戲劇名家，包括幹校內的賈霽以及賀敬之、張穎等，凡出身魯藝戲劇系的，皆與張庚有師生之誼。已逾九旬的張庚前幾年才過世。

大家在天津街頭相遇，又沒有幹校中的「眼睛」監視，輕鬆愉快。老孔、鍾靈提議，大夥聚一聚，之後乘班車一起回幹校。於是又奔了鍾、孔熟悉的佟樓飯館。開始在座次上出了點問題：張庚、吳祖光雖被允許回家，卻尚未結案，只能算「半革命群眾」。這張大圓桌怎麼坐？機靈的老孔提議：今天吃飯，只敘年庚，不論其他，且量力而行，工資高者多出一點，年輕同志仍是每人一元。結果，張庚被尊為首席，吳祖光次席，他們各出了三元；還有幾位各二元，我等六七人仍每人一元，由鍾、孔兜底。不過二十幾元，但老孔善於點菜佈局、調和鼎鼐，我們吃了一頓非常不錯又十分和諧愉快的飯。尤其是老張庚，臉上洋溢著滿足高興的神色，而這種神色我已多年沒見到了。

張庚工作雖在戲曲研究院，卻曾兩度兼任過《戲劇報》主編，是我的直接領導。本書第一章說我去東北調查京劇現代戲時，回京前，他帶著沈達人、林緑（今皆為戲曲、音樂研究名家，林更是廣泛流傳的建國初的集體舞曲《找朋友》的音樂整理者之一），也到了黑龍江調研，聽取了我的彙報，因我走的地方多，看得戲也多，又一起回京，對我有所熟悉。七八年來他挨批挨鬥，在幹校監督勞動，幾乎沒人理他（也不敢理），他也終日不發一言。這位那時花甲之年的長者，每天繫著圍裙，挑著豬食桶，往返於豬圈之間；他的地位、待遇等同於華君武、丁聰等。如今在天津與大家相遇，他沒想到眾人還是那麼尊重他、關懷他。他似乎感受到人們那顆曾被暫時遮掩而確為真誠善良的心！

酒足飯飽，大家起身奔赴農場班車站。機靈的老孔提醒大家，今天咱們相聚吃飯，回幹校後，大家嘴上要把把關，別說什麼，更別給張、吳二公惹事。他這一提醒，使我們這些年輕人悚然而悟，警覺在身，也足見老孔的心細善良。在天津「審查對象」與「革命群眾」和諧共處、歡樂聚餐的事，幹校內無人知曉，也從未有人透露過。

陳剛在調走前，我倆同宿一室，深夜長談。他除了交待管理員諸項應注意的事情外，還專門跟我提到孔聖人。他說：「別看老孔這個人八面玲瓏，能說善道，好像很滑頭，可是他的心很好，工作能力很強，而且是靠得住的人。他是個大經理之才，要是在過去，他做生意准會發大財，生意場上還准有人緣。可是今天，對老孔這樣的人，不僅屈才還信不過……」陳剛平日言語謹慎，這次對老孔的評價是掏了心窩子的話，那句「大經理之才」，在當時大搞階級鬥爭、大反資產階級的年代，是十分犯忌的。後來我與老孔的一系列合作，老孔果然如陳剛所說，對我這管理員新手又是小弟弟，十分關照幫助，甚而有人借我工作中小疵而圖謀整我，他暗告於我，叫我檢點行動提防那位。

「聖人」孔德墉後來的變化發展，恰被陳剛言中。粉碎「四人幫」後，老孔也得以重新工作，被老同學「菜頭」華夏調去在美術研究所專司攝影。但他那重病的妻子狀況越來越差，他的內兄函電交催他們赴港定居治病。就這樣他們走了。一九八四年秋，我去山東公幹，當地招待我們遊曲阜，在孔林的東側，見到一座剛修好不久的大墓，墓前豎有黑色大理石石碑，長長的金字碑文，字體很熟悉。啊，竟是老孔手書的其妻的墓誌銘，文字淒婉，書法飄逸，概述了他們相遇相戀相伴相守苦度時光，以至愛妻身罹絕症百醫無效，最後病逝於香港伊莉莎白醫院。「但吾妻既為孔家塚婦，怎能聽任魂飄異鄉，當不顧千里顛簸，也要歸葬孔林……」讀後，佇思良久，深感這「聖人」人品高潔，光明磊落，對愛妻忠貞不渝。

至於老孔在香港的事業，聽朋友講，用如日中天來概括，絕不過分。他移居香港時，正趕上大陸開始搞改革開放。他是大陸、海外兩頭皆通，凡具有這種特點的商界中人都應天順人迅速發達起來。我一同姓朋友，上海交通大學畢業，原在一機部，一九六二年移居香港，就憑這一點，專做大陸生意，十年之間儼然一香港大企業家。論其才思及機敏，要遜於老孔。孔又有內兄臂助，發達迅速當不言而喻。可惜，他赴港後我沒再見過他。他因生意上的需要，常來大陸，難免相遇昔日幹校舊友。儘管他發了財，卻十分念舊，只要碰到幹校中人，不管熟與不熟（因為大家都認識這位大名鼎鼎的「孔聖人」），他忙與不忙，都要駐足把手暢談，甚而請客小聚。陳剛在北京碰見過他，他撥開一切事務，在體育賓館擺了一桌話舊，並讓他找鍾靈和我一起來聚餐。但二十世紀八十年代時，我們家中都沒電話，尋找不易，因而失之交臂。如果說陳剛是熟人好友，老孔才設宴相聚的話，那戲曲研究院的王安魁（也曾因「五‧一六」被管制，現任戲曲研究所研究員），與老孔不在一個連，人又書生氣十足，與「聖人」本無交往，一次在廈門相遇，老孔照樣熱情相待，與熟友無異，弄得王安魁十分感動和不安。

事情已過去三十年，孔德墉大兄那時已古稀開外，如今身在哪裏，身體可健？老朋友還在惦念你這

「幹校奇才」呀！

前兩年，幸由原音協呂驥同志的司機李寶運師傅相告孔德墉的香港地址。原來他已是香港規模不小的益先公司董事長，生意很發達，且代表堂兄孔德成與大陸孔府及孔學之人多方聯絡。我們恢復了聯繫，時有函電往返，還在北京有過一次聚會。陳剛夫妻、他的老同學菜頭華夏、李寶運師傅和我都出席了，只鍾靈因病沒有到。大家歡笑暢談。老孔透漏了一個重要資訊：正在重修孔子家譜！由其堂兄衍聖公孔德成出面具名，他出錢辦事，工程浩大，已開始動手。現在這部巨著已經完成問世，年近九旬的孔德墉大兄功莫大焉！願他健康長壽。

蔡若虹熱心傳體訊，王朝聞挑燈修鴻篇

一九七三年後，幹校人少了，且相當部分以各種理由留京逾假不歸，所以名義上還有四五百人，實際上在校的不過一半，每連幾十人而已。偌大的幹校，往日的紅火蕩然無存，房子住得十分寬鬆，例如陳剛走後，我一直一人住一間，鍾靈也是一人住一間，華君武、王朝聞以及後來曾任《美術》雜誌主編的吳步乃住打通的兩間，蔡若虹住在另外一間，劉厚生、李超因已晉升為連級幹部，當然住在連部。原一排兩間大房子，也不過住了因「五•一六」審查還沒解放的顏振奮（後任《劇本》主編、中國劇協書記處書記）等幾個人。

大田的勞動量大大減少，食堂做飯、養豬、種菜成了主要勞動，這不過是為維持生活，至於為國家創造性勞動，大概就頭一年在寶坻收過幾萬斤麥子，第二年在團泊窪收了點玉米，之後就沒什麼了。中央機

關共有一百零一所五七幹校，我們這不足千人的算小的，中央辦公廳去江西辦五七幹校首倡中央機關風氣之先。開辦費按人頭算，每人幾百元，我們這所幹校就是幾十萬元，而工資照發，每年又近百萬元（我們人均工資百元左右，高工資的老幹部較多）。花銷可不算少。因機關撤銷，大量物資運往幹校，幾經輾轉損耗極大。例如，各協會都有乒乓球臺子，有的質量極高，「文革」前曾迎接過以莊則棟、林慧卿為代表的國家男女乒乓球隊來文聯聯歡，他們的表演賽使用的就是這張乒乓球臺。可是運到幹校後，派不上什麼用場。有的乒乓球臺乾脆成了校辦工廠的工作臺，臺面夾住臺鉗等，實在可惜。中央機關一百零一所五七幹校究竟花費了多少錢，浪費了多少物資？再加上各省市也有五七幹校，算下來該是一筆多麼大的損失！得不償失啊！又浪費了多少人力，虛耗了多少有才有識者的青春年華？這損失無法計算。

更讓人憂心的是出路問題。雖然工資照發，無衣食之憂，與今日職工「下崗」有所不同，但這種沒有工作的半失業狀態讓人心有不甘。不是我們沒水平不能幹，而是不讓我們幹，人家不要我們。

這個問題，主管幹校的廊坊軍分區，也「鍋小煮（主）不了」，只能講講大道理，什麼為人民服務不講條件、地點，要面向邊疆、基層，到艱苦的地方去鍛煉，提出了口號「面向新（疆）西（藏）蘭（州）」！

實際上，河北省盯上了這批位於他們管界並由他們代管的文藝幹部，想弄一批到河北去工作，有的還談了話；在另一所位於湖北的文化部咸寧五七幹校，也發生過這種情況，先抽調、借調若干人到武漢，繼而想留住不放。但是沒有成功。據說是周恩來總理聞訊後，制止了這些「瓜分」行動，指示「文聯等協會的幹部一個也不能動，留待中央解決」。

當時文藝工作的領導權控制在江青手中，她對文藝界也包括文聯等協會的有些人恨之入骨，周總理當時還無力解決這個問題，只好把這些人暫時存放在幹校。這是我們事後才得知的。因有「存放」性質，軍宣隊管的也不那麼嚴了，一把手宋副政委又是憨厚的長者，指示要搞好生活，使大家安心；至於在北京多停留些日子辦點家事，也不必太苛，只要幹校有人值班就成了。

於是無形中形成了默契，大家輪流回京，反正各連有人，能開出飯來就行。管食堂的人，做飯不能間斷，就排好班，你走我留，我回你走。只苦了那些不許回京的「常委」如華君武、蔡若虹、王朝聞、丁聰、鍾惦棐等以及年輕些的「五・一六」們，他們承擔了不能間斷的餵豬等活計，必要時也進食堂做飯，談不上什麼「階級界限」了。

後來，又有人說，只要原單位還存在，所有下幹校未分配工作的人，一律歸口回原單位。這樣又走了一批，幹校中更顯冷清寂寥，甚至安全都成了問題。那是一九七四年夏天，我從北京回來，進入營區除感到人丁寥落、滿目淒涼外，還覺得一種莫名其妙的緊張。我這個管理員按部隊建制相當於司務長，大小也是個幹部。剛放下行李，連部就把我找了去。

此前不久，因為人員不足，不得不把以電影家協會為主的一連與五連合併，戲曲研究院、民間文藝研究會和舞蹈家協會的三連與音樂口的四連合併，攝影家協會及集中各種工匠的二連併入校部，由六個建制單位縮編為三個，人員相對集中的管理。這樣一、五連的連長由原電影出版社負責人、後任電影家協會書記處書記的許南明擔任，劉厚生仍任指導員，李超調校部。一連一批知名的電影藝術家如袁文殊、鍾惦棐、邵牧君、程季華、羅藝軍、鄭雪萊、周傳基等，都在一個連一個鍋裏舀飯吃了。上述這些人，除個別老同志今已故世外，大部分是電影理論界的中堅力量，不僅經常寫文章，還不時在中央電視臺出鏡，闡釋國內國際電影藝術問題。合併後，也使食堂的人力得到加強，王雲人與我輪班管理，一連有一批女將做飯很是行家裏手，多有絕招菜，相形之下，我的擔子輕鬆些了。

我遵令立即到連部報到。許南明連長很嚴肅地對我說：剛接到緊急通知，農場跑了一個犯人，每逢青紗帳起，正是犯人越獄逃跑的時機，因可利用莊稼地躲藏，晚間黑暗時再越出農場邊界外逃，估計是向大河方向跑，農場已進行全面警戒。咱們也要進行保衛警戒，防止犯人竄向幹校營區，而一、五連又最靠外側，所以立即組織警戒，提前吃晚飯，飯後所有人不得離開營區，女同志和審查對象全留在室內，稍年輕壯實點的男同志組織在營區巡邏，可手持木棍等防衛工具——犯人手中有鐮刀，如果竄向營區，可吆喝把他嚇走，不硬拼。我立即布置執行。

全校，尤其我們一、五連如臨大敵。以前也聽說過年年夏天有趁青紗帳起來而越獄逃跑的，大多逃離農場不遠就被抓回，有一個剛翻出農場西界溝，躲在界溝水渠的橋底下，想趁天亮再混在人群中逃跑，還沒逃出就被抓獲。他們只要越獄成功，就會立即傷人作案：一奪取衣服，換下犯人服；二奪取食物、錢和糧票，好行路生活。前些年只有一個居然逃出去到了北京，在東單街頭看國慶焰火，仍穿著那身白色勞改服，悠然自得誰也沒注意，結果被趕去的公安人員制服押回。

晚上天黑後，我們兩人一組，輕步巡邏，注意方向是馬棚以南的大田。大堤上也是三步一崗、五步一哨，佈滿了解放軍，不時有手電筒燈光閃爍。忽然聽到離我們不遠的南側水渠中撲通一響，接著就是「嗒、嗒嗒嗒……」的衝鋒槍連擊聲。再稍停，大堤上傳來呼聲：「打死了，打死了！」原來這越獄的犯人，在企圖游過場邊水渠時，被解放軍發現開槍打死，離我們駐地僅二百五十米，多懸呀！大家心中長籲了一口氣，我這才回房打開行李，洗臉休息。

我們就是在這樣一種環境中生活，既無目標，又無期限。但大家是「黃連樹下撫瑤琴——苦中取樂」，設法消磨時光，排遣鬱悶。

還是一九七三年春末，又逢兩年一度的世界乒乓球錦標賽，中國派隊參加，郗恩庭奪取了男子單打世界冠軍。那時，電視轉播遠不如今天，除在京、津地區的體育比賽，如朝鮮鴨綠江隊對天津隊的足球賽等，可以實況現場轉播外，稍遠些以至到國外，那就無法轉播了。一是受通訊技術限制又沒錢租衛星，二是反資防修怕中毒，只有靠電臺廣播了。

一九七三年的那屆世乒賽在歐洲舉行，是瑞典還是哪國，記不太清了。我們關注著這場看不見的世界性大賽，注意著隨時聽廣播資訊。白天幹活，晚上聚集在湯太醫茀之的房中閒聊，老的有華君武、鍾靈，年輕的有我和朱以中等。我們都喜歡體育，世乒賽當然是主要話題。由誰能闖關奪冠，議論到頭一年在西德舉行的奧運會上，以色列運動員被阿拉伯極端分子槍殺，山南海北，窮扯一通。蔡若虹卻不參加這個聚會，而在房中專注地收聽廣播，每有新消息新成績，他手執收音機步履匆匆地快步過來報告。大家立時歡呼雀躍，酒鬼鍾靈要求舉杯慶賀。湯太醫這裏有白酒有花生米又有量杯，每人十毫升，不偏不倚，誰也不許特殊。鍾靈不滿足，苦苦哀求太醫多賞一些，太醫執法如山，鐵面無私，說，一會兒再有好消息，咱們每人再來十毫升。華君武笑而不語，鍾靈實在憋不住，回屋拿來一瓶直沽高粱，讓大家放開喝。

一九七四年夏初在西德舉行的世界盃足球賽，秋天在伊朗舉行的亞運會，也都是看不到而聽廣播，卻頻發議論。蔡若虹仍充當資訊使者，湯太醫繼續當他的文化體育沙龍主人，聚會的基本上是原班人馬，不過要比一九七三年更為寬鬆。世界盃足球賽與中國無緣，那時國際足聯尚未恢復我國合法席位，我國足球隊只能同亞、非一些友好國家的足球隊打點「友誼第一，比賽第二」的非正式比賽。這些比賽電視中時有轉播，若我等回京休假，則托人找票（那時不賣票，有組織分配）去現場看，因為電視即使轉播，在北京家中也沒有電視看，只能去有電視機的朋友家沾光，給人家添麻煩。在北京我曾日夜兩場奔馳於先農壇和工人體育場以兩個燒餅果腹，觀看北京隊對日本三菱隊、中國隊對巴基斯坦隊的比賽，以至冒著傾盆大雨去看國家二隊對一個非洲隊的友誼比賽，而後感冒發燒也在所不顧。

那時，非洲的足球剛崛起，還不行。喀麥隆隊來中國比賽，根本不是對手，今已成非洲雄獅，幾進世界盃決賽圈。一九七四年的世界盃，儘管與中國毫無關聯，但荷蘭隊的全攻全守，義大利隊的混凝土防守加快速反擊，大家談得津津有味，不過都是紙上談兵——從《參考消息》而來，誰也沒見過。但幹校的球迷中確有資深識廣者，一是華君武，一談起上世紀三十年代在上海看球王李惠堂的神技，那真使我等是「恨余生晚，無緣識荊」；但與老華同時代的原中國電影發行公司經理劉備耕，在對足球的見聞上，又勝華君武一籌，除李惠堂外，他曾長期駐在國外，目睹過世界球王貝利的神技，那華君武只好自歎弗如了。

一九七四年秋的伊朗亞運會，是恢復我國在亞奧會合法席位後的首次參加。老實講，對亞洲的體育水平及這次亞運會，大家興趣並不太大，這與一九七四年春江青等大搞「批林批孔批周公」後，已激起人們對她的反感分不開。那屆亞運會我國運動員的女裝禮服，江青大力推行她搞的「江青式連衣裙」，強迫非穿不可，並向社會推廣。我常去天津買菜，在勸業場，見到女售貨員和婦聯的大姐們，穿上江青式連衣裙，在商場中走來走去示範，充當模特，實讓人心無好感，裙衣照樣賣不動。我回來悄悄學說，無形中影響了大家對亞運會的關注興趣。而蔡若虹這個熱心的體育資訊使者，對亞運會期間資訊市場冷落，未免悵然。

只有王朝聞這位最愛「擺龍門陣」的大文藝理論家、美學家，這期間卻不大與外人聊天，每晚悶在屋內讀呀、寫呀，甚至大家熄燈入睡後，他又點起一隻蠟燭，仍這麼幹。他在幹什麼，沒人問也沒人管。他與華君武同住在一間大房子中，每當殺了豬，那一對豬腰子則是華老頭的「專利」——是他私下向我要的，說涮豬腰片特別嫩又好吃，問能不能「賞」給豬倌。我毫不猶豫地答應了，並給他弄來醬油、芝麻醬、料酒、醬豆腐、滷蝦油等佐料，這些食堂都有，我這管理員能進庫房動用。晚上華君武悄悄來叫我去吃。他把豬腰子剔乾淨，切成薄片，用開水一涮，蘸這些佐料吃，鮮美無比。有好菜就要有酒，一隻塘瓷杯裝滿白酒，輪流喝，一人一口。本想悄悄的，但躲不過「聞香隊」鍾靈。他手提酒瓶、罐頭參加進來。他是大嗓門，有了酒話更多，聲大音洪，人越來越多，華君武本想悄悄的，但面對這位當年的副手，也無可奈何。從此形成定例：每宰豬，定在華君武房中有一聚。

而最善交友言談的王朝聞，面對我們的飲酒聊天，他有時用濃重的川腔搭上幾句逗大家一笑，更多的時間還是埋頭幹他的事。文人的習慣是，無論個人在研究、寫什麼，如果自己不講，別人則視若無睹，從不過問。所以王朝聞在寫什麼沒人知道。

「文革」結束後沒兩年，王朝聞出版了六十萬言的巨著《論鳳姐》，想是在團泊窪幹校挑燈夜戰的成果。相形之下，我等除欽敬之外，還有幾分慚愧。在那麼艱苦的條件下，老前輩仍發奮治學不輟，而我們則把大好時光浪費了。

一九七四年，在外面是風聲鶴唳、草木皆兵，從批林批孔到批晉劇《三上桃峰》；從黃帥到張鐵生，批「師道尊嚴」……階級鬥爭的調子震天響。雖也傳達學習，但因我們不在其中，有點旁觀者清而不動心的樣子，甚而有些自我安慰：不在其位，不謀其政，愛批誰就批誰，與我何干？

天又熱了，對一些年齡日漸增大、身體逐漸衰弱而又尚未結案者，也不能再搞「勞動懲罰」。上面沒有布置，但那放寬的意思能看出來，那何不借機給人一點方便。我私下問華君武、蔡若虹，你們養豬有什麼困難？華、蔡二老說，我們已經習慣了，倒班輪流幹，沒問題。王朝聞體弱，鳳子老太太高齡，就安排在食堂，一個打蒼蠅，一個踏縫紉機補面口袋，能幹多少算多少，沒指標也不要求。後來袁文殊也加入進來，司「滅蠅大使」之職。這活兒已輕得不能再輕了。

王朝聞是個十分風趣和善的老人。晚上他集中精力研究寫作，白天打蒼蠅之差使支應著。他是個川劇迷。他在食堂中手執蒼蠅拍，四處尋蠅打，活兒太輕，閒得他犯了戲癮，嘴中念起川劇獨特的鑼鼓經，手中的蠅拍當扇子使擺來甩去，出入門檻，還用後腳勾一下竹簾子，亞似川劇扇子小生的前踢後勾綢褶子。不過竹簾子怎比綢褶子，他腳一勾一甩，幾乎要摔出去，我趕緊扶住，也用川味戲詞：「老丈，小心了！」他答以川腔戲詞：「多謝先生。」眾人相視大笑。正踩縫紉機的鳳子笑得彎了腰：「王朝聞，你別再出洋相了。」王立時答以「多承老夫人教導。」反正沒人監視，大家樂得輕鬆一下。

這適度的放鬆，延續到晚上。夏天蚊子多，屋內熱，許多人穿上長褲子長袖襯衫甚至穿上雨靴以防蚊子叮咬，在院中乘涼。「五・一六」被審查者張潔與革命群眾周家興都愛唱歌，此時竟唱起了男女聲二重唱，大家搖著扇子欣賞，也不以為奇。

幹校中都是變相失業的二等公民。但在一九七四年那階級鬥爭沒完沒了的時候，這裏卻有點世外桃源的味道。

我們為暫時逃開了複雜尖銳的政治鬥爭，為不再挨整而慶幸。

「在野者」也有戲劇活動

這「在野者」當然指的是我們這些沒有工作半失業狀態的五七學員。但我們在受到社會冷眼的情況下，居然也有人拿我們當「寶」，使我們有機會參加了某些戲劇工作。

文藝圈中人，以吃戲飯的為最多，過去是三十萬人；現在戲曲衰微，影視走俏，業戲者也達幾十萬人，居文藝領域各行的從業人數之首。這樣的情況也同樣體現在團泊窪五七幹校中：僅中國戲曲研究院和中國戲劇家協會兩個單位的人，加起來要占幹校總人數的三分之一，而且大多是學有專長甚至卓有建樹的戲劇家。

「文革」興起，由先是四個後發展成八個樣板戲「占領舞臺」，取代了一切文藝活動。文化部、文聯各協會和戲曲研究院的人，統統被打成「文藝黑線」，無權過問以至觀看「革命樣板戲」。那還是一九七一年，為「五・一六」事，我陪著解放軍到時為「樣板團」的北京京劇團外調，碰到老熟人——京劇名丑葉德霖和蔣元榮。他們很熱情地握手問好，一切如故；我卻不知深淺，向時任演出隊負責人的兩位老友，提出想看看他們新排的、由耿其昌主演的《智取威虎山》。他們沒有拒絕，讓我留下傳呼電話號碼，等電話通知，後來一直沒有接到通知的電話。我明白了：我們這些「砸爛單位」的人與江青直接控制的「樣板團」有著天壤之別，老葉和老蔣雖是熟友，在那時也不敢造次，真要是給了我戲票，弄不好他們會「吃不了兜著走」，我當時何必給人家惹麻煩呢！

被這種心情驅使，使我回北京休假時不敢再同中國京劇院和北京京劇團的一些朋友聯繫。當然這都是普通演員和編導幹部，不包括突然飛黃騰達的「浩亮」（錢浩樑）等新貴。其實我同錢浩樑同庚，「文革」前即相熟，「文革」中彼此分屬兩個營壘，當然不可能來往，我也不會去攀附新貴。倒是「文革」結束多年，錢浩樑受到應有的處分後，仍被打入冷宮不使用，我可惜他一身功夫，是由尚和玉、蓋叫天、茹富蘭、李盛斌、高盛麟、李少春等名師栽培的數一數二的京劇大武生人才，他不必當文化部長（他也不是那材料兒），但唱戲的權利同莊則棟打球教球的權利一樣，不該被剝奪。一九八八年，我曾為他重返舞臺奔走說項，還寫了長文〈「浩亮」沉浮記〉為其呼籲，然而收效甚微。後他身罹重病，這個藝術人才也就毀了。

還是一九七二年初春，仍是我陪著解放軍到位於京北小湯山溫泉的「紅藝五七幹校」外調。這裏「收容」的都是中國京劇院和北京京劇團的「黑線」和「現行」人物。兩個團的人分別組成兩個連。從連幹部到「戰士」，我大多相熟。正因此，一連（中國京劇院）連長劉憲華（人民劇場老經理，已故）、指導員吳素英（從華北平劇院過來的老演員）見到我們，在熱情招呼安排後，就提請我們注意：這裏熟人太多，情況複雜，只悄悄工作看材料，見到誰也不要打招呼；你們若住宿，我們另有安排，吃飯等大家吃完了，你們直接到廚房吃，儘量少接觸人，這對彼此都有好處。老劉和老吳是資歷頗深的老幹部，對人很誠懇，他們的好意，我不能不心領。

等開飯時間過好久，他們才引我們直接去廚房吃飯，以避免見到熟人。不想，剛一進廚房，迎面見到的第一個熟人就是曾演過阿慶嫂的趙燕俠！

在本書第一章我描述過，一九六三年秋，江青通過趙燕俠傳達出京劇要排演革命現代戲、這是方向的資訊。那時，江青很重視趙燕俠，兩人關係很好。後來不知怎麼弄翻了，以什麼「毛衣事件」，把趙燕俠打成忠於「舊中宣部、舊文化部、舊北京市委」的「反革命」，一九六六年十一月二十八日江青在人大會堂的集會講話中，公開點了趙燕俠的名，趙立時被打倒。《沙家浜》還要繼續演，就把著名演員劉秀榮調來接替趙燕俠演阿慶嫂。不足三年又鬧翻了，以什麼「頭髮事件」又把劉秀榮打成「反革命」，換上原唱崑曲的杭州姑娘、今已故世的洪雪飛接演阿慶嫂，電影《沙家浜》，就是她拍的。

我同趙燕俠是熟友，但自從「文革」開始後就沒見過面，此時突然相遇於「紅藝五七幹校」的大廚房中，彼此十分尷尬，不敢搭言。她一身破舊布衫，面容憔悴，不知什麼原因她誤了飯時，也到廚房裏吃。也許是她在幹校中的「賤民」地位，不允許同大家一起吃飯？她見到我們進來，驀地一驚，很快轉過身，背向我們站著吃，一直沒有再回過頭來。她匆匆吃完後，低頭轉身快步走出了廚房，我也裝做視而不見。見到越燕俠，不由又想起她的接班人也是相同命運的劉秀榮，想是也在這裏受苦，我同她更熟，但沒見到也不敢打聽。

工作了一整天，結束時已沒有進城的汽車，只好留宿在溫泉紅藝幹校中。住處很好找，總有人請假不在的空床位。劉憲華告我：晚上能洗澡，溫泉浴池開放，去洗洗，還是那句話：洗澡時見熟人別搭腔。他送我們到澡堂。進入浴池，啊！我驚呆了，那麼多熟人都在：有為新中國奪得第一塊藝術金牌的著名武生張雲溪，有以編導傳世名劇《楊門女將》的著名劇作家范鈞宏，著名導演鄭亦秋，還有……都是熟得不能再熟的師友，他們突然見到我也覺意外，但都有「禁令」在身，只能「眉目傳情」，微微點首，不敢交一言。

次日晨，天剛微熹，就傳來了「咦……」「啊……」的喊嗓聲。倒底是京劇演員集中的幹校，每天有一小時的業務時間。我們提著包出來趕汽車，見他們喊嗓的喊嗓，練功的練功，名武旦閻世善因是男旦，早已失去了舞臺演出的機會，但一身出色的武功捨不得丟，只見他在一個小土臺上練腰腿，居然還能翻「提」（後空翻）。張雲溪在踢腿、「走邊」。范鈞宏等文人就是遛彎兒了，著名老生李和曾也在遛彎兒的人中，拄著棍兒一瘸一拐地走——後來才得知，他的「問題嚴重」，受的罪最多，一次拉稻草，他從高高的稻草車上摔下來，把雙腳的腳趾給戳折了，因為他是「重點人物」受限制，耽誤了治療，落下了殘疾。這是一九七八年我在北京京劇團協助樊放導演由吳祖光編劇，李和曾、袁世海、趙燕俠三人主演的京劇《闖王旗》時，與李和曾朝夕相處，他親口告訴我的，並讓我看了他那彎屈不能伸直的腳趾。

儘管「板兒團」禁令森嚴，因黑線、紅線人為地在同行朋友間劃開了一條鴻溝，但也有人不在乎這些，朋友還是朋友，一切照常。也是在一九七三至一九七四年期間，有一次在北京的公共汽車上偶遇周和桐，他已因《沙家浜》中胡司令一角而名聞遐邇，而他那特殊的體型特徵，更能被人一眼認出。我們除是同行相熟外，更是足球同好，過去常在先農壇、工人體育場的看臺上相遇。有此癖好者還有演刁德一的馬長禮等。我一上車就看見了周和桐，但我不想打招呼；不想他很熱情，隔著好幾個人，亮足嗓門喊了我一聲：「老胡！」弄得全車的人幾乎都注意到我們倆，對這演「老胡」的名人喊我這個真「老胡」，乘客不禁輕聲而笑。他不管不顧，問我在哪呢，看球沒有？還說他搬了家，搬往工體斜對面的樓房，「有空上我那兒聊聊去！」他的爽朗、赤誠、熱情，著實使我感動，但我沒有履約找他「聊聊去」，怕給他惹麻煩。

在稍後的一九七五年夏天，我在和平里街頭碰到正推著外孫的童車散步的名旦任志秋，他是較早加入共產黨的名演員，已脫離舞臺，在北京京劇團做黨委和人保工作，此時因病在家休養。他悄悄告我：「尚（小雲）先生從西安到北京治病來了，住在我那兒，你有空過來聊聊，尚先生也想見見老熟人。」任志秋是四大名旦之一尚小雲先生的乘龍快婿，又是北京京劇團辦公室主任。他住家離我家不遠，但他那座樓住的全是「板兒團」的，我還是怕給他惹麻煩。他卻爽快地說：「咱們誰跟誰？甭管那一套，朋友還是朋友，來你的！」不過，我還是沒有去，失去了見尚小雲先生最後一面的機會。

而「板兒團」終究是「板兒團」，尚小雲住在女婿家也不被允許，任志秋沒轍，只好讓師妹、著名京劇藝術家吳素秋把尚先生接走侍奉。吳被強迫退職辭業在家，無單位羈絆，街道那時也不好深管了。尚小雲先生在弟子家中住了一段日子，「批鄧」風起，西安催他立即返回。結果不久就在西京古都含冤而逝。「文革」後，蟄居在北京京劇團創作組、沈從文先生的大弟子、著名作家汪曾祺，再以小說行世，很快以獨特文學風格的作品名噪文壇。其小說名作《雲志秋行狀》，只改了一個姓，寫的就是任志秋。寫得非常精采，人物幾乎躍然而出，更寫出了他在「四人幫」橫行肆虐時，如何保持做人的品格和設法保護朋友。

「樣板戲」是「板兒團」的「專利」。但不能只是中國、北京、上海、山東四家演，還要「普及推廣」，讓各地學習演出。不過，限制很嚴，一點不許走樣，「板兒團」臺上走幾步，拖腔唱幾板，亮相手舉多高，要分厘不差。否則，就是「破壞革命樣板戲」的嚴重「政治問題」。各地劇團如履薄冰似的學習搬演，小心謹慎，惟恐出毛病。廊坊地區有個文工團，要學演京劇《沙家浜》，希望團泊窪五七幹校支持藝術人員協助。於是，派出了原戲曲研究院導演研究室的黃在敏（今中國藝術研究院戲曲研究所研究員）和音樂研究室的安志強（後任《中國戲劇》副主編）兩位年輕人去擔任導演和音樂指導。當然全部是磕模子，一點不敢走樣。

此戲還拉到團泊窪在幹校禮堂演出過，黃、安二位全鬚全尾沒出事，平安而返。這還是一九七三年以前的事。

後來，文化組要求各地除學習上演「樣板戲」外，還要努力創排「革命現代戲」，力爭創造本地的「樣板」，並準備參加定於一九七四年春天舉行的華北地區革命現代戲匯演，展示「文藝革命」成果。各省市都在積極準備，天津市排演了根據老作家孫犁的名著《荷花淀》改編的同名現代京劇，由尚小雲弟子名旦楊榮環的學生、當時還很年輕的李莉演「女一號」。這時，原任過中國劇協副祕書長的孫福田已從華北局「解放」，被安排到天津主持文藝工作，成為當時國務院文化組成員、毛澤東的親戚、頗為走紅的王曼恬的副手。王原是天津美協的祕書長，丈夫是被打成「胡風分子」的詩人魯藜，她當然要離婚劃清界限的。王與孫過去都在晉察冀工作，雖然孫的官要比王大得多，但此時今非昔比，王把孫調來替她在天津看攤兒，天津的地盤不能丟，她好專心於北京的文化組及江青的事兒。另外，此時原天津劇協祕書長林彥也已出來工作，且是京劇《荷花淀》的主創人員之一。孫福田和林彥同中國劇協、戲曲研究院的人很熟，知道在距天津百里之外的團泊窪「窩」著一批對戲曲深有研究的老朋友，遂於一九七三年夏秋登門敦請，派車把劇協的張真、劉乃崇，李欽及戲曲研究院的幾位接到天津看戲，當天去連夜回，不住下；然後又來團泊窪舉行座談會聽取意見，回去加工修改。之所以如此，是不敢張揚，怕萬一消息走露傳到北京惹出麻煩。「讓黑線人物插手」，這在當時是條了不得的「罪狀」。

《荷花淀》參加了一九七四年春在北京舉行的華北匯演，反應還不錯。這個匯演從展示「革命文藝創作輝煌成果」，轉變成「反復辟回潮」的「階級鬥爭」，是因為山西演出的晉劇《三上桃峰》，一時鬧得不可開交。當時正是批林批孔反復辟反回潮的高潮，《三上桃峰》成了活靶子，《人民日報》發了整版的署名「初瀾」的「批判」文章，歷數此劇條條罪狀，上綱高得嚇人。「初瀾」是于會泳等人在文藝方面的御用打手，其效能等同於「梁效」、「羅思鼎」，是一個由文人筆桿子組成的寫作班子，就駐在東四禮士胡同原印尼大使館的南樓，其對面的雕樑畫棟穿廊遊廊外帶游泳池的大四合院宅邸，則是于會泳等人「辦公」的所在。「初瀾」的人員組成大多相識，其中就有一九七二年底文化組從團泊窪五七幹校選調的劇協的人。他們風光了三年，到一九七六年「四人幫」垮臺，他們也樹倒猢猻散，都要「說清楚」，有的乾脆不要黨籍，跑到美國去了。不過，「初瀾」中也有人在寫過一些「用筆殺人」的文章後，發現不大對頭，有所醒悟，找個藉口「退步抽身早」躲開了。這是聰明人。還有參與「初瀾」工作的第一章提過的吳啟文，多年後在《炎黃春秋》上發表揭露「初瀾」內幕深刻反思的文章，都博得同行朋友的讚揚，雖然大家已從壯年成為老翁，那也是好的。

《三上桃峰》鬧得驚天動地，剛出來工作，主持此戲的老戲劇家、山西省文化局負責人賈克被鬥得死去活來。這不由使孫福田、林彥膽戰心驚。幸而《荷花淀》沒引起太大注意，要是讓人知道團泊窪幹校的「黑線人物」曾參與其戲，那不又是一個典型的「復辟回潮」事件嗎！幸而雙方都沒有漏風，躲過一劫。

各地都要搞革命現代戲，廊坊地區也不能例外。地區文化局創作室寫了一個京劇現代戲劇本《春燕展翅》，表現知識青年下鄉後在「廣闊天地大有作為」的故事。劇本還不成熟，他們感到才拙力淺，就向主管我們的軍分區求助，請幹校派人輔導，協助修改劇本。幹校地處廊坊地區，這是責無旁貸的，就派出了劇協的張真、劉乃崇、嚴青、李欽等人先後去廊坊幫助修改劇本；還通過關係，從北京請來了蹲在「紅藝五七幹校」沒事幹的侯連升（京劇武生、現中國京劇院導演，拍過許多武打影視片）、段大雄（文革後在中國劇協組聯部工作）等幫助導演排戲。主持其事並是作者的是地區文化局副局長兼創作室主任王吉田。

老王是個老公安，原是地區公安處的負責人之一。只因性喜舞文弄墨，地區要齣戲，他就棄公安而就文藝，當了文化局長。老王人很爽朗熱情，樂於助人，對幹校和去廊坊的人很為關照。

那時，搞一個新創作，尤其是戲，十分不易。地區力量不足，就要四處求人相助，受了不少窩囊氣。用老王自己的話說是：「過去在公安處，咱們是『爺爺』，走到哪兒，人家陪笑臉，奉承著你。如今到了文化局，就變成『孫子』，到處磕頭作揖，倒過來給人家說好話陪笑臉。唉……」

因為幹校有人在廊坊幫忙長住，老王對幹校的事也盡力幫忙。我就多次找過他，請他幫忙在地區兌換全國通用糧票。

下放五七幹校，我們是戶口不動，糧食關係一律轉到幹校。一九七三年後，幹校滯京不歸者日多，當管理員最頭疼的問題是沒有糧票可退。我們從靜海縣只能領到河北省糧票，這在北京不能用，必須換成全國通用糧票，而這，靜海縣無能為力。逼得我實無辦法，就想到王吉田，他在地區路路通，兌換點通用糧票或許有轍。我直言相求，他爽然答應，我一出手就是一萬斤河北省糧票，把老王嚇了一跳。他說，不能著急，要分期分批換。一九七三年至一九七五年，我從廊坊老王那裏可沒少換通用糧票，他幫了我的大忙。我每次去廊坊，他總是熱情相待。我沒參加《春燕展翅》的創作，但到底是吃這碗飯的，也順手支了不少招。

張真在廊坊住了一年，老王待若上賓，還保了一門好媒：給張真的兒子張青找了個媳婦，現小倆口也六十開外了，原來都在北京宣武醫院工作，現已退休。而張真同志晚年多病，壽享九十有二才西去。

《春燕展翅》幾經修改終於立起來了，看上去還不錯。就在地區各縣演出，直演到北京郊區的通縣——北京市內是不許進的。老王找我，問能不能找幾位專家，接到通縣看看戲，給出點提高的主意。

老王幫了幹校和我不少忙，這個忙我必須幫。憑我的關係和面子，當朝在職的咱不敢找，請幾位在野賦閒的還能手到擒來。至少「紅藝五七幹校」的狀況也同我們差不多，很多人請假待在城裏家中不回去。我悄悄找了名劇《楊門女將》的編劇和導演范鈞宏、鄭亦秋兩位，道明來意，他們正閒得難受，有看戲幫忙的機會很高興，何況又有我親自來請，還有熟友張真、劉乃崇坐陣，立即爽然應承，只是「悄悄的，別讓人知道。」

按約定的時間，一輛吉普車，把范鈞宏、鄭亦秋從家中悄悄接到通州劇場，上午看戲，下午座談，整弄了一天。范、鄭二公不愧行家裏手大手筆，句句都說在點子上，提出了很好的修改意見。夕陽西下，我又把他們送回城裏，真是神不知鬼不覺。

從此，我同范鈞宏、鄭亦秋悄然恢復了聯繫。這兩位老前輩見多識廣，藝術造詣很深，都長我二十歲上下，我們是師友關係，他們對我的提攜幫助指導很多。我從他們那裏又得知許多中國京劇院「在野」的朋友的消息。一是李少春。這位大藝術家在「文革」中飽受折磨，且身體極壞，長期失眠，大把地吃安眠藥，已是精神怔忡不大正常了，病得很厲害。幸虧浩亮與李少春也算有過師生之誼，倒不大難為他。我這才明白為什麼一九七二年在紅藝幹校見到那麼多熟人，唯獨沒見到李少春呢。說過此話，沒有多久，大概轉過年來，李少春就病逝了。一個李少春，一個裘盛戎，兩位出類拔萃的京劇大師，要不是「文革」折磨，他們不會那樣早逝。今後，恐再難出現李少春和裘盛戎那樣的大師級名角了。

再一個是阿甲。他是延安平劇院的老幹部，著名的戲曲導演，可稱一代宗師，在延安時曾同江青同臺演過《打漁殺家》，建國後在戲曲創作和理論上頗多建樹。阿甲為人豪爽不羈，一派大藝術家的瀟脫氣概。他能穿著背心短內褲在酷暑中進排演場，給眾多衣衫整齊的大演員排戲；他也能冬天外穿水獺領子黑禮服呢面皮大衣、頭戴水獺皮帽，裏面卻是一身破棉衣，棉褲腳還紮著麻繩，腳下一雙舊布鞋，真個不倫不類，他卻瀟灑自如。阿甲真有學問，戲排得好，文章寫得好，還有一手好書法，就是不拘小節。三年困難時，他曾手提一隻剝了皮的野貓，到東安市場中與中國京劇院諸位相熟的奇珍閣湖南飯館，請人家加工燒「貓」，弄得大廚啼笑皆非。

在《紅燈記》的排演上，阿甲與江青頂了牛。江青不遺餘力地整他，他受的罪就甭提了。在幹校時，他受監管最嚴，所以我上次去沒能見到他。後來允許他進城回家看看了，限時返回。平日他就不修邊幅，這時更是衣衫襤褸，活像個乞丐。他進城先找個飯館解饞，叫了倆菜，狼吞虎嚥。他的對座是一位衣衫整潔很文靜的中年婦女，見他這麼沒吃相又這身打扮，不知他是什麼人，未免有些嫌棄。阿老（圈內對阿甲的尊稱）一邊看報一邊吃，吃高了興，不知不覺把筷子伸向那位女士的菜盤中。那位女士嫌惡地罵了聲：「討厭！缺德！」拍案拂袖而去，阿老忙不迭地道歉，見女士已去遠，他也就毫不客氣，把女士的菜盤拉過來，一掃而光，打著飽嗝步出飯館之門。

范、鄭是當笑話說給我聽的，我們都在笑，但笑中又有一股苦澀味。一個頂天立地的大藝術家，竟淪落到如此地步，可悲可歎。後來在地壇西門偶遇騎車路過的范鈞宏，他說：「阿老的案子上面批了，反革命，從嚴。」言下不勝唏噓。但，天不屈從壞人，阿甲終於熬到「四人幫」倒臺，獲得自由，還在公審江青大會上作證怒斥。他後榮任中國劇協副主席，中國藝術研究院戲曲表導演藝術博士生導師，壽享將近九旬，得善終。

初涉「商海」倒騰大米

搞搞戲，幫點忙，與戲劇界在野的朋友偶有小晤，這都是插曲。我們的基地還在團泊窪，那裏還是輪流值班，我回去了另一位才能走，互相要講信義。

一九七四年秋後，我回到幹校，不外乎仍是買菜、買糧、算帳、退糧票，安排伙食、人手、食譜。能在冬天堅守在幹校不動，就不容易。領導上也指示，把伙食搞得盡可能好一點，給大家提供方便。這方便我是盡力提供。只要我出門，不管誰託我買什麼，什麼點心、香腸、豬肝、肉鬆、豬油，只要能買到，我一樣不落，全都買回來。有一次，一位非漢族的女士託我買兩斤豬板油，我買到了，當天回來晚了，次晨才給送過去。

後來，我們乾脆碰到火腿腸、醬豬肝就多買一些，回來切片分份，每份多少錢，願購者出錢買。這一下很受歡迎，連校部的人，尤其那位腿有殘疾的白（景晟）廣播，也一顛兒一顛兒地過來買。後來乾脆就指明要我帶了。

這時，小賣部進了出口轉內銷的整壇的紹興加飯酒，不好零售，食堂就進它幾壇零售，價錢稍高幾分錢，作為整化零的傷耗，大家方便，食堂也可賺點料酒用。有了熟肉食，又有加飯黃酒，冬夜把酒燙熱了，大家邊喝邊聊，分外暢快。因我的女兒即將入小學，就退了幼兒園，跟著我，我去幹校她也去，我回北京她也回。晚上，我料理完諸事，照顧女兒洗涮睡下。鍾靈、李欽拿著加飯酒和豬肝、火腿腸、找我喝酒來了，也酬答白天奔波一天的疲勞——我是帶著孩子去天津買東西的。

我們喝著聊著，把沒睡香的女兒也弄起來了，找李欽伯伯要豬肝吃，李欽還讓她喝了一口熱加飯酒，她說，真香，肚子裏熱乎乎的。李欽笑言：真是紹興人，嗜酒乃天性也。

要辦好伙食，苦於缺少細糧，尤其缺大米，總是早晚窩頭，鹹菜、粥終究不行。「孔聖人」說薊縣一帶出好大米，但農民們嫌吃細糧不經時候，願拿大米換小米，咱們可利用這個機會換點好大米；可是靜海沒小米，這小米還要另想辦法換。我讓他去薊縣踩點找道，我去廊坊找王吉田弄小米，地區辦法總多。

雙方都有成果，薊縣那邊找好路子，談好價錢條件；廊坊這邊拿河北糧票可買一萬斤小米。在一九七四年末，已經數九嚴寒了，我把孩子托給徐青大姐，同「孔聖人」帶著一輛解放牌大卡車出發了。兩名司機加上比我年長的老孔坐在司機樓裏，我以兩件老羊皮大衣支了一個皮轎子，坐在卡車的車廂中。先到天津買了點鮮肉（這是換米的條件之一），奔廊坊，王吉田領著我們直奔糧庫，裝滿五噸小米，錢帳容後算，老王打的條子，趕時間出發。車廂中堆滿了糧包，中間凹下一個窩，我身穿老羊皮襖，再鑽入老羊皮大衣搭的皮轎中，蒙頭蓋臉擋風遮寒，汽車飛奔薊縣。到那裏天已黑了，住進縣招待所，我們四人一屋。司機常出車，行路住宿有經驗。我們吃了飯要睡覺了，一看被子很髒，司機「六萬塊」（劉萬元）說：「光髒還是好的，蝨子恐怕少不了。」「那怎麼辦？」「脫光屁股睡。把衣服包好捆上吊在房梁上，蝨子進不來。我這有繩子。豁出光身子讓牠咬吧。」只能這麼辦。也許太累了，這一宵雖挨咬，但睡得很香，衣服上沒爬上蝨子，萬幸。

次日，天還沒大亮，司機就起來烤車化凍，天亮直奔薊縣城西五里左右的某村，找到中間人，又領我們去收米的薊縣南某村，這裏水好，據說是出貢米的地方。在收、換米的過程中還小有爭執，主要是中間人從中做了點手腳。「孔聖人」沖我一努嘴，扮起了「白臉」，端坐在汽車司機樓中面似冰霜一言不發；我和「六萬塊」扮「紅臉」軟硬兼施，總算按著我們的道走，沒吃了虧。到黃昏一萬斤大米過秤裝車補價一切辦完，回駛到中間人家中，有酒有肉好吃了一頓。用剛換來的新米蒸得一鍋飯，香噴噴真好吃。

這時的老孔又變了一個人，談笑風生，很「外面」，還動手炒菜，酒杯一端，很套交情。話說得那甜那中聽，幾位農民眉開眼笑，說：「這位孔同志，說話真受聽。這麼著，今年咱們頭一回合作，明年秋後新稻子一登場，你們就來，要多少我們這供多少，讓咱們幹校的同志嚐嚐鮮。」

我一邊吃喝，陪著說笑，一邊暗自思忖陳剛所說：「老孔，那是大經理之才！」其言不謬。

當晚又光屁股在薊縣招待所睡了一夜，次日押著一萬斤大米班師回朝。到幹校，我和老孔加司機四個人幾乎成了英雄，受到眾人歡迎，小女兒揚著雙手從徐青阿姨處撲過來。我們滿面含笑，點頭示意。

其實這苦只有自己清楚：數九寒天，在卡車上被冷風吹了三天；裝了卸、卸了裝，還要過秤算帳，累得嘴上起了泡。但總算不辱使命，把大米換回來了。心中稍得安慰。

立時分配：兩個連隊食堂各四千斤，校部食堂二千斤。弄完這一切，我領著孩子回到宿舍，爐子已被徐青大姐生好，我趕緊脫衣服，父女簡單洗一洗睡覺，我真是一點勁也沒有了。

次日是年除夕，按理要吃好的。我對王雲人、鍾靈說，你們一切看著辦吧，怎麼好怎麼弄，讓我歇一天。過了年，我要回北京了，準備孩子上學。你們多辛苦吧。

「孔聖人」那邊，情況同我差不多，他也要回家照顧病妻。

這也是「文革」中文人落難之一端。

第九章
久陰之後略放晴

發配南北老戰友，重新聚會團泊窪

一九七五年初，召開了四屆人大。這四屆人大是眾人企盼已久的事，我們之中有不少人還希望四屆人大能考慮解決我們這些人的問題，給我們一個重新工作的機會。這種發配農村的半失業生活實在膩煩了，而且這「二等公民」的滋味實在不好受。同為下放五七幹校的，二三年後大部分回京了；而我們已經五年以上，還遙遙無期。因而在社會上，我們被一些人看不起，認為那准是你們有「問題」。難怪人家這麼看，甚而連自己的老婆，也因丈夫工作遲遲不能安置，還要不時回幹校「值班」，家庭擔子全部壓在女人肩上多年，也使她在人前抬不起頭來而心情煩躁，不時引發家庭衝突。但我們又有什麼辦法呢？講革命大道理沒用，只有好言撫慰，在北京時多幹點家務活兒，減輕她的負擔。

這時期，我們不少人不僅學會了拆洗縫補，甚而學會了木工、油漆工各種手藝，回京後看孩子，幹家務，侍奉老人，忙得團團轉。

但把希望寄託在四屆人大上，委實太天真了。在中國的政治體制下，人大的作用著實有限，何況「文革」第九年這個非常時期。就沖四屆人大的舉行採取不公開的方式，連人大代表都從地下祕密通道進入人民大會堂開會，事後再發公報，開創了世界立法機構會議從沒有過的先例，把老百姓全蒙在鼓裏，又能指望它什麼！至少在當時我就對之不抱任何奢想。

不過四屆人大還是有成果的：一是重病的周恩來總理作了一個鼓舞人心的報告，提出「四個現代化」的奮鬥目標。二是由鄧小平正式代重病的周恩來主持中央工作，開始了一系列的大力整頓，挽救了經過將近九年的「文革」所造成的國家混亂和經濟危機。

鄧小平率領他的得力助手胡耀邦、趙紫陽、萬里等人，只用了幾個月的工夫，就使各方面的面貌發生了大變。堪稱是在烏雲密佈的天空中，終於顯露出一縷陽光。

治理整頓有多少大事要抓，鐵路交通、工業生產、科學研究、農村和軍隊的整頓、一些高級領導人冤案平反和出來工作，千頭萬緒，顯然還顧不上文藝工作以及被打入另冊的受苦的文人們。但，牽一髮而動全身，一動而百動。我們雖身處團泊窪，位於社會的底層，可是我們依然能真切地感受到：國家在變，在向好的方面變；我們的狀況也隨之在變。

在一九七四年以前，凡下放五七幹校的人員又重新工作的，都採取個別選調的方式：突然通知，限時到北京報到，分配安排工作。也有例外，如哲學社會科學學部，即今天的中國社會科學院，全體下放到河南五七幹校。周總理為保護這批社會科學的人才，兩三年後下令全部撤回北京，不得拆散，一個人也不許動。

一九七四年後，也許是由於鄧小平出來工作的關係，中央對幹部落實政策重新工作的問題較為重視起來，採取了一些措施。其中有一條叫「歸口」：即原單位尚還存在的，則必須把甩在五七幹校不管也不要的人，全部收回去，自行消化安排，所謂「三個位子五個人坐」，以落實政策，穩定社會和人心。這是

「整頓」初期的措施。這樣一來，有大批的人從各地的五七幹校，從插隊落戶的農村，回到北京等城市，得以重新工作。

這也波及到文化部咸寧、靜海兩所五七幹校中的出版、電影、文博等系統的人，大多回到北京的原單位；另外對年事已高或身體非常不好、難以在幹校堅持的著名作家、藝術家，只要「案子」基本結束，就允許他們回到北京休息、學習，「養」起來。馬彥祥、張光年、王子野、吳雪、馮牧等人，從湖北咸寧得以回京，就屬於這種情況。但他們都沒有安排工作。此時，文藝工作的領導權還緊緊抓在江青及以于會泳為首的所謂新文化部手中。對中央在幹部政策上的調整，實行的這些寬待和安撫，他們百般阻撓。一千多人的文化部咸寧五七幹校，最後只剩下原文化部和中國文聯機關、作家協會的一兩百人，于會泳等人以「新文化部與舊文化部本質上不同，沒有任何關係」、「中國文聯和作家協會已撤銷」為由，拒絕接納。雖然此時已籌建了中國藝術研究院，其成員不少是原中國戲曲研究院的人，于會泳等也以藝研院是「新建單位」，而不准原中國戲曲研究院的還淪落在團泊窪的人「歸口」。這樣，靜海還有三四百人，咸寧剩下一兩百人，國務院辦公室（廳）遂決定：文化部咸寧五七幹校撤銷，人員全部併入文化部靜海五七幹校，由國務院辦公室領導，日常具體工作仍由河北省軍區委託廊坊軍分區代管。

這樣，我們在一九七五年春天迎接來闊別數年、劫後餘生的文化部、中國文聯和作家協會的一些老朋友。其中有：從河北省文化局長調任文化部藝術局副局長的詩人兼戲劇家申伸，我與他早在一九五九年於天津舉行河北省戲劇匯演時就得以相識，他為人很是憨厚、穩健；從事戲劇工作多年的文化部藝術局戲劇處處長、「文革」後主持中國話劇研究會日常工作的李漢飛；文藝理論家，原在《文藝報》工作，以筆名陳聰活躍於文藝理論批評領域，後任民盟北京市委宣傳部長的楊志一；曾上過蘇聯大百科全書的著名文藝評論家閻振綱（筆名閻綱）；原《詩刊》的丁力、尹一之、沈季平、雷奔，《人民文學》的劉小珊（著名影劇作家史超的夫人）和後曾任該刊副主編的王朝銀，以及文化部的老處長夏青等等。

這些老朋友至少有五年多、有的從「文革」一開始，就沒有見面，重聚後倍加親熱。我們彼此打聽一些熟人的情況、也得知了一些不幸的消息：作家協會副主席邵荃麟同志已然故世；文藝理論家、原《文藝報》副主編侯金鏡，在咸寧幹校受了很多苦，經常把挑一百多斤的糞桶等重活派給他，他有高血壓病，繁重的勞動，長時間無休止的「審查」，使這位長期從事部隊文藝工作、擔任過北京軍區政治部文化部部長的老文藝理論家的身體，受到極大的戕害。在他的「問題」解決前夕，突發腦溢血逝世。侯金鏡和胡海珠（原《人民文學》編輯部副主任）夫婦，都是從事文學工作多年的老幹部，一九五八年中國文聯各協會的部分幹部下放河北省懷來、涿鹿兩縣勞動鍛煉時，涿鹿縣的領隊就是侯金鏡，我是他的麾下一兵，因而相熟。那次下放的結果是陽翰笙寫出了倒楣挨批的電影《北國江南》；詩人鄒荻帆出版了長篇小說《大風歌》；著名作家宗璞（原名馮宗璞，大學者馮友蘭之女，原在中國文聯工作）以短篇小說《桃園女兒嫁窩鋪》等，開始了她的文學創作生涯，四十多年來筆耕不輟，終成文學界一代方家。侯金鏡很有長者之風，對我等青年一輩，無分作家協會和其他協會的，都很為愛護，如作協的路福增（後寧夏文聯負責人）、蘇中（後安徽文聯負責人）、孫琪璋（女，後任中國駐外使館文化參贊）等，都是一九五八年下放時的戰友，在侯、胡領導下，分散在涿鹿各村中鍛煉。我們劇協下放人員曾駐在丁玲寫《太陽照在桑乾河上》的生活基地、桑乾河畔的溫泉屯村。

侯金鏡的筆桿子很硬。他和文藝名家陳笑雨，作為張光年（即詩人光未然，近故）的副手，從一九五六年起，主持丁玲、陳企霞被整下臺後的《文藝報》十年，在文藝界影響很大。

陳笑雨，筆名馬鐵丁。此名原是郭小川和陳笑雨及另一位，建國初在中南工作時三人合用的筆名，經常在《長江日報》上的專欄「思想雜談」和其他報刊上、包括《人民日報》、《中國青年》等，發表作品時使用。那時「馬鐵丁」的作品，有詩歌有文論有雜文隨筆，針對上世紀五十年代的文藝和青年的思想狀況立言闡釋，影響很大，很受當時青年的關注歡迎。「馬鐵丁」筆名中有郭小川、陳笑雨是肯定的，另一位是誰？則說法不一：涉及的有熊復、張鐵夫、白汝瑗，爭議很大，這只能留待現代文學史家去仔細研究考訂。後來，馬鐵丁之名，郭小川和另一位棄權退出，由陳笑雨一人獨用，專寫文藝思想理論批評文章。

一九六四年，《人民日報》從文聯各協會調走一批拔尖的文藝名家，有郭小川、陳笑雨、賀敬之、黃鋼。其中陳笑雨接替調往中宣部任文藝處長的袁水拍（即詩人馬凡陀）的工作，與田鍾洛（即文藝名家袁鷹）合作，主持《人民日報》文藝部。「文革」爆發，報社印刷廠的工人起來「造反」，揪鬥報社各級領導人，陳笑雨在《人民日報》僅是部主任一級的中層幹部，遠比不上總編輯吳冷西等，但陳伯達率領一批人進駐《人民日報》奪權後，陳笑雨也成了階下囚，接受輪番批鬥。陳笑雨從參加革命以來，從未受過如此奇恥大辱。大概他遵奉中國文人的千古名訓「士可殺不可辱」，竟步老舍先生後塵，憤而自裁！

隨著咸寧的朋友來到團泊窪的，就有著名詩人郭小川。不過他的身分不同，是「二進宮」的由中央專案組管的「監管對象」。他不像大家，從咸寧回來，先在北京休整安家一段時間後，再從容到團泊窪「赴任」，而是從咸寧直接押回，到北京不允許他出火車站、見家中人，直接換火車到天津，由等在車站口的幹校汽車接往團泊窪。途中不許接觸任何人，足見「案情」的「嚴重」。

郭小川，將是本章和最後一章的重點描述人物。

郭小川在「文革」前中期

郭小川原來是作家協會的黨組副書記，邵荃麟的副手。他的詩作極為出名，像六十年前還以馬鐵丁筆名發表的長詩〈向困難進軍〉，震撼了建國初期的一代青年，激勵了獻身新中國的建設事業的雄心壯志，今天這一代人已是古稀開外的老翁。他在一九六四年擺脫了行政工作調到《人民日報》後，以「記者」身份深入各地，撰寫詩歌和報告文學，一時間真是佳作頻出。

「文革」爆發，郭小川，賀敬之、黃鋼分別被原所屬的作家協會、戲劇家協會和電影家協會給「揪」了回來，成為「文藝黑線」的重要「黑幫」。他們三位都是青少年時奔赴延安，參加過抗日戰爭、解放戰爭，功績卓著，寫出過傳誦於一時的優秀作品。那會兒每個協會都有十幾二十名「黑幫」，比郭小川、賀敬之、黃鋼等大的、排在前面的有田漢、陽翰笙、邵荃麟、劉白羽、袁文殊等，還輪不上他們，所以在一九六七年底，他們紛紛起來「造反」宣布「自我解放」。這也是來自解放區的一些文藝領導人，作家、藝術家的時尚，他們以此表示與「四條漢子」為首的「三十年代的文藝黑線」不是一碼事。其實，這條「黑線」根本子虛烏有，是江青製造出來打擊文藝界、著名文人排除異己的政治陰謀手段。

郭小川等「自我解放」後，倒也得到群眾的諒解，不予追究，也無力追究。一九六八年，郭小川、賀敬之、黃鋼以及馮牧等又被捲入了以天津作家方紀和北京的美術家劉迅為首的所謂「天津黑會」事件，無非

郭小川（郭小川家人贈與本書作者）

是這批延安出身、經過槍林彈雨考驗的作家大文人，不甘心於充當「文藝黑線幹將」，而謀求「解放」繼續革命之路。此事被江青打成「反革命復辟事件」，姚文元也出來講話說什麼「要抓文藝黑線黑網上的小爬蟲」。這在本書第四章中已有描述，不再贅言。

一九六八年春夏、郭小川、賀敬之、黃鋼、馮牧都被大字報炮轟，提審不斷，卻是「事出有因，查無實據」，也沒有更無法拿他們怎麼樣，算是「犯走資派錯誤的好人」，「解放了」成了「革命幹部」。

一九六九年九月彼此分手，郭小川沒有像賀敬之、張穎各回人民日報和外交部（賀、張回去也沒有得到工作使用，而被分別送到首鋼、外交部五七幹校勞動），卻隨作協奔赴湖北咸寧，圍湖造田辦五七幹校；我們去懷來在洋河灘上蓋房舍，一別五年多，其間偶爾在北京相見。

例如馮牧被法外施恩准允回北京後，我一九七三年春曾去文聯大樓對面黃土崗胡同的作協宿舍中探望，在那裏碰到了閻綱，還有作曲家鄭律成等。馮牧此時醉心於治印，主動為大家刻圖章。馮牧曾任《文藝報》副主編，此前是雲南軍區文化部長、出身於北京官宦之家，原名馮先植，排行三，熟友如黃宗江等戲稱他為「馮三爺」，散文、評論都寫得好。他從小迷京劇，在京劇界交遊很廣，天津的厲慧良、雲南的關肅霜、北京的李世濟等都是他的莫逆之交；他更是程（硯秋）派藝術研究專家，與程先生是相知很深的忘年交。一九九三年曾被推選為中國程派藝術研究會會長。可是上文提到的這些人，除閻綱、李世濟外，都已作古了。

江青對這些文化名人是不肯輕易放過的，隨時都在派出爪牙尋找茬子好再整他們。郭小川被放逐到咸寧後，就是以「攻擊偉大領袖」的莫須有「罪名」而「二進宮」的。據咸寧的朋友相告，大約是一九七三年後，湖北省從咸寧幹校借調了一批人到武漢工作，其中就有郭小川。他在武漢寫了一首謳歌長江的長詩，內中有描述太陽的詩句，可被人「雞蛋裏挑骨頭」抓了小辮子，非說他是借寫詩發洩心中不滿，含沙射影地「攻擊偉大領袖」：那時毛澤東被稱作「紅太陽」，郭卻寫長江上的太陽以至落日餘暉美景的遐想，那是很容易被聯繫到政治問題上而被上綱上線的。所以，郭小川因「現行」問題又重陷囹圄而被監管專政，而且這一次是「中央專案」。

郭小川是作家協會的領導人，我是戲劇家協會的青年編輯，我們本來不相熟。一九五六年文聯各協會都遷入燈市口新建的文聯大樓，作家協會也從東總布胡同二十二號搬過來，大家都在一座樓裏上班，得以朝夕相見。那時，郭小川不到四十歲，很具風采，瀟灑不群。例如，那個時代，高級幹部冬天都穿黑禮服呢面水獺領子的皮大衣，戴水獺皮帽，可郭小川穿的卻是深灰條花呢面子的皮大衣，戴鴨舌帽，又沒什麼官架子，人很溫和、熱情。他不一定上下班非坐小汽車不可，有時騎自行車就來了。後來他搬到黃土崗胡同作協宿舍住，這是一所有幾個院子的大四合院，住了作協很多中層部門領導，以及青年單身漢。郭小川不過佔據一個小小的東跨院，房子不多，院中偶爾傳出叮咚的鋼琴聲，也不知誰在彈琴——近才知道彈琴者乃郭女小蕙，今中國人民大學教授，本世紀初曾與我在北京新開發的回龍觀居住區為鄰。

我同郭小川直接接觸是他已調到《人民日報》，家也搬到東單煤渣胡同的人民日報社高幹宿舍。他住一樓，大概是五六間一套的。賀敬之住在他樓上，同等規格。一九六四年夏天京劇現代戲匯演後，《紅燈記》、《沙家浜》等被抬到了高得無以復加的地位。一九六五年春，中國京劇院的《紅燈記》到上海演出，柯慶施、張春橋指令徐景賢等開動了上海的全部宣傳機器，對《紅燈記》大力宣揚，發表大量評論，吹捧得天花亂墜。這就給此京的報刊造成巨大的壓力，尤其我所在的《戲劇報》已挨過毛澤東的批，又是專業刊物，若發不出有分量的重頭文章，就無法交待，是自找倒楣。我們四處約稿。聽說郭小川看了《紅燈記》後很興奮很有些見解，我就登門約稿懇請他寫了一篇對《紅燈記》的長篇評論。

詩人之作果然不同凡響，文章寫得非常漂亮，充滿激情詩意，文采斐然，論述到位，見解很高，遠勝過《文匯報》、《解放日報》等刊出的所有文章。我負責的另一個選題是找錢浩樑即後來的「浩亮」寫一篇談李玉和人物創造的文章，這時他已取代多病的李少春而成了李玉和A角。但這篇由他口述、我執筆的重點文章卻沒搞出來，因為浩樑談不出什麼具體的藝術創造經驗體會，而是言必稱「江青同志指示我們……」，充滿了政治概念和口號，這讓我怎麼寫呢？心裏說，我這位同庚同鄉的老友怎麼變成這樣了，是不是有點中邪？一九六五年初秋，我奉命去京郊順義「四清」，就把未完成的稿子交給浩樑，請他另找人幫助成篇，實在對不起。後來聽說，浩樑對此有點意見，也許這是我從文化組選調時被刷下來，他不表態支持我的原因之一；也幸虧他如此。使我擺脫了與「四人幫」直接控制的文化組的干係。但這沒妨礙他在一九八八年解禁後與我恢復友誼來往，我並為之奔走，大力支持他復出重登舞臺，因為他是國家培養的相當有水平的京劇大武生，難得的藝術人才，是讓他唱戲又不是當部長，何況早已處分過了。

因為《紅燈記》評論的約稿，我同郭小川有了直接接觸，彼此都留下較好的印象。一九七三年初的大調動，我被文化組刷下來後，心情有些苦悶。回京休假我去看望馮牧，正巧閻綱夫婦也來了。我訴說被「緩調」的經過，流露出不想幹文藝了的思想。閻綱快人快語，建議我去找當時正在北京的郭小川，爭取去《體育報》，說他有可能出任即將復刊的《體育報》總編輯，因為他和中國乒乓球隊尤其是莊則棟的關係很好，曾寫過影響很大的描寫中國乒乓球幾奪世界冠軍的長篇報告文學。莊則棟此時開始執掌國家體委工作，推薦郭小川出山去《體育報》，而且經過郭的介紹，作家協會有幾位已經去了《體育報》。之後任《中國體育報》總編輯的張振亭，「文革」前北京大學中文系畢業後分配到作協，又「四清」又下五七幹校，就是在一九七三年由郭小川介紹去《體育報》的，一直工作至退休。上世紀九〇年代初，我捲入足球評論，寫了不少文章、出了書，在一些場合與張振亭見過，他很熱情。

「到《體育報》去！」使我動了心。我歷來對體育有濃郁的興趣，幼時曾隨京華足球著名門將徐琪先生學足球，算是受過一點正式訓練。已故的著名話劇表演藝術家、北京人民藝術劇院前副院長林連昆，解放前在北平崇德中學念書，徐琪是他們的體育教師，林也從徐學藝，出任北平「兄弟足球隊」的守門員，很有點名氣；足壇宿將、建國後首屆國家隊中鋒史萬春是這支「兄弟足球隊」的主力。著名電視體育評論員宋世雄亦出身崇德（今北京三十一中，楊振寧的母校），也是徐琪先生的弟子。從足球說，我們是同門師兄弟。所以，多年來我每與林連昆見面，總互稱「師哥」，我們是一師之徒，他比我年長，故稱之；他堅持認為比我從師晚三年，先入師門為師兄，不序年庚。

林連昆建國後考大學，報了戲劇學院和體育學院，考上哪個都行，演戲和踢足球都是他所鍾愛。結果戲劇學院的錄取通知書先到，他走上了戲劇之路，足球成了業餘。對此他不無遺憾：「要是去體育學院，沒准去匈牙利訓練的年維泗那一撥人中，還許有我呢！」在文革中，話劇無形被禁，連昆兄與他工作的著名的、集中若干話劇藝術大師的北京人民藝術劇院一起被趕下舞臺，去郊區勞動。大地春回後，他才重登話劇舞臺，《左鄰右舍》、《紅白喜事》、《狗兒爺涅槃》、《天下第一樓》等，充分顯示了他那已爐火純青的話劇表演藝術。後因腦溢血致殘，再而棄世，人們再也看不到他在話劇舞臺上的風采了。

我從小酷愛體育，這是我課餘的主要活動，另一個是看戲。也同連昆兄一樣，最終走上吃戲飯之路。我各種體育活動都上手，都玩得不錯，最鍾愛的是足球，從一九四四年看京滬正式比賽，得見亞洲球王李惠堂之後又一名宿、馬來亞華僑李義臣（綽號「黑印度」），半個多世紀以來，我還沒見過中國再有這麼出色的前鋒！我從一九五九年就開始寫足球文章，平日裏對足球資料、情況了若指掌，嘴皮子又「溜」，早就有人同我開玩笑，稱我為「張之（中央人民廣播電臺著名體育播音員，那時沒有電視，宋世雄還沒出道）第二」。若能去《體育報》，不會難住我，業務上我會駕輕就熟。

一九七三年的早春，天還未太暖，我按閻綱的指點，去天橋永安路拜訪在家的郭小川。郭早已從煤渣胡同的人民日報社高幹宿舍中被趕出，此時住在永安路友誼醫院對面的人民日報社的老宿舍中，一個門內有四間房，他住兩間，共用廚房和衛生間。

我是晚上去的，他家中「高朋」雖滿卻無「座」——此時郭小川家的狀況真有點慘，往日在黃土崗四合院、和平里作協宿舍樓、煤渣胡同人民日報高幹樓中的大作家家中的儒雅書香氛圍蕩然無存，可稱是家無長物，只有很舊的木板床和三屜桌，甚至連椅子木凳也沒有，郭小川和來訪之客都只好一律坐小馬扎——小馬扎三元一個，雜貨店中很好買。大作家的家中無椅待客，竟以馬扎代之，實為中國當代文學史上一奇談。

我去時，以馬扎而坐的有好幾位，其中有長影著名導演武兆堤，他與郭小川合作過電影《糧食》。在如此簡陋的條件下，郭小川依然是那麼談笑風生、瀟灑自如，對此毫不在意。郭夫人杜惠在虎坊橋光明日報社工作，對客人十分熱情，反而說笑話：「搬到這兒，我上班倒近了。」

在談笑中，我委婉地講了自己的遭遇和想去《體育報》工作的願望。郭小川說，我知道你喜歡體育，還有點見解，我是聽陳白塵和鄒荻帆說的。白塵在食堂吃飯時，與你們劇協那一桌比鄰而坐，曾聽到過你以足球的波瀾起伏與戲劇的矛盾衝突加以類比的高論；荻帆是球迷，你們一起看球，來往會更多，他說你對體育很熟很熱愛也有見解。至於他自己去《體育報》工作之事，他說現在還沒有定，只要有機會一定幫忙力薦。

郭小川出任《體育報》總編輯之事沒有實現。雖有莊則棟提名推薦，但江青等人對這些知名的文化人極不放心，就是不批。當然我的事也因之告吹。郭小川只好又回了咸寧，沒過多久就聽說他在湖北又「出事」了。兩年之後在團泊窪再次得見，他瘦了也老了，成了被押解、有專人看管的「準犯人」。但郭小川的精神狀態很好，一點沒有因被「專案」而懼怕的窩囊相。

他在團泊窪見到了老一輩的文化名人張庚、呂驥、袁文殊、馬少波、華君武、蔡若虹、李超、趙尋以及劉厚生、吳祖光、鍾靈、鍾惦棐等，有不少人在延安時就認識，建國後共過事的就更多。這些人有的已成自由身，還擔任了幹部，如李超、劉厚生等，也有一些人的問題還沒解決或接近於解決，但都沒有郭小川這個「二進宮」的「中央專案」厲害。可郭小川滿不在乎，照樣談笑風生，四處打招呼，根本不像個被「專案」看管的人。不過，只許他在幹校營區中活動，不許他踏出校門上大堤，這是上面下達的規矩。

生活悠閒的團泊窪之春

一九七五年的團泊窪之春，主要是迎接咸寧來的戰友，安頓生活。兩個幹校合併後，人員名義上有七百人，但老的、病的、有事請假滯京不歸的，占了三分之二以上，經常在幹校值班的、包括不許回京的「審查對象」，也不過二百多人。咸寧來的文化部和作協的朋友，承襲了一連的名號和住房，原以電影家協會為主的一連此前已併入五連，大部分人也搬到五連大院宿舍，如鄭雪萊、羅藝軍和徐虹夫婦，以及伙房的主力女將陳緯、馬潔等。但也有人搬不過來。頭一位就是後來的北京電影學院著名教授周傳基。他和妻子、女兒一家都在幹校，享有一間夫妻房。傳基兄愛好廣泛，他開手扶拖拉機，修理鐘錶、收音機，每天記天氣情況，室內亞如一個木鐵金工具俱全的車間，人下不去腳。但這一切不妨礙他工作、讀書、擺弄各種「玩意」。只是難為他的夫人、大教育家又是一九四九年南京政府和談代表李蒸先生的女公子，這樣的環境怎樣生活？但他們夫妻相偕相伴，其女周小歡與小女胡緯同庚，二人是玩伴。他們一家三口一起走完五七幹校的全過程，如今父為知名電影學者，女亦學有所成。他們是無法搬家的。還有一些原影協的朋友，與從咸寧併過來的朋友，都在老一連駐地花插著居住。開始甚至都搭伙在五連食堂，一個馬勺中混飯吃。大廚三大賢：曲協馮不異、影協鄭雪萊、文化部夏青，大展身手，南北風味的菜餚交相輝映。

兩個幹校合併後，歸國務院辦公廳主管，在北京設立了文化部留守處，算個司局級建制，為「前方」的五七幹校做後勤服務，設在東四頭條老文化部的院舍內。這裏原是美國辦的華文書院，花園洋房，建築極講究，還有網球場。建國後文化部一成立就在這裏。中國文聯和各藝術協會以及人民文學出版社，設在東院的建國初新蓋的五座兩層樓和一座三層樓中。西側單用圍牆分割出三座花園小洋房，上世紀五六十年代分別住著茅盾、周揚和陽翰笙。一九五六年文化部在朝內大街蓋起新辦公樓後，這東四頭條四號的大院，除留有一部分辦公機構外，其餘房舍演變成宿舍，從一九五九年到一九六五年我當單身漢期間一直住在東五樓。這院裏除茅盾、周揚（後搬出）、陽翰笙外，還住有文藝界部級幹部呂驥、劉芝明、徐平羽、徐光霄以及老司局級的周巍峙、王冶秋（前國家文物局局長）、馬彥祥等，也是個文壇群賢雲集的大院。留守處設在這裏，不僅理所當然，有地方可用，還可就近照顧在京休息的馬彥祥、吳雪、王子野、張光年、陶鈍、馮牧等一批著名老作家、老藝術家。

國務院還調撥了一輛嶄新的上海牌大轎車，每月定時往返北京、團泊窪之間，送一批人去幹校「值班」，接一批人回京休假，大家輪流「坐莊」，反正在幹校也沒太多的事，但必須有人「看攤」，已形成默契：值一個月班，歇兩個月。

一九七五年春，班車第一次開通時，乘客主要是來自咸寧的新一連的文化部、作協的朋友。他們從咸寧回到北京休整一段後，再到團泊窪「履新」。他們比我們困難：一九六九年秋我們下幹校時是家沒動；而他們去咸寧，不少人是舉家南遷，房子被收回，如今要重新安家找房棲身，勁就費大了。

一輛大轎車乘人，另有兩輛卡車拉行李。我們順便就利用文化部留守處食堂的供應關係，在朝內菜市場買了兩筐黃花魚和幾筐蔬菜，置於卡車上，拉向幹校。車隊出發了，大轎車裏談笑風生，因大多數是熟人。他們向我們幾個老「團泊窪」問長問短，當然我們趁機誇耀一番：前臨大河，後倚稻田，冬天溜冰（確實，不僅孩子們冬天溜冰，連我都把舊冰鞋帶到幹校溜過，不過工作後溜冰少了，腳脖子不聽使喚，遠不如那些子侄之輩「遛」），夏可游泳，風景優美，住居寬敞……正聊著熱鬧，忽然我們的車隊在進入天津管界時被攔住了。交警板著面孔正在訓斥領頭車司機「六萬塊」——劉萬元。原來天津的交警同北京「01」的車結了「樑子」，這還是于會泳那個新文化部引發的：國務院文化組時常派員到天津看戲，猶如欽差大臣，前有警車開道，車隊之後還有護衛車，文化組的新貴根本不把天津的交警放在眼裏，隨意違章亂闖，交警憋了一肚子氣不敢管也不許管。坐車的于會泳等人，包括「初瀾」這些人也是這麼霸道，其中就有離開團泊窪不久而成為于記文化部的骨幹。所以，天津的交警見了「01」的車就「憋氣」，總要找點茬子生出些彆扭來。我們這個車隊不僅是「01」，還聽說是什麼「文化部」的，那還不找尋找尋你，能讓你痛快進天津嗎？

幸虧「六萬塊」巧言善辯，反覆說明此文化部非彼文化部，這些人至今還發配在團泊窪五七幹校受苦；又拿出菜筐中的黃瓜給交警嘗鮮。因為時間若耽誤得太久，車上兩筐本來就不新鮮的黃花魚要壞！交警臉上逐漸陰轉晴，黃瓜那時很稀罕，吃人家嘴短，不好意思再為難了，揮手放行，還給遞了話：「再過這兒，歇會兒，都是自己人，沒得說。」這不知是那幾根黃瓜的功勞，還是天津交警們對于會泳等人及其部下的橫行霸道十分反感，我們作為受壓的對立面反而得到交警的同情。

車又開動了，我從大轎車中移到「六萬塊」的卡車司機樓中。司機大多爽朗嘴粗，他上車就罵：「裝丫挺的于會泳，你們得罪了天津公安，害得我們跟著吃了多少『瓜落兒』！」我忙安慰他：「多虧你老哥，連我都沒詞兒了。不過，你們開車的平日全跟大爺似的，誰要求你們都要先遞笑臉，怎麼今日對交警，好像耗子見了貓，平日的威風哪兒去了！」逗得「六萬塊」又罵：「這些丫挺的，就是跟開車的耍威風。哼，回到家沒準給他媳婦跪搓板呢！」我們這位劉大哥平日就有點「懼內」，他馬上由己度人，擱在交警身上了。於是「司機怕交警，交警怕老婆，一物降一物，滷水點豆腐。」一首新民諺就在團泊窪流傳開了。

鑑於採取輪換制，經常在校的不過二百人左右，原分為三個伙食單位，人力物力還是浪費，也分心勞神。這時的團泊窪幹校已是軍、地雙掌權，宋副政委等還在，李超已晉升為幹校領導人。他當過劇協祕書長，行政能力很強。找我們三個伙食單位的六七名管理員商量，準備把三個食堂合併成全校一個，從廊坊雇幾個專業炊事員做飯，解放大家；但你們這些管理員一個也不許去職，都留任，不過輪個班，平日留兩人在幹校管理採買就行了，其他輪流回京休假，按時換班。會計是當時還不許回家的老攝影家張祖道和有家不願回、怕老太婆攪鬧而長期住幹校的影協老會計我的紹興同鄉老沈。我既然剛從北京返回，這一個月的班兒當然是我的，還有戲曲研究院老范；王雲人、「孔聖人」等就回北京休假了。

一九七五年春天，鄧小平主政後，時間不長，大力整頓，形勢大為好轉，使大家對「左」的各種禁錮也逐漸懷疑而不大以為然。尤其是我等乃長期受當權者排斥的在野之身，與在于會泳等人控制的紀律森嚴的

「新文化部」工作的人，大有不同，未免旁觀者清，有時免不了要私下議論幾句時政，這只能是悄悄的。

我去看望了郭小川，他獨自住老一連的一間房子，左鄰右舍也是作協的，有的就是他的看管人員。僅兩年不見，郭小川憔悴多了，但精神很好，還是那麼樂觀熱情。郭小川由於是「二進宮」的「現行問題、中央專案」，他所受的待遇，要比華君武、張庚等「問題」接近解決的人嚴得多。在團泊窪這個環境，歷經風風雨雨，對「階級鬥爭」心有厭倦的人來說，嚴也嚴不起來。

負責監管他的也是作協的熟人，上命所遣身不由己，但睜一隻眼閉一隻眼總是可以的。慢慢大家也無分彼此，界限不那麼清楚了。常去看望郭小川的不少，鍾靈就是其中之一，他們在延安就相熟；華君武等還沒這個膽量，李超、劉厚生等官職在身自是不大方便，但面對大家與郭小川的親熱、關照，也視而不見不過問。郭小川也隨意活動，四處串門，到五連住地看望鍾靈、華君武等人，這都隨他去，只要不出團泊窪農場大門就行；不過，「不許出幹校大門」這一條，到夏天因游泳也無疾而終了。

郭小川仍是詩人氣質，生活上馬馬虎虎不拘小節，屋裏又髒又亂，他滿不在乎。晚上他常飲酒、下象棋、打橋牌消磨時光，牌友就有他的「看守」，棋友常常是小弟弟朱以中。小朱下一手好象棋，前已述過。郭小川好找朱以中挑戰，他們廝殺的結果常常是朱勝郭敗。郭小川很欽佩這位小弟弟高超的棋藝，把一副很精緻的象棋送給了小朱子，朱以中至今保留，視若珍寶。

要喝酒，酒好買，佐酒之菜他就托我外出採買時代購，醬豬肝、醬口條、醬雞，火腿腸，只要能下酒的什麼都行。酒友首推鍾靈，有時我和李欽也去。有了酒就要山南海北地聊。我們在幹校被禁錮日久，雖有些不滿和「出格」的想法，但怕惹事還不大敢出口；郭小川要大膽得多，他資訊也靈，已隱約涉及江青的文化專制問題了。我們那時還不敢搭腔。

郭小川的夫人杜惠打報告要求來團泊窪探夫。這是合情合理無法阻止的。杜惠行期已定，郭小川卻著了急，因為他的房間中髒亂得下不去腳，怎麼接待遠道來探親的夫人？作協的楊志一找了幾個人、也包括我，給郭小川「起圈」——打掃衛生。楊志一好說笑話，妙語如珠，當年下鄉勞動，只要有他在，這一趟准熱鬧非凡，故他榮膺「文聯大樓廢話協會主席」綽號。他把幫郭小川打掃衛生喻之為「起圈」，話是損點，但也名實相符：郭小川房間內的髒亂不比豬圈強多少。我們扔出了大量的垃圾，包括酒瓶子、罐頭盒、廢報紙以及破鞋、爛襪子，掃了房擦了玻璃，室內才略微像點樣。

杜惠到來後很高興。他們夫妻已兩年沒見了，丈夫的身體似乎不如過去，但個人生活能力好像「強」了，很為欣賞。待得知真情，是眾人相幫「起圈」的結果，郭夫人真是哭笑不得。

如今，杜惠已年逾九旬，精神矍鑠，除編輯整理郭小川文集等事外，前幾年還能騎車去游泳。十年前我們曾在她女兒、我的芳鄰郭小惠家中相見過。

郭小川「二進宮」，是上面存心整他，因為他不馴服，老有自己的主張。一個「天津黑會」沒整倒他。在咸寧幹校，一九七十年大抓大打「五・一六反革命集團」，咸寧的擴大化、鬥爭之殘酷要遠勝於靜海。文藝評論家閻綱在〈想起了郭小川〉一文敘述說：咸寧大抓「五・一六」時，閻綱和作協的大小兩個周明以及不少人都成了「五・一六分子」，也許因為實在缺人了，郭小川也被調到四大隊部使用。可這位善良助人、憂國憂民的詩人，卻給「五・一六分子」遞話要「挺住」、「千萬別自殺」；還給閻綱安定片吃，讓他鎮定——郭小川患有嚴重的失眠症，強力安眠藥都不管事，而且也買不到，藥房中只能買到安定片，他就大把地吃，還送給挨整的人吃，以安定心神。進而郭又暗中遞話：「這次準搞錯了，擴大化了。」「要實事求是，別胡說。」因為他在大隊部，有可能知道點「內情」。可是，他很不「檢點」，居然與「五・一六分子」大周明在一起下棋，談笑風生，周說：「我是『五・一六』，你是走資派又是老革命，咱們下棋你不害怕嗎？」郭坦然而答：「怕什麼？我問你：你認為你是『五・一六』嗎？你認為我是走資派嗎？反正我不這樣認為。」其結果，當然是郭小川不識抬舉，又被驅逐出大隊部，最後羅織罪名「二進宮」。

不過有一點咸寧和靜海不同：他們搞「五・一六」搞得又凶又狠面又大，但來勢兇猛平復也快。一九七三年春，我在北京見到了閻綱夫妻，沒深談，但絕看不出他是被剛狠整過的「五・一六分子」；靜海整的人不多，也沒那麼狠，但對待卻較嚴，其中重要一條就是剝奪他們的休假權，不許他們回北京闔家團聚，至少到一九七五年初還是如此。

在幹校輪班一個月，時光匆促，很快就過去了，又要回北京歇班了。這一個月沒什麼大事，生活也還悠閒，大家在思想上精神上似乎都有可意會而又難以言傳的某種與過去不同的鬆動。

春天過去了，夏天會怎樣？

思想活躍的團泊窪之夏

轉瞬兩個月過去了，又該我去幹校接班了。

七月初的這趟班車，居然人滿為患。而且人們臉上大多洋溢著一種喜悅興奮的神色。這是因為從春到夏，短短幾個月，經鄧小平的「以三項指示為綱」的大力整頓之後，鐵路、工業、軍隊等各方面都出現了新氣象。雖然文藝方面還沒有大動靜，估計也必然會有反應。這是國家的希望，也直接關係著我們這些人的前途命運。因為心情的陰轉多雲間晴，不少人把孩子也帶往團泊窪，在那裏過暑假，有水有田有房住，半農村要比北京城裏好，還不致因孩子放暑假沒人管牽腸掛肚不放心。我也將剛上小學一年級的女兒又帶去團泊窪。她已是輕車熟路，從四歲多第一次去幹校，到這時，已去過三四次了。她在汽車上對同她年齡差不多甚至比她大不少的大哥哥大姐姐，儼然以一個小導遊的身分大談團泊窪的如何好玩。

到了團泊窪，發現留在那裏的人的心情也同我們差不多，也是那麼喜興。如果說，我們在北京時，資訊還靈一些，那他們……他們有更實際的東西。原來被幾年留校審查不許回北京的「新」「老」人員，都允許回京探家團圓去了。我們到時，華君武、張潔都不在，回北京去了。唯獨郭小川不能享受這個權利。華君武他們已經五年多不許回北京，現在突然允許他們回去，這不是小事，說明他們的問題接近解決了，說明上邊的政策放寬了。

華君武等人大概是半個月的假。華君武回京除探家團圓外，還有一條就是治牙——他的牙壞得很厲害，是「無齒協會」骨幹成員，這也與團泊窪水質不好有關。郭小川的牙周炎到團泊窪後也更厲害了，有時疼得他徹夜難眠，但他沒資格回京治牙。

可是，這位華老頭假期沒滿，就提前歸隊了。我同他開玩笑：「真積極，到底有覺悟。」他一臉苦笑：「哪裏是覺悟呀，不怕你笑話，五年沒回家，家裏已沒有我住的地方了。」他原來住在朝內大街一個三居室，兩夫妻三個孩子並不寬綽。一「革命」，被勒令交出一間房，五年多沒回家，孩子都長成了大小夥子，兩間房四張床已擠得滿滿的，「沒辦法，只好在我老婆的單人床邊再接上一塊木板，兩人擠著睡。天氣這麼熱，這不是活受罪嗎？哪裏有幹校中一人一間房寬敞涼快舒服呀！」

華老頭又悄悄對我說，他在北京去了一趟工人體育場，看了一場中國青年隊對阿富汗隊的足球比賽，

「真沒勁，打了個七比幾，一邊倒，讓人倒胃口。」我逗他：「你倒不挑食，不管阿貓阿狗，只要是用腳踢，就行。太沒水平了。」他長歎了一聲：「有好多年沒進工體看足球了，真想呀，就是在看臺上坐坐摸摸，也是舒服愉快的。」

可憐的華老頭，文藝界數一數二的老球迷。

團泊窪的夏天確實是美麗的。雖沒有綠樹濃蔭，但那千米寬的滔滔大河，和一人高的青紗帳，已使初次領略團泊窪風光的大人孩子們驚羨不已。這期間，「五七戰士們」大多上午從事些簡單的勞動，沒活時則讀讀書；下午能游泳的大多泡在獨流減河的碧波中。團泊窪的游泳之星當屬一九五七年被錯劃為右派，平反後曾任中央音樂學院黨委副書記，對東方古典音樂有精深研究的陳自明。他遊得好，從初春就下水，一直遊到十一月初結冰前，堅持了數年，練就一副好身體。

當時，他在音樂研究所。這個音樂研究所淨出奇人，游泳健將、捕魚能手、「亞衍聖公孔聖人」、調音和製造小提琴的專家，都在他們所。甚至還有一位精神不大正常卻是樂器製作能手的技師，他曾惹出過很大的政治事件。

那是他回北京休假，在北海大橋上逡巡漫步。那時的北海大橋兩側還不是今天這樣的高高的鐵欄杆，而是有如天安門前金水橋的那種漢白玉雕琢的不高的橋欄。這位老兄走著走著突然跨過南側的石橋欄，撲通一聲跳入了中南海。立時驚動警衛，入水搜捕很快抓住了他。這當然是「政治事件」，一上綱不得了。但他是個精神病患者，也拿他沒辦法，責令幹校領回嚴加看管。

為防止再次發生類似事件，保衛中南海的安全，北海大橋立即動工改建，拆去原有的矮石欄，改成二米多高、亞似監獄牢房那樣的鐵欄杆，而且在中南海一側的鐵欄杆上端還加了倒鬚鉤。這就使人無法爬上跨越，即使你有輕功躥上去，倒鬚鉤也會鉤剮著你動彈不得。那時是階級鬥爭統帥一切，中南海是重中之重，不這樣嚴防「階級敵人」行嗎？

在北海、中南海、團城和北海大橋這一組優美的古典建築群中，這大橋上南北兩列「文革」時期的怪種孽胎監獄式豎鐵欄杆特別扎眼，極不諧調。有關部門應早日予以改正，恢復金鼇玉棟橋的原貌。

下午，也有一些人在下棋、打橋牌。這裏簡直是一個幹休所。郭小川游泳遊得不錯，打橋牌、下棋他也數得著。此外，他還是極受孩子們歡迎、能講故事的「郭伯伯」。

孩子們到幹校度暑假，上午做作業，下午玩。還有少數是幹校的常住戶，即夫妻都在幹校，把孩子帶來在農場小學借讀。前述之周傳基的愛女周小歡，陳徹的兒子陳衛東，就屬於此類。小女介乎兩者之間：她幾次來幹校，從四五歲時就與周小歡、陳衛東等是玩伴，可她又不常住，我回京她跟著走，後來在北京上小學。她一來，這些舊時玩伴表示熱烈的歡迎。他們多數是一年級小學生，陳衛東大一點。他們都在學游泳，有空總要湊在一起玩過家家。

大一點的孩子當然不再玩「過家家」了。他們晚飯後纏著和氣好說話的郭伯伯講故事。郭小川有一天晚上面對幾個十多歲的孩子講起一九七三年世乒賽，郗恩庭斬關奪寨，最後奪取世界冠軍的故事，講得生動，聽者入神。等這段「評書」講完，郭小川端起茶杯還沒喝，一個女孩提問：「郭伯伯，這郗恩庭是男的還是女的？」我們旁聽者立時哄堂大笑，郭小川只能苦笑搖頭：孩子太小了，郗恩庭是男是女都分不清，我這一晚上的「開講」，白費勁了。

我們這幾個管理員還是想方設法去採買，把伙食搞好，甚至弄來了當時較稀罕的香瓜、白杏等。至於郭小川、白廣播景晟諸公的下酒菜，我是不敢怠慢的。

晚飯後，大家漫步於河堤上。夕陽西下，河水蕩漾，白帆點點，詩情畫意，美不勝收。

夏天，又是足球的季節。幹校中球迷不少，不少人頗具「段位」，資深又有見解。如果晚上電視有足球比賽轉播，會吸引一大批嗜此道者不顧蚊子叮咬，聚精會神的電視觀戰的觀眾。

還是此次返校前，一九七五年五月，西德業餘奧林匹克隊來訪，在北京由中國隊迎戰。西德隊一九七四年剛獲得世界盃冠軍，此隊雖為業餘，實力難比其國家隊及甲級隊，但瘦死的駱駝比馬大，也不可小視。球票那時是有組織地分配，不賣，當然我們這批二等公民與球票無緣。幸喜有電視轉播。那時擁有電視機者寥寥，遂相約聚在王傑家中一起觀戰。老王有一臺老式黑白電視機，他備好煙茶，熱情招待。

西德這支業餘隊，腳底下一點不比我們的國家隊差，雙方棋逢對手。一次混戰中，西德門將撲出卻未得球，形成空門；我隊一腳吊門，皮球直奔球門左上角，眼看必進，此時奔過來補位的西德隊後衛急中無奈，竟揮拳把球擊出，罰點球！

氣氛十分緊張，場上數萬名觀眾鴉雀無聲，我等在電視機前，也屏神靜氣，心怦怦直跳。主人王傑更是緊張得難以控制自己，先是來回踱步，後來乾脆走出房間不敢瞧了；可又不死心，遂趴在門框上，一隻眼在門外，留一隻眼睛瞄著電視畫面，呼呼直喘粗氣。我們真怕他發心臟病，但此時也顧不得了。只見主罰者李宙哲慢步走去，揮腳猛射，竟開了個「高射炮」！氣得王傑一步跳進屋裏，張嘴罵了一句：「屎蛋！」這是一向穩重溫和文雅的王老傑從未有過的失態。

次日，我去東四頭條的文化部留守處辦事，碰到已奉命回京休養的馬彥祥。馬公此時已年屆七旬，仍瀟灑倜儻，神采奕奕，「文革」的折磨沒有留下太多痕跡。馬公好球文壇有名，過去任主管戲曲工作的文化部藝術局副局長時，經常要晚間看戲，可是每遇到有國際足球比賽，他是「捨戲就球」，理由是：「戲還在演可以補看；球就這一場，過這村沒這店。」

但這話不能公開講出，只能在看戲時藉故溜號。二十世紀六十年代，我們同住在一個大院中，看戲、看球常一起出行或在劇場、球場相遇。馬公一談起球，也是從李惠堂開天闢地說起，與我這小他三十歲的晚輩成了球和戲的忘年交。

見到馬公，頭天晚上中德賽之球是必然話題。馬公聽了王傑的絕妙表演，哈哈大笑，接著說了昨晚他的一段奇遇：馬公搬了家，住水碓子，新買了彩色電視機，自忖也是與球票無緣的，逐約了兩位朋友一起電視觀戰，邊看邊聊——看足球比賽，一個人不言聲而沒聊伴是最沒勁的，在看臺上可以呼喊宣洩，看電視也要不時口評嘴說。離開賽還有半小時，馬公與朋友閒談等待。突然一小友氣喘吁吁送來一張球票，馬公大喜，對友人深施一禮；請安心在舍下看球，煙茶隨意，恕我不恭，先行一步。言罷這七旬老翁從水碓子飛步奔向工人體育場。他的感受是：「真棒！現場跟看電視就是不同！」

我回到團泊窪，將馬彥祥、王傑看球的趣聞，告訴給沒看上這場球賽的華君武。他長歎一聲：還是你們有福氣，這場球天津沒轉播，乾著急。對王老傑一眼門裏一眼門外的奇妙表現，眾人拊掌大笑，不知是誰立時編了一句歇後語：「王老傑看足球——一隻『虎』（獨眼龍）！」

大概是鍾靈的創作，他在這方面腦子來得飛快。

就在酷暑中，傳來了科威特隊要在北京比賽的消息。通過《參考消息》，我們已知西亞的足球正迅速崛起，其中科威特國家雖小，足球卻是佼佼者。此前，在伊朗舉行的亞運會上，伊朗隊力克群雄一舉奪冠。這都是文字介紹，而無緣目睹。如今科威特隊來了，多好的機會，可一睹西亞足球風采。奈何天津電視臺不肯從人願，硬是不轉播。是日，團泊窪幹校的球迷們心緒不佳，晚飯後漫步於大堤上，百無聊賴。

忽然，廣播大喇叭響了，傳出了「白廣播」的渾厚聲音：「請足球愛好者，趕緊到司機班門前，看北京足球比賽的電視實況轉播。」他這一嗓子，使我們不禁在大堤上駐足停步，怕聽差了。「白廣播」反覆廣播了好幾遍，最後乾脆點名呼叫郭小川、華君武、王傑、李欽、蔡若虹、陳徹、尚進……凡足球愛好者，誰還沒到，廣播一再催請，直至群賢畢至。

原來司機、電工們，找了一臺靈敏度較高的九英寸黑白電視機，接上高高的天線，直收北京。電視機置於卡車上，車前放了幾排木板凳。大家不顧夏夜蚊子叮咬，幾十人津津有味地盯著那臺小小的電視機。由於團泊窪與北京相隔太遠，接收到的畫面不夠穩定清晰，但是在先農壇體育場舉行的這場北京隊（實為國家隊）對科威特隊的足球比賽，我們終於看到了。球打得十分精彩，雙方竟九次破門，結果我隊以五比四小勝。

大家興盡而返，並無睡意，從科威特人騎駱駝到引進現代足球又談到人家國家的興旺發達，而我們……

一九七五年夏天團泊窪的生活是安適愉悅的。但，我們不是只知吃喝玩樂，一天三飽倆倒，不用頭腦的人。這時幹校中人們的思想狀況，用郭小川創作於此時此地的名篇〈團泊窪的秋天〉中的詩句，可稱是最好的形容和描述：

> 團泊窪，團泊窪，你真是這樣靜靜的嗎？
> 全世界都在喧騰，哪裏沒有雷霆怒吼風雲變化！
> 是的，團泊窪的呼喊之聲，

也和別處一樣宏大；
聽聽人們的胸口吧，其中也和鬧市要一樣嘈雜。
……
在明朗的陽光下，隨時都會有對修正主義的口誅筆伐；
在一排排紅房之間，常常聽見同志式溫存的夜話。
至於戰士的深情，你小小的團泊窪怎能包容得下；
不能用聲音，只能用沒有聲音的「聲音」加以表達。
……

郭小川的詩句，真實具體地描寫抒發了團泊窪幹校中幾百個身受「四人幫」歧視被打入另冊，而又不甘於蟄居屈服的文化人的心聲。

鄧小平主政後，國家各方面形勢大為好轉，眾人也看得一清二楚。用江青等人的話說，一九七五年七、八、九三個月是「政治謠言滿天飛」；而廣大群眾看到聽到認識到的是國家形勢包括文藝工作都在往好的方面轉化。

白天，大家一切如常，該幹什麼還幹什麼；晚上乘涼閒談時，就衝破了禁區，從國家大事到文藝工作，都是談資話題。外面的「謠言」也無腿無影地滲傳入團泊窪。

這方面，仍在受「監護」沒有人身自由的郭小川以其詩人的敏銳、戰士的無畏，走在了眾人之前。

還是在夏初，在大食堂內眾目睽睽下，郭小川問華君武：「君武，你說你是不是走資派？」

這是一個極富挑釁性的政治性提問，答案是不言自明的。華君武出於政治上的謹慎，採取「無可奉告」的態度；郭小川從容自若，滿不在乎。更妙的是，沒有人認為他這是「復辟回潮」，更沒有人去向軍宣隊打小報告邀功。

軍宣隊此時也樂於多一事不如少一事。此時的幹校，是「秋後的螞蚱，沒有幾天蹦了」，個別人利用手中之權，能撈一把就撈一把：有位軍宣隊的妻子死了，小姨子續弦，還要在天津辦喜事，拿出錢買了點肉、魚、雞等，讓幹校食堂給加工成半成品，油鹽料酒佐料全是食堂的，我們打了幾個「夜作」；做好後讓吉普車送到天津；有的軍宣隊人要走了，要這要那，什麼全要，公家的電料木板要，私人的衣服裙子也要；還有的把家屬接到幹校住，來時行李簡單，走時兩卡車；甚而個別軍醫以治病為名，對女同志動手動腳……

人的十個手指不一般齊。總的說，我們團泊窪的軍民關係一般較好，還沒發生其他地方利用權力橫行不軌的大問題，我們知足並感謝他們。前幾年見到年近九旬的劉厚生，說起往事，他說：比起很多人，咱們「文革」中還算福氣，沒受大罪，這與軍宣隊還不錯有關。

著名劇作家兼戲曲理論家馬少波因病一直在北京休養，一九六一年他從中國京劇院常務副院長的位置上被整下來後，工作關係放在戲曲研究院。「文革」中他挨鬥挨得很厲害，以至肺部舊疾復發，咳血盈盆，雖名單在幹校，卻實難下來，而在京臥床不起。此時他身體略好，來到他早就該來的團泊窪幹校。他的夫人李慧中是劇協《劇本》月刊的老編輯，一直在幹校。此時，馬少波來到團泊窪夫妻團聚，晚上我們在院中聊天，他帶來了一些北京的情況。不過，馬少波一向言行謹慎，有些話他不便在大庭廣眾中深談。

郭小川跑來看望馬少波，直截了當地問：「少波，聽說毛澤東對影片《創業》有個批示，還涉及到影片《海霞》，他們要禁，主席說了話，有批示……」馬少波不置可否地笑了，含蓄地表示聽說過，但沒有具體言及內容。郭小川急不可待，就把他從各個渠道聽到的關於毛澤東對電影《創業》的批示說了出來，這就是那有名的一九七五年七月二十五日毛澤東在此片編劇張天民的來信上的批示：「此片無大錯，建議通過發行。不要求全責備，而且罪名有十條之多，太過分了，不利於調整黨的文藝政策。」

這個批示跟十一年前針對文藝界和文聯各協會大加撻伐的批示截然不同：那是要整人，整文藝界；現在要「調整文藝政策」，具體說是針對江青及于會泳等人的「新文化部」的，是他們掄起了否定此片和排斥打擊廣大文藝工作者的殺威棒。

《創業》我是在之後一個時期回京看到的，包括也挨批遭否定的另一部影片《海霞》——據小說《海島女民兵》改編。這兩部影片在電視中播映過，郭小川只能在電視中看，所以他在〈團泊窪的秋天〉中又有這樣的詩句：

解放軍兵營門口的跑道上，
隨時都有馬蹄踏踏；
五七幹校的校舍裏，
螢光屏上不時出現《創業》和《海霞》。

《創業》事件及毛澤東的批示，對幹校每一個人都震動很大。「一朝被蛇咬，十年怕井繩」的張庚、馬少波、華君武、袁文殊、王朝聞等，雖然難掩臉上的興奮，但是大多出言謹慎，不大願具體涉及。馬少波最多只談談「文革」使他重新識別了一些人，為了某種目的可以無中生有地捏造事實，欲置人於死地。如誣衊他迫害已故的京劇名家程硯秋和楊寶森，而事實是，他受周恩來總理的委託，負責在政治上聯繫幫助程硯秋，一九五七年十一月由周恩來、賀龍介紹程加入了中國共產黨。程一九五八年三月逝世後，連程墓的碑文都是馬少波的文筆。楊寶森一九五七年秋冬重病，經濟十分窘迫，馬少波以中國唱片社顧問身分，促成程硯秋、楊寶森合錄《武家坡》唱片，不僅為中國京劇留下了絕響的聲腔資料，也暫緩了楊的燃眉之急。沒想到「文革」中被倒打一耙，把「迫害程、楊二名家致死」的帽子硬扣在馬少波頭上，馬怎能心服。

郭小川所受迫害要甚於馬少波，但他不大在意自身的安危榮辱，他更關注國家以及文藝工作的前途命運。鍾靈在〈團泊窪的日子——憶小川〉一文中，說了他與郭在幹校的一段經過「特別批准」的來往：他們一起喝酒，夜深人靜，「酒酣耳熱，也就無話不談，一反那些戒律，不但談文藝，必然涉及政治，小聲地斥罵江青一夥，更可以當作下酒菜，非常痛快！」據鍾靈回憶，一九七五年八月間，郭小川竟有十幾天不來找他喝酒，終日不出屋，不知他在忙些什麼。有一天郭終於來找鍾，神情緊張嚴肅，閂住門，從懷裏拿出一疊稿紙，長達萬餘字，是對整頓文藝工作和文藝界的意見書，其中最尖銳的是改組以于會泳為首的文化部，恢復文聯和多個協會的職能，團結文藝界更好地為人民服務，堅持百花齊放、百家爭鳴方針，反對一言堂和文化專制主義。

郭小川說這是準備上書鄧小平的稿子，請鍾靈提出修改意見。鍾靈只提了兩點，一是要再強調一下堅持毛澤東《在延安文藝座談會上的講話》的指導精神；二是口氣中再和緩一些，儘管文字華美，說理透徹，但不要太長。郭小川完全同意，一邊喝酒一邊動手修改，概括成十二條意見，幾乎幹了一個通宵。鍾靈擔心這信怎麼送上去？郭小川神祕地說：「我自有通天渠道。」在抗日戰爭時期，郭小川曾擔任過王震將軍的祕書，關係很深，故此話不是沒來頭的。

我比郭小川晚了一輩，交往也不深。像這樣的機密大事，顯然他不會向我說，也不會跟別人提起。但大約可以肯定，這是在他與馬少波夫婦和我夜談之後的事。若干年後，在去承德旅遊時，與許廷鈞夫婦同車，這位「慢兄」一九七五年夏在團泊窪是郭小川的牌友兼酒友，常深夜暢談。郭曾向許道及于會泳的文化部肯定要改組，他可能要到中宣部去主管文藝。

這篇「萬言書」怎麼送上去的，上面有何反應，我都無從知曉。但我讀了鍾靈的文章後，更加佩服郭小川的為人、品格和膽識，也就更能理解他在〈團泊窪的秋天〉中的詩句：

戰士自有戰士的性格：
不怕誣衊，不怕恫嚇；
一切無情的打擊，只會使人腰杆挺直，青春煥發。
戰士自有戰士的抱負：永遠改造，從零出發；
一切可恥的衰退，只能使人視若仇敵，踏成泥沙。
戰士自有戰士的膽識：不信流言，不受欺詐；
一切無稽的罪名，只會使人神智清醒，頭腦發達。
戰士自有戰士的愛情：忠貞不渝，新美如畫；
一切額外的貪欲，只能使人感到厭煩，感到肉麻。
戰士的歌聲，可以休止一時，卻永遠不會沙啞；

戰士的明眼，可以關閉一時，卻永遠不會昏瞎。
請聽聽吧，這就是戰士一句句從心裏掏出的話。
團泊窪，團泊窪，你真是那樣靜靜的嗎？
是的，團泊窪是靜靜的，那裏會時刻都在轟轟爆炸！
不！團泊窪是喧騰的，
這首詩篇裏就充滿著嘈雜。
不管怎樣，且把這矛盾重重的詩篇埋在壩下，
它也許不合你秋天的季節，
但到明春，准會生根發芽！

郭小川此詩作於一九七五年八九月，大約是在他的「萬言書」之後。詩言志。這首詩顯示了身陷逆境的詩人的風骨和豪氣。這就是郭小川！

這首詩當時我沒能讀到，是一年多之後，在「四人幫」倒臺後的慶祝會上聽到此詩的朗誦，還包括郭小川在此詩寫成之後一個多月創作的另一首名作〈秋歌〉。由於團泊窪的特殊經歷和與詩人的交往，我更能理解郭小川及其詩作的深沉感情。

可惜，我八月底因孩子開學而匆匆返京，沒能成為〈團泊窪的秋天〉一詩的最早讀者。但〈秋歌〉則不同，容後敘。

所謂「七、八、九月的政治謠言」，更多的是回到北京後聽到的。一個是所謂的毛澤東的又一次「文

藝批示」，到今天沒能證實；從傳說的文本看，很可能是身受「四人幫」重重壓迫的文藝人一種美好幻想、表抒心聲式的口頭文學創作。另一個是江青的「紅都女皇」事件，其實這也是弄擰了，真實的情況是江青一九七二年八月在北京、廣州，多次會見應外交學會之邀來訪的美國副教授維特克時，她胡吹亂侃，甚而洩露國家機密，企圖借外國人之手為她樹碑立傳。這次極不正常的會見的主陪，就是本書前三章幾次提到的原劇協領導成員張穎同志。一九六九年秋我們下五七幹校，她調回了外交部，從外交部幹校返回後曾任外交部新聞司司長，中國駐加拿大大使館文化參贊，陪同其夫章文晉出使美國、加拿大。江青接見維特克之事，張穎從頭到尾參加了，並且以此內容寫了一本書：《風雨往事——維特克採訪江青實錄》，河南人民出版社一九九七年十月出版，用不著我再多饒舌了。

一九七五年的夏秋，團泊窪五七幹校中的文人們，可以說個個興奮，人人喜悅。因為他們看到了國家在往好的方面漸變；只有國家變好了，我們的個人命運也才會向好的方面轉化。人們在希冀著、等待著美好的明天。

「批鄧」風起，幹校速撤，郭小川一次「解放」

一九七五年八月下旬，我帶著曬得黝黑、學會了游泳的女兒，回北京「休假」，主要是孩子要開學了。回到北京，感到氣氛與兩個月前我去團泊窪時不大一樣了，主要是一種寬鬆和愉悅。天氣還較熱，晚飯後大家到樓下乘涼聊天。從我住的樓西側的那座樓中，踽踽出來一位老人，灰布長褲白襯衫，蹣跚地走到離我們不遠的地方，坐在水泥臺階上，聽我們聊天。怎麼那麼面熟？老人也在朝我笑。啊，陽翰笙！大難不死的「四條漢子」之一，文藝界官稱的「翰老」，從監獄裏放出來了！

陽翰笙原來住在東四頭條四號老文化部大院的西側小洋房中，與茅盾、周揚比鄰而居，年輕人戲贈這三座花園洋房中住有「三條巨龍」。我因工作關係，幾次到翰老家中，茅、周二公官邸則無緣進門。一九六四年他與田漢一起挨批，被「選」掉全國人民代表後，文化部就不讓他再住下去了（也為了安排一茬新部長的住處），把他遷往安定門外新建的樓房中，倒是仍按部長級標準，給了兩個三居室一層樓，與我比鄰而居。「文革」一「造反」，陽翰笙只剩下一個三居室，另外一套讓文化部一位司機占了。人在矮簷下，怎敢不低頭。他的好友吳雪住在樓下，也在挨鬥倒楣中。

後來，陽翰老被關押入獄，江青又點了歐陽師母（陽翰笙複姓歐陽，參加革命後複姓只留一個「陽」字，他與李鵬之父、共產黨的早期領導人李碩勛在成都是中學同窗，又一起參加了南昌八一起義）唐棣華之名，說「這個女人很壞」。每當看到瘦小枯乾滿頭白髮的歐陽師母在排隊買菜時，我心中不禁酸然，但又不敢搭腔。

既然見到陽翰笙老人，他也認出了我，我理所當然地過去問候。也僅僅是問候而已，不敢過深交談，當然翰老也不會與我這僅是認識的晚輩深談。

這幾乎成了定例。晚飯後我們下樓聊天乘涼，翰老必然走出來，離我們十來米遠坐著聽，我也必定過去問候一下打個招呼。我的芳鄰聊伴中，也有有來頭的大人物的子弟，如辛亥革命元老、無黨派民主人士李書城先生的哲嗣李聲和，民革領導人、被錯劃為右派的陳銘樞先生的乘龍快婿張星伍。他們見我對翰老很恭敬，就問我這位老人是誰？我如實告之，李、張二位肅然起敬。

聲和兄的大姐丈馮乃超，與陽翰笙是二十世紀三十年代左聯時的戰友，其叔父李漢俊是中共一大代表，中國共產黨宣布成立的「一大」，就是先在上海李家中召開的，即當今的「革命聖地」中共一大會址。李聲和出身名門，卻陰差陽錯沒有讀大學，成為技術精湛的八級汽車維修工，那時在文化部藝術研究機構（今中國藝術研究院）當司機。有一次他開車送一位文藝界老同志去看望馮乃超，到達後他跟著也進了馮家，隨便得很。這位領導同志剛要用眼色暗示他要注意禮貌，不想馮乃超先作了介紹：這是我的內弟。因有馮乃超這層關係，聲和兄過去也拜問了陽翰笙。翰老只是笑笑，不多言。

聲和兄算新文化部的，有江青、于會泳在，他出言較謹慎；老張時在工廠，精明幹練口沒遮攔，不管不顧，什麼都敢說，直點江青之名，葷的素的、雜七雜八什麼全有。我是聽多言少，陽翰老更是遠遠地靜靜地傾聽這來自普通百姓的言聲。

在團泊窪幹校，此時除了郭小川外，所有的新老「審查對象」，包括「中央專案」的，已都被允許回京休假。有一天，趙尋突然來到我家（他住和平里，與我相隔不遠），說他來看望陽翰笙和吳雪，順便到我家坐坐，托我辦點小事。這在一年前是不可想像的。

有時也遇到一九七三年陸續被文化組——文化部調走的熟人，他們反而向我們打聽一些情況。看得出他們的思想被禁錮得很嚴，膽小怕惹事，又想知道點資訊。有的熟友甚至慨歎：「不吃他人飯，不受他人管。倒很羨慕你們的逍遙自在，不像我們戒律重重。」這是由衷之言。

九月金秋，北京是美麗的。但此時的秋高氣爽，卻使人感到「氣象」不對，要起「風暴」，隱隱約約、話裏話外，感覺到是朝著鄧小平的「整頓」來的。

那時，我們可稱是生活在社會的底層，是打入另冊的，上面的鬥爭既不瞭解又無傳達；但多年的經驗積累，使我們多少有點政治敏銳性，預感到要出事，剛穩定了半年，又要「亂」。雖然這時還沒提出「批鄧」，只是評《水滸》，批宋江。

在北京看了停擺多年的全國運動會的各項精彩比賽，過了國慶日，突然接到留守處傳來的緊急命令，全體人員，尤其在幹校擔任一定職務的（大概指我等之輩），立即返回團泊窪。因為接到了國務院辦公室的緊急指示：立即撤銷文化部靜海五七幹校，限十天全部清理完畢，物資移交（新）文化部的紅藝五七幹校（已從北京北郊溫泉遷往南苑），全體人員撤回北京學習待命。

遙遙無期的團泊窪幹校何以立時限十天結束撤回北京？與此同時還有令人驚異的事：馬少波、袁文殊調（新）文化部藝術局，參加以胡可為首的領導小組，也是限時報到；郭小川的「中央專案」也宣布結束審查，「沒發現任何問題」，再次「解放」。

大小轎車、吉普車、十部卡車〔有（新）文化部的五輛，其中就有前面提到的李聲和開的車〕浩浩蕩蕩從北京開往團泊窪。率先開路領頭的是一部小轎車，裏面坐著由幹校負責人李超陪同的兩位解放軍，他們是中央專案組的，到團泊窪宣布郭小川的「結束審查」，小轎車比我們早到兩小時。等我們到時，郭小川的「結論」已宣布完畢，要他次日返回北京。

這是團泊窪幹校最後的大團圓，各路人馬到齊，收拾公物辦移交，整理行裝回北京。我們管食堂的「八大金剛」也到齊了，確定這樣的方針：立即清算伙食帳，把全部節餘用於最後十天的伙食，保證大家吃好。還有來接東西的（新）文化部的官員和司機等外客，更要招待周到。我們分了工，有管採買的，有制定食譜指揮操作的，有清理庫房盤點物資的；雇請的炊事員，暫退「二線」，只管主食及打下手，掌勺的則是幹校的烹調能手鄭雪萊、馮不異、夏青等，「全梁上壩」，大顯身手，各種美味佳餚任你做。

我白天忙了一天，到晚上才抽出時間去看望郭小川，向他祝賀。

一向生活無序的詩人，行李物品不少，在眾人的幫助下大多已打好捆，只剩被褥明晨走前一捆就完了。屋裏人很多，大家都高興，話一說就沒完，可也說不出太新鮮的。我也插不上嘴，和鍾靈等還有食堂的事要幹，就先告退，打算明晨過來幫詩人裝車送行。

我們的事情駁雜，工作到很晚。郭小川住老一連，離我們不遠，遙遙望去，時已深夜，他室內的燈還亮著。這時萬籟俱靜，眾人皆已入睡；詩人郭小川素有失眠症，此時定是睡不著。也許他正文思澎湃，又在寫什麼東西吧？

我所料不差。次晨，我們過去送行時，郭小川臉色灰暗，興奮中難掩倦意。他隨手遞給我們幾頁稿紙，就是那首比〈團泊窪的秋天〉更為驚世駭俗、充滿戰鬥火藥味的名詩〈秋歌〉！果然他一夜未睡，寫出了這傳世不朽的名篇。我們幾個人有幸成了這首名詩的第一讀者。

郭小川在團泊窪僅半年有餘，一首〈團泊窪的秋天〉，一首〈秋歌〉，對中國詩壇貢獻不可低估；還有他在祕密狀態下向中央就文藝問題的上書建言，體現了一位老文藝戰士的拳拳之心。他用自己的足跡走出了一個偉大詩人的可歌可泣的人生之路。

郭小川走了，大家揮手送別。行前，他悄悄語我：回北京再聯繫，可能會有大變化。

十天的緊張忙亂勞累，人困馬乏，累得我們幾個管事的毫無胃口，再好的美味佳餚也吃不下。我們還要向農場、向果園隊、向靜海縣委道謝告別，人家都設宴餞行，這種應酬又不能不參加，連鍾靈這個外號「絞肉機」的體健胃好、能吃能喝的主兒都有點招架不住了。十天很快地過去了。我們終於裝完了最後一輛車，扔上自己的行李箱子，高坐在卡車頂上，搖搖晃晃地告別了我們在這裏生活了五年的團泊窪，實在令人難以割捨，至今仍不時在夢中重回故地！而今團泊窪已興建成著名的旅遊勝地。

第十章
逃脫魔掌慶新生

長達六年一個月、曾三易其地、四搬其家的文化部靜海五七幹校壽終正寢之後，我又跑了兩趟靜海辦掃尾的事，同行者有「聖人」孔德墉。坐吉普車去，住縣招待所，就我們兩人加司機。老孔在靜海關係熟，居然還有補請餞行的。酒足飯飽後同住一室，深夜長談，談他的家世。又談幹校中複雜的人際關係，哪個人是可交的赤誠漢子，哪個人喜歡背後算計人，要留神，「害人之心不可有，防人之心不可無。」這位比我大十來歲的兄長，被人們稱「猴精猴精」的「聖人」，以其人生閱歷明以教我。可惜自此之後，至今近四十年只見了一面，現在只有電話、通信聯繫，也不多。

再也沒見到郭小川

我回到北京後，心裏還在惦念郭小川。在幹校最後關閉之際匆匆而別，不及細談。在北京的留守處也沒有見到郭小川，據說他的組織關係被立即轉到了中央組織部，與文化部脫離關係了。

惦念郭小川，還有我個人的原因，那就是我還想通過他和莊則棟的關係，介紹我去《體育報》。北京是回來了，與老母、妻女也團圓了，但仍是賦閒在家沒工作，人前人後還是抬不起頭。

我給郭小川寫了一封信，除問候起居外，也談了幹校最後結束時的情況，最後婉轉地表示還想去《體育報》，不知可能否？

很快，他回我一封信。那時，我們都沒有電話，他住南（天橋）我住北（安定門外），只能靠綠衣信使聯繫。郭小川的信內容很簡單，說：情況最近發生了很大變化，包括莊則棟，今非昔比；要我按約定時間去他家，他同我談談「形勢」。同時附有一封給吳雪的簡信，託我轉交。吳雪與我為鄰，住在陽翰笙樓下，他的兒子同我的女兒同在地壇小學上學——吳雪元配無出，上世紀六十年代病逝；繼室生有一男一女，故孩子尚小。

我按約定時間去了永安路郭小川家。他不在家，郭夫人杜惠代表他道歉，說胡喬木有事臨時把他找了去，實在對不起。喬木找郭小川，當事關要緊，比約見我這無名小輩重要得多。杜惠說，等小川回來另約時間，你再辛苦一趟。我也願再來，可以從郭小川那裏多聽一點關於形勢的分析。

但是，我沒有機會再見到郭小川——很快他就離開了北京，根據中央組織部的安排，他到河南林縣去深入生活。我想這是設法避開江青及于會泳的文化部的魔爪，暫時惹不起，躲開你總可以吧。（郭小川於一九七五年十一月從北京去河南林縣，是當時的副總理紀登奎安排的。）

沒想到，郭小川這次離京竟一去不復返。一九七六年十月，「四人幫」倒臺，大地回春後，他因意外事故死在河南（一九七六年十月十八日凌晨，郭小川逝於河南安陽「一招」，時年五十七歲）。一九七五年十月中旬，在團泊窪的那個清晨，讀罷他的新作〈秋歌〉後送他上汽車回北京，竟是最後的訣別。不僅是我，還包括許多與郭交情比我深的人，從那日之後，都沒有再見到過郭小川。

可是，我如約去郭小川家並沒有見到他，以及為他給吳雪轉信等，一年後，卻成了一樁大罪，不僅惹禍上身，甚至還連累了吳雪。此事容再詳述。

急令團泊窪幹校十天撤回，很重要的一個原因是，國務院辦公室按鄧小平整頓的指示精神，與于會泳的新文化部幾經交涉，迫使他們不得不放棄「新文化部與舊文化部毫無關係」的堅持，勉強地把團泊窪幹校和原文化部、文聯這幾百人接收過來，算「歸口」，成立了文化部幹部分配辦公室，司局級建制，實際上人家什麼也不管，只不過預算經費從國務院轉到文化部撥發而已。

因此，我們很清楚自己「歸口」後在「新文化部」的地位——打入另冊的「三等公民」。

于記文化部的「三等公民」

何言「三等」？一等是于浩（亮）劉（慶棠）等人的嫡系親信，包括初瀾寫作班子、安插的各部門領導，有北京的也有上海的；二等是從原來各文藝單位調入國務院文化組及新文化部工作的人員，他們都是做具體業務工作的，不過是從舊文化部、文聯跨入了「革命」的新文化部，當然不是受重用的嫡系；我們這些從幹校回來的老文化部、老文聯各協會的人，行政關係勉強隸屬於人家，實際是沒工作待分配，故曰「文化部幹部分配辦公室」，是為三等，屬於另冊。人家對這批人很不放心。

可是，懾於當時落實幹部政策這股風，再加上毛澤東關於「調整文藝政策」的指示，于會泳的文化部也不能硬頂著不辦。所以在把馬少波、袁文殊調入藝術局擔任領導小組成員後，又決定恢復《人民文學》、《人民戲劇》、《人民音樂》、《人民美術》等文藝雜誌，發表創作和評論。

辦刊物，主編一職要夠量級有名氣。於是袁水拍、張庚、華君武等分別被任命為文學、戲劇、美術雜誌的主編，又從已調往文化部的和在「分配辦公室」待命的人中調了少數人，組成各個編輯部，籌備於一九七六年出刊。但是，這些主編只是個牌位，沒有實權；實權在于會泳他們派來的親信嫡系的常務副主編手中。像人民文學雜誌那位常務副主編就是從上海來的；戲劇雜誌的常務副主編是從團泊窪幹校最早調到文化組的，幾年鑽營頗受重用，地位不讓「初瀾」中人。我曾天真地向華君武推薦一位很有才能的青年美術工作者，華老頭苦笑：「咱只是個掛名，很多事情管不了，尤其是人事。」一語道破天機。

有一次去隆福醫院看病，偶遇原《文藝報》業務骨幹，在文學評論界很有名氣、與閻綱為一時瑜亮的謝永旺。他當時已去人民文學出版社工作，上世紀八十年代中期曾出任《文藝報》總編輯。他向我悄悄而言，很為幾位原僅是文聯各協會刊物普通編輯的熟人，因受重用，一躍而成執掌刊物大權的主要負責人擔心：「玩得轉嗎？」我只能笑答：「何必『看三國掉眼淚——替古人擔憂』呢！」

這時「批鄧，反擊右傾翻案風」黑風已起，「分辨」按照上頭吩咐，安排大家學習。學習不過是那麼回事，照報紙說說套話，言不由衷；這時又不像在團泊窪時大家住在一起，而是各在各家中，也不是天天學習，每週一兩次，不過碰頭見面而已。而且也沒有紀律考勤，您愛來不來。

這時，話劇也有所恢復。中國青年藝術劇院排演了一齣戲，彩排時邀請了一些文藝界的老朋友來看戲，聽取大家的意見。這倒是「文革」前的老傳統。但是，青藝方面忽視了文藝界有黑、紅線之分，此時雖不似「文革」初期那麼強調了，雖全是文化部系統的，實際上仍有一、二、三等之分。他們邀請了青藝的老朋友、剛從「中央專案」中「解放」的趙尋前去看戲。趙欣然而往。戲結束後，青藝也是照老例，邀請趙尋等人見見演員。

這位趙尋被整多年，這時他有點忘乎所以，竟然沒當回事地上了臺見見演員老朋友。這可捅了大婁子。這種上臺接見，直到今天仍是首長「專利」，你趙尋當時是什麼人？竟敢如此猖狂，立時被當時在文化部實際管戲劇的某位密報上去，于會泳等當即抓住此事大做文章，說：趙尋上臺接見演員，是右傾翻案風在文藝界的典型表現！還專門為此下了文件，向「分辨」做了傳達。趙尋少不了又挨一通臭批和若干張大字報。我曾向趙尋核對過，他說有這事，細節已記不大清，因挨整挨得太多了。

我們只好在小組學習會上表態。口頭上譴責趙尋之不當，上綱上線是免不了的。但是調子並不那麼高。因為我們心裏明白，「分辨」終究是「另冊」的「賤民」，何必跟著于記文化部的指揮棒跳舞呢？心中也不禁埋怨趙尋：韜光養晦，古之名訓，何必急於出頭露面，找不自在？

看戲，本來是極普通的娛樂性活動，可是在「左爺」的眼裏什麼都是政治活動，這又何苦？因為，我有過向北京京劇團老熟人要票看《智取威虎山》而被婉拒的經歷，心想：趙尋，你是個有經驗的老革命幹部，怎麼那麼不識時務！

後來得知舉報此事的是趙尋在劇協工作時的部下，一起同下團泊窪幹校，一九七二年第一批被調往文化組頗受重用的某人，更為慨歎人心不古。而更令人驚詫的是：「四人幫」倒臺後，撥亂反正，這位骨幹當然免不了要「說清楚」；可重新出來工作、擔任劇協和電視劇創作領導的趙尋，竟然寬諒了曾整過自己的這位而繼續予以重用。不知是趙尋心胸寬豁不計前嫌，還是這位聰明過人，隨時審時度勢，更換投靠新主？以我幾十年相處觀察，更傾向於後者，不由讚歎此公真有辦法，實用主義運用自如。要不是陽翰笙在電視中發現認出了他（這位曾任職於田漢、陽翰笙的「中央專案組」）而向中央舉報，使田漢、陽翰笙專案組在獄中殘酷打人東窗事發，不得不予以處理，那這位還不知怎麼春風得意呢！最後對這位還是予以寬待，直到退休前後還擔任較重要的工作，只不過丟掉了黨籍，情況要比專案組其他人的下場好得多。對這位相識五十年的舊友的靈活應變能力，我只能用《沙家浜》中刁德一在《智鬥》一場中贊阿慶嫂的話對他評說：「佩服，佩服！」

那還是一九五六年春，浙江省崑蘇劇團周傳瑛、王傳淞等來京演出整理改編、推陳出新後的崑曲名劇〈十五貫〉，開始反應很冷淡，首場只賣出了五張票，其中三張還是歐陽予倩個人買的。此劇深刻的內容、精美的藝術、推陳出新的成果，尤其它那強調調查研究、實事求是，反對主觀主義、官僚主義、草菅人命的精神，具有極大的現實感染力和震撼力。周恩來總理看戲後高度評價，並於是年五月下旬在中南海紫光閣親自主持了〈十五貫〉大型座談會。周總理在會上作了長篇發言，除具體分析評價該劇外，有兩條直接聯繫現實的名言：一是以崑曲〈十五貫〉為例，沉重地說：「一齣戲救活了一個劇種」；另一是有感於當時一些幹部官僚主義作風嚴重，脫離群眾，借題發揮說，封建時代，各級衙門設有堂鼓，老百姓有冤屈，可以擊堂鼓，無論什麼時候官都要出來坐堂理事，可是今天中南海沒有堂鼓，老百姓見官難呀！要求〈十五貫〉廣泛演出，以古鑑今，推動對反官僚主義、反主觀主義、反對脫離群眾的學習宣傳。據說田漢根據周總理講話精神，當即為《人民日報》寫了社論〈從一齣戲救活了一個劇種談起〉；之後他以全國人民代表身分按照周總理指示精神，去湘、桂深入實際調研，發現戲曲藝人生活極度困難，甚而食不果腹。回來向中央報告，周總理批准：一、減免娛樂稅二年；二、撥專款五百萬元救濟貧苦戲曲藝人。這才有田漢的〈必須切實關心並改善藝人生活〉等文章。

周總理對於文藝界知名人士較為熟悉並時有關懷，一九六一年新僑飯店會議，一九六二年廣州會議，他親自講話糾「左」，關懷慰問被錯誤批判的文化人；關心梅蘭芳、周信芳、程硯秋、袁雪芬、常香玉、嚴鳳英等知名藝術家的思想、工作和生活，親自介紹程硯秋加入中國共產黨；我們這些年輕的無名之輩，也能時刻感受到他的溫暖。周總理看戲多，哪個劇場都去，碰到熟人主動握手打招呼。有幾次看戲，我們的座位離總理很近，總理招呼完熟人後，扭頭向我們：「小鬼，哪裏的？」我們回答是《戲劇報》的。他立時問：「張穎好嗎？怎麼她今天沒來？」從周總理對他當年的老部下，我們的直接領導張穎的關心，我們也感受到一種溫暖。有的同事甚而在採訪由周總理主持的會議時，有幸會後與總理同桌進餐，也是「小鬼，哪裏的？」得知是《戲劇報》的，滿面笑容，要他多吃點菜，十分關懷他部下的部下。以至於我們全體下放五七幹校，江青、于會泳等要把我們當包袱甩出去，在那困難的時候，周恩來堅決保護，不許把這批人拆散，直至全部撤回北京。

周恩來總理對國家的貢獻，對文藝工作及其從業者的關懷，實在無法言表，人人心裏都有一本帳。周總理遽然仙逝，人們悲痛無比，確實發自由衷。但是，「分辦」身受于記文化部管轄，下禁令：不許設靈堂，不許戴黑紗……老文化部大院中一片寧靜，但人們心中的悲痛是無法用強迫命令和壓制抹掉的，自發地集會悼念。

首都百萬人自發夾道哀送周恩來總理靈車時，至少我在西單的人群中，看到不少熟悉的面孔。大家只是輕輕一點頭，並不過話；而彼此的滿面淚痕，比任何言語都更能連心。

周恩來仙去，鄧小平挨批，「反擊右傾翻案風」的鑼鼓擂得震天響，但越擂越使大家心寒以至心散。

一九七六年清明前，在天安門廣場自發地展開了悼念周總理的群眾活動。上面仍是傳達：不要去天安門。大家表面沉默不語，實則暗地行動。誰去了？怎麼去的？沒有橫向聯合，大多是單獨的個

文化部幹部分配辦公室的人扛住壓力自發集會悼念周恩來

人行動。反正我去了，我見到了曙光電機廠用鐵架焊成的大花圈，看到了紀念碑前堆集如山的輓帳、花圈和小樹林中矛頭直指「四人幫」的詩詞。

「四・五」天安門鎮壓群眾事件發生後，我從我姐姐處得知當天夜裏天安門廣場、紀念碑前血流成片，調他們單位的灑水車夜以繼日沖刷血跡，以圖掩蓋真相。天安門廣場成了一片禁區，廣場上寂靜無人，人民英雄紀念碑不許接近，仍不時有噴水車灑水沖刷。天很陰沈，廣場上卻是濕漉漉的。各單位緊急傳達大抓「反革命」，進一步「深入批鄧」。我們付之一笑。不過倒是找到藉口：到虎坊橋永安路「五個革命文藝刊物」處看大字報，學習「經驗」。

十幾位都是過心的朋友從東四頭條「分辦」騎車出發，但在行車路線經不經過天安門廣場這個問題上發生點小分歧。有人主張走人大會堂西門大道，避開天安門廣場；攝影學會的尚進主張仍走天安門廣場：「只要沒禁止通行，讓人、車通過，就走，怕什麼！」大家於是從人民大會堂東門外那條路，騎車向南。「四・五」已過去了好幾天，廣場上仍是殺氣重重，紀念碑有解放軍警衛，不許接近，還有灑水車在「作業」。我實在忍不住，就把這灑水車的特殊使命悄悄告訴了尚進等人，大家更是怒不可遏。

到了永安路，見到了剛成立的五個「革命文藝刊物」的同仁們，不過，他們中的多數是剛被恩准賜予「工作」。大都謹慎小心，不敢多言多語。他們的地位，似比我們高一等，但文化部幫派體系控制嚴密，禁令森嚴，他們所受的管束要比我們多得多，所寫大字報表態聲討的居多，空泛得很。雖然，大家曾在團泊窪共度艱難歲月，但一旦地位有變，情況立時不同。對他們的難言之隱，我們理解。

「三等公民」固然能使我們暫時免除于會泳等人的直接政治控制和壓迫，擺脫「低頭做小（妾）」的尷尬受氣處境，還有一定的自由度；但又不甘心永遠做這種半失業、被人瞧不起的「拿工資的賦閒者」，渴望擺脫「三等公民」的處境。那時，沒有「下崗」一說，「失業」是「社會主義社會中所沒有的」；但有沒有工作，一定程度上，決定著人的政治和社會地位。

正是被這種矛盾心情的折磨和驅使，在臨近「文革」結束的前夕，我們又上了于會泳等人的一次大當，挨了一回狠整。要不是「四人幫」迅速垮臺，真不知會發生什麼事。

于記文化部拋出誘餌

一九七六年的六、七、八月，與一九七五年的同時期迥然有異，變祥和、開朗、充滿希望而成為《沙家浜》阿慶嫂唱詞所描述的「風聲緊，雨意濃，天昏地暗」的反常景象。「批鄧，反擊右傾翻案風」的黑旗狂舞，壓得人們抬不起頭來；繼失去周恩來總理後，一九七六年七月初，受人敬愛的朱德也「走」了；緊接著七月二十八日發生天崩地裂的唐山大地震，損失浩大。中國歷史上素來有「天象示警」一說。明崇禎年間，京東發生大地震，不久明王朝垮臺於李自成起義軍之手，崇禎帝被迫自縊於煤山；清朝康熙帝沖齡即位，輔臣鼇拜專擅弄權，恢復舊制，竟欲捕殺對明清兩朝的改革大有幫助，對中國十分友好的外國傳教士湯若望，以此向皇室施加政治壓力。康熙祖母孝莊皇太后利用京師大地震的「天象示警」說，暫時阻止了鼇拜的進攻，為後來康熙除凶親政贏得了時間。

唐山大地震後，在抗震救災中，仍然是「抗震不忘批鄧」，「以批鄧統率抗震」。「四人幫」沒有絲毫退卻之意。

我們不在職，也就不管那麼多，忙於搭簡易地震棚，安頓妻兒老小。八月中旬，突接「分辦」通知：

全體集中，參加「分配工作」前的學習班。

「分配工作」？盼望已久。先辦學習班，「弄清思想，提高階級鬥爭和路線鬥爭覺悟」，也是當時的盛行之風。故未引起大家多大的疑慮，反而十分高興。

這個「分辦」學習班，持續了幾個月，橫跨「四人幫」垮臺前後兩個時期，使一些人再次落入「四人幫」的魔爪中。這是江青、于會泳等人對文藝界的最後一次大迫害。

學習班開班那天，由文化部常務副部長張維民講話。這個來自東北盤錦地區的地委書記，上調為國家文化部的常務副部長，手中沒幾下子是不行的。他把「批鄧」與抗震、分配工作都巧妙地聯繫起來，一句話，無論幹什麼，「都要弄清路線是非」，否則「即使到了工作崗位，也會跟不上形勢，犯錯誤。」這個學習班派來一個強大的工作隊，為首的是個三十來歲的「六廠二校」的南口機車車輛廠姓梁的工人，能侃，思維清晰，思辨能力較強，據說是文化部辦公廳代理副主任，內定的中共北京市委組織部長。他總抓全局，各個小組都派有工作隊員，我們那個組是個女的，來自當時的中央戲劇學院黨委；還有剛分配到文化部的工農兵大學生。

這時的文化部幹部分配辦公室的文藝界名人已越來越少，有些人已被落實政策走上了工作崗位，如華君武、張庚、馬少波、袁文殊、吳雪等，但還留下若干，如馬彥祥、呂驥、馮牧、吳祖光、丁聰、鍾靈、鳳子等，中年的原文聯各協會的中層業務骨幹也有不少。

學習班除了讀文件、講大道理外，還有它的具體要求，那就是「追謠」、追「天安門事件」，重點是一九七五年七、八、九三個月及一九七六年四月初。誰聽了什麼「政治謠言」——主要指江青的「紅都女皇」事件以及毛澤東的對《創業》的批示後的又一次「批示」，以及誰去了天安門，抄寫了什麼「反動詩詞」，都必須如實交待清楚。「說清楚了，表明你同『錯誤路線』決裂，站在『正確路線』這邊來了，那才好安排工作」。

好厲害的招法：這是以「分配工作」為誘餌，逼你就範，不僅自己要交待，還要揭發別人。這也是當時「四人幫」直接控制的一些機關單位的慣技。

「在人屋簷下，焉敢不低頭。」何況人家採取的是「胡蘿蔔加大棒」的政策：說不說？不說，就不給你工作。

雖然每日開會，還要寫大字報「批鄧並聯繫實際」，壓力很大，但涉及「實質」問題，誰都諱莫如深，言不及義。何況，在北京大家各自散居在家，互相沒有橫向聯繫，誰去了天安門，誰聽了「謠」傳了「謠」，還真不太瞭解。

頭兩個禮拜，就在這太極拳推手式的虛與委蛇中過去了。反正學習班為期一個月，國慶前結束，怎麼也要混過這一關。工作隊很著急，大會小會個別談話施壓，大家採取軟磨戰術躲、拖、泡。雙方明爭暗鬥，心裏有數。

一九七六年九月九日毛澤東的逝世，使這個學習班突然出現了「轉機」。那就是他們利用毛澤東逝世後大家悲痛的感情，巧妙地引入學習班的主題，蠱惑人心誘導：「如果還隱瞞著什麼不說，那對得起屍骨未寒的毛主席嗎？又談何繼承毛主席的遺志呢！」

當時，毛澤東在群眾中威望極高，忠不忠於毛澤東是政治上唯一的分界線。他們這一招，果然厲害：就在設起靈堂，大家輪流為毛澤東守靈時，美協一位女士守著守著靈突然淚流滿面，嚎啕大哭。她不只是悲哀，而是感到愧對毛澤東。她立即找工作隊交待：她去過天安門，還拍了照，事後交出了膠捲。缺口終於被打開！

「『分辨』有大魚」，再抓郭小川

自美協那位女士交待了她「四・五」時去過天安門後，又有一些人做了陸續的交待，有去過天安門的，有「傳謠」的，還有傳過什麼「毛澤東第二次文藝批示」的……不過，都是只談自己，不牽連他人。例如，有人交待「聽謠信謠」，是「在廁所裏聽牆外人說的，不知是誰」，當然沒有上下線可揪可傳，就到他為止。好像交待「攻擊江青」的還沒有，而工作隊要的就是這個。大家也深知這個厲害，例如聽到已被分配到北影工作的原影協的梁彥（男），就因為傳了「攻擊江青同志的謠言」而被整得七葷八素。

由於大家的思想已被搞亂了，不知不覺地向「左」轉了，所以在討論身邊有什麼「右傾翻案風」的現象和表現時，郭小川一九七五年在團泊窪的一些表現和言論，被很多小組在討論中提了出來，認為這是「右傾翻案風」的具體表現。當然，大家只是就郭的一些表面現象和公開言論而說，郭小川就文藝問題給中央上書，寫下了戰鬥檄文式的名詩〈團泊窪的秋天〉和〈秋歌〉，並不被眾人所知。

郭小川「有問題」的各組討論彙報被集中上來，立時引起于會泳等人的注意。文化部辦公廳主任、仍身穿軍裝的侯再林，親自駕臨「分辨」學習班聽取彙報。彙報的不只是工作隊，也有部分「積極分子」。郭小川的問題被提出後，形成了一個揭發的小高潮，重點追逼的是同郭小川來往較多的人，尤其是原作協的同志。有一天，我被工作隊找去談話，問我一九七五年秋從幹校回北京後，同郭小川有哪些聯繫，去過他家沒有？

我明白，我被揭發了。我那天去永安路郭家，並沒有見到郭小川；可能是我的嘴巴不嚴，大概與人無心說過我去過郭家而泄風。我必須向工作隊說明情況。那時我「對組織要忠誠老實」的觀念還十分虔誠鞏固，工作隊既然是代表上級組織，我不該隱瞞；何況，我也盼望早日能分配較好一點的工作，別為這事影響了自己的前程。

我沒有頂住不認帳，但也沒有無中生有添油加醋地胡說。我只是說，我給郭寫過信，收到郭小川一封回信，約我去談談，我按時去了，他卻沒在家，至今也沒再見到他。我迴避了兩點：一是信中說莊則棟如何及要同我談談形勢問題；二是，他沒在家是去了胡喬木處。但是，我又犯了一個錯誤：當我被追問郭小川給我的信中還說了什麼時，我脫口而出：他托我轉一封信給我的鄰居吳雪，內容我不知道。這話一出口，我就知道失言了：這不是把已到中央戲劇學院擔任領導工作的吳雪給「出賣」了嗎？但話已出口，再也收不回來了，十分內疚後悔，只是心裏天真地想：吳雪和郭小川是老戰友，通封信很正常，但願別波及吳雪的安全。

但後來得知，我這脫口失言果然給吳雪帶來很大麻煩：文化部立即派人找吳雪，逼他交待與郭小川的關係，並交出郭小川的親筆信（也曾要我交出郭小川的信，我以「捲煙抽了沒保留」而推託開）。吳雪陷入很可能再被整的危險境地。幸而，十月六日「四人幫」被一舉翦除，形勢立變，吳雪才逃得一條生路。

當然吳雪知道是我泄了風，很長時間對我很有意見，見面不理我，甚而為此我又背上了「表現不好，投靠『四人幫』」的黑鍋，影響了後來對我的分配使用。

這件事我確有錯誤，但我是無心之過，是缺少政治鬥爭經驗的輕信之過，而不是有意害人。因此我也不服氣：「文革」十年，我一直挨擠對，怎麼到頭來我又滿身不是，成了「投靠」之人；那你們在于記文化部幹得那麼歡，又當如何呢？何況，我沒說一句假話，我又不是黨員，誰知道這裏面是怎麼回事呢！

我也賭氣，不理就不理，不重用就不重用，反正我終於得到一份工作：安排到北京京劇團創作組「掛單」。我不是搞創作的，寫劇本不是我的專長，去北京京劇團創作組，亞似遊僧至某寺廟「掛單」暫棲身得碗齋飯。在那裏，我事情不多，就此空閒，拾起了我對程硯秋和程派藝術的專題研究，後來終於出版了中國首部《程硯秋傳》，寫了若干論程的文章，還編成了程派藝術理論著作《秋聲集》。

十年後，我在《戲劇電影報》擔任負責工作。我們籌劃搞一個紀念粉碎「四人幫」十週年的專版。我親自去找張穎和吳雪約稿。找張穎就是要她談江青對美國維特克大放厥詞之事，當時張穎是主陪。詳知來龍去脈，何況她又是我剛參加工作時的老上級，於公於私她都不會拒絕。後來，她給我的文章寫得有內容，很漂亮。找吳雪，是請他談「四人幫」垮臺前夕猖狂反撲時對他的追逼和迫害，此事與我有關，我深知內情。這時吳雪已從文化部副部長的職位上卸任，搬到復興門外大街的高幹宿舍，與曹禺、馮牧、張君秋、陶鈍、侯寶林以及王光美等人為鄰。我們見了面，他感到有點突然。我開宗明義道明來意，向他誠懇地道歉，說明了當年的實際情況：我是被追逼時缺少政治經驗脫口失言而波及了他，決不是有意害人。吳雪倒底是心胸開闊的老同志，知道實情後不僅完全予以諒解，還對我說：「是我誤會了，原來其中還有緣由。我想你不是那種害人向上爬的人，怎麼會這樣呢？今天一聽，就明白了。我也向你道歉，因為我心中有氣，也曾影響了對你的工作安排和使用。過去的全讓它過去吧，你我都是受害者，咱們一切還同以前一樣。」

他爽然答應寫文章，建議乾脆由我代他執筆，說反正這件事你全清楚，用不著他再說了。我就在他家裏寫出了初稿，然後一起再推敲修改，最後吳雪愉快地在文稿上簽上自己的名字。從此，我同吳雪恢復了往日正常的關係。在一些場合見到，往往是他主動招呼我，非常熱情。雖然此事得到他的諒解，但對我卻是一個刻骨銘心永遠難忘的經驗教訓。

再回過頭說侯再林駕臨「分辨」學習班聽取彙報。各個支部、小組的代表的彙報，幾乎全集中在郭小川的「右傾翻案」上。有些事情我是根本不知道，甚至沒聽說過。如，郭小川二次被解放回到北京，立即離開文化部被調往中央組織部，除了涉及紀登奎外，據說他在離京前，曾受到包括紀登奎在內的四位中央領導人的接見。從描述特徵估計，大概有李先念、陳錫聯，甚至還有華國鋒——說個子高高的，胖胖的，年紀不算太大，寸長的短髮，這不是明指當時中國的最高領導人華國鋒嗎；雖然一九七五年秋天，華國鋒僅是中共中央政治局委員、國務院副總理，還沒有進入此刻的黨政軍頭把手的地位。

這就很複雜了。紀登奎與郭小川是老戰友，建國初期，郭小川任中共中央中南局宣傳部文藝處長，紀登奎是中共河南省許昌地委宣傳部長，不僅相熟，而且還有間接的上下級關係。紀登奎一九七五年時任中共中央政治局委員，又分管中央組織部，把二次解放的郭小川從文化部調往中央組織部，又派往他的老根據地河南去「深入生活」，暫時躲開江青、于會泳一夥人的魔掌控制，以至單獨接見郭小川，這都是正常和可能的——我這樣分析認為。如果牽扯到華國鋒、李先念等人共同接見郭小川，那就不是一般的問題了。

這件事是誰揭發的？究竟有沒有，是真是假？都不清楚。反正，這件事在「四人幫」倒臺後，大家向于記文化部及其派出的工作隊反擊時，被公開詳細捅了出來。而且還揭發出，于會泳、張維民、浩亮、劉慶棠等人，在禮士胡同那個他們御用的豪華宅邸中聽了侯再林對「分辦」情況的彙報，情緒興奮到極點，公然叫囂：「『分辦』有大魚，繼續抓下去！」這大魚何指？通過抓郭小川，是不是把矛頭指向與他們不是一夥的其他中央領導人？成為「四人幫」發動政變、篡黨奪權的一個組成部分？雖不得其詳，卻覺得完全有這種可能。

自從侯再林來「分辦」聽取彙報，作出「為了繼承毛澤東的遺志，一定要深入批鄧，把『分辦』的運動進行到底，不獲全勝，絕不收兵！」的「指示」後，「分辦」的羅網越收越緊。鍾靈，被突然宣布「隔離審查」，什麼原因不太清楚。據說是與郭小川以及「攻擊江青」有關係。吳雪，也是在這時候受到追查。據說，還要對一些人採取「革命行動」。

有些人當時處境極為困難，其中包括現已故去的作家馮牧。眾所周知，他和郭小川很為莫逆，但馮牧有政治鬥爭經驗，面對強大的政治壓力，他閃轉騰挪，避重就輕地應付工作隊對他的追逼，既保護了郭小川也保護了自己。相形下，今已故世的鍾靈過於爽直口沒遮攔，就讓人抓住了小辮子！

一九七六年的國慶日，由於悼念毛澤東逝世，宣布全國取消休假，進一步「繼續深入批鄧」把無產階級專政下繼續革命的偉大事業進行到底，「分辦」當然更要繼續搞「革命」。于記文化部很狡猾，在國慶日這兩天，把伙食搞得極好，一再表示：「經過深入批鄧，表明『分辦』的同志是好的，是革命的，是我們可信任的忠實戰友。只有分清路線是非，我們才能無分彼此地走在毛主席的無產階級革命路線上，真正繼承好毛主席的革命遺志，把無產階級文化大革命進行到底。但是『分辦』的革命任務還很繁重，萬不可鬆勁而掉以輕心！」

他們說到做到，在「四人幫」猖狂一跳的最後幾天裏，幾百人的「文化部幹部分配辦公室」，表面上還是開會、學習、討論、揭發、批判，實際上于記文化部正在醞釀一場大捕殺的陰謀。因為，「分辦」有大魚！這「大魚」難道僅僅是郭小川一個人嗎？何況，郭小川不在文化部的管轄範圍內，鞭長莫及，那就要在他們自己的勢力範圍內，再抓出幾條「大魚」，「分辦」可能還有！「分辦」的幾百人成為他們組上之肉，聽任宰割！

在這種緊逼肅殺空氣下，一些人精神高度緊張，像年邁的鳳子女士被逼得發了心臟病昏倒了。然而，這種緊張地追逼、迫害並沒有持續多久，十月六日「四人幫」被收拾了，形勢發生了大逆轉，「分辦」的幾百人才絕處逢生！

有壓迫就有反抗，「分辨」人在怒吼

誰也沒想到「四人幫」垮臺那麼快。

十月六日後，突然感到工作隊蔫了，逼得不那麼緊了，布置的僅是學習討論中共中央政治局關於出版《毛澤東選集》第五卷和建立毛澤東紀念堂的決議，愛怎麼討論就怎麼討論，不管不問，也不再聽彙報。負責分管我們那個組的從中央戲劇學院黨委來的女士，也無精打彩，後來乾脆稱病不露面了。

「四人幫」垮臺的消息，逐漸從多種渠道在民間流傳開來，當然也傳到了「分辨」。我們從懷疑到驚喜，繼而轉向憤怒。因為，我們受到最後的殘酷迫害，如果不是四凶迅速被翦除，「分辨」說不定還會發生什麼事，被關押的又何止是鍾靈一個！不知還會有多少人遭殃！

受壓迫被迫害的憤怒和屈辱，立時爆發成熊熊烈火，轉而燒向製造這一事件的于記文化部及其派出的工作隊。

在大家的強烈要求下，受「隔離審查」的鍾靈被釋放了。雖只短短十來天，鍾靈好像變了樣，有些呆訥；但他那不屈不懼的精神很快恢復如初，得知「四人幫」已垮臺被捉，立時把怒火轉向殘酷迫害他的于記文化部及其骨幹爪牙們。

大家迫切希望有個大的舉動，抒表自己擁護中央英明決定、歡慶二次解放的歡樂心情。可是北京市的三天慶祝大遊行，卻推遲了半個多月直到十月下旬才舉行。對這推遲了的歡慶活動，群眾心裏有所不滿，但還是滿腔熱情地投入。

「分辨」隸屬于記文化部，遊行也要參加到文化部的總隊伍中。我們趕製了「文化部幹部分配辦公室」的橫幅和各種態度鮮明的標語牌，措辭比較強烈尖銳，這是我們心情的真實寫照

我們需要到沙灘與文化部的隊伍會合。他們大隊人馬等在那裏。說實話：論年齡，「分辨」的平均要大於文化部的人；論精神面貌，不誇張地說，雙方大有差異。「分辨」這邊意氣風發，滿腔興奮難以抑制；文化部準備參加遊行的現職人員中，有不少人無精打彩，勉強得很。這不奇怪，因為雙方處境有天壤之別，一方是壓在頭上的大石頭被搬走了，心裏由衷地高興；另一方是後臺垮了，自己今後怎麼辦，甚至能不能保住職位待遇，心中沒譜，難免憂心忡忡而高興不起來。

劫後鍾靈（鍾靈生前贈與本書作者）

文化部物質條件好，製作了很多塊三合板的標語牌，很客氣地拿過一些來給「分辨」。但是一看牌子上的標語口號，我們氣壞了，因為還是老一套：「繼續深入批鄧」，「把無產階級文化大革命進行到底」之類。當時中央雖然尚未公開糾正「批鄧」，但「批鄧」是錯誤的不得人心的，必須糾正，這已成人們的共識，可文化部方面還要「批鄧」，還在逆潮流而動。

已被放出的鍾靈，參加了這次遊行。當把「批鄧」的標語牌遞給「分辨」的人讓我們扛著時，我們的怒氣實在遏制不住了，把「批鄧」的標語牌立時摔在了街頭，有人憤慨地說：「還讓我們『批鄧』，再『批鄧』我們就沒命了！」文化部機關的人面面相覷，不敢言聲。這要擱在過去，哼，這是「犯上作亂」，能有我們的好果子吃！唉，時代變了，後臺垮了，沒轍呀！摔牌子的人中，好像就有鍾靈。

喬木呂驥相擁抱，天安門前慶新生

文化部的遊行隊伍出發了，經東華門直奔天安門。「分辦」的隊伍排在文化部各司局的後面。但精氣神要大大強於前面的嫡系正牌。

在文化部各部門的隊伍中，我們見到了不少團泊窪的熟人，如馬少波、羅揚及一批中青年同志，彼此分開多則三年有餘，短的還不到一年，他們在文化部系統，是幹活的，不是嫡系掌權的；當然他們的心態與那些「嫡系」也不同，顯得沒什麼大負擔，他們很熱情，也一掃昔日不敢接觸的顧慮，主動過來握手招呼。

「分辦」的隊伍，人雖不算多，檔次可夠高的，六十開外的大音樂家呂驥身在隊中，另外還有電影理論家許南明、程季華、邵牧君、周傳基、鄭雪萊等，曲藝研究家馮不異、丁素，戲劇家吳祖光、李欽、徐明、湯茀之等。有些年邁或多病的名家如馬彥祥、馮牧、戴不凡等，被勸阻沒有參加遊行。

這裏需說說呂驥。他是位有名的資格很老的音樂家，威望很高，建國後一直擔任中國音樂家協會主席之職，副部級。他住在老文化部大院中的東六樓一層，與原文化部副部長，後接替陽翰笙任

歡慶大遊行

中國文聯負責人，「文革」中挨整雖不算太嚴重卻因心臟病猝發而逝世的劉芝明，分住一層樓的東西各半邊，他們都是上世紀三十年代的左翼文藝人。東六樓的二三層是中國文聯和音協、曲協、舞協的辦公室。一九五六年，中國文聯和各協會遷入王府大街的新樓，原文化部大院中的各座樓成了宿舍。呂驥、劉芝明的住所沒有變化，他們的樓上卻住了文聯各協會的工作人員。一九五九年至一九六〇年，我曾住在呂驥臥室的上層。有一次夜裏我趕寫一篇稿子，寫得不順手，時寫時輟，來回在室內踱步，弄出不少響聲。次晨，呂驥同志滿面笑容地乘專車上班，見到我仍照往常一樣含笑點點頭；可呂驥的夫人後來找到我：「你昨天晚上幹什麼來著？吵得呂驥同志一夜沒睡著。」我大吃一驚，因為此前我一直住平房，不知道樓房上層的聲響會影響下層，遂連忙道歉，以後就注意了。後來我遷往東五樓一層，這是座二層樓，在夜間常聽到樓上好像有拉動傢俱、亞似保齡球滾動的聲音，使我這睡不好覺的人常被驚醒而難以再入睡。由此，我體會到我給呂驥造成的噪音傷害。呂驥是個很沉穩很有修養的文藝名家，無論在團泊窪幹校，還是在「分辦」，他從不多言多語，與郭小川的熱情奔放迥然不同。呂驥這樣級別的高級幹部，渠道、朋友很多，「四人幫」垮臺的消息他可能知道的要比我們早一些。也就是在十月上旬的後幾天，他閉門不出，不接待客人，不與任何人來往——他屬於同馬彥祥、王子野一樣，是「養」起來的高幹，可以不參加「分辦」的「學習班」；就是馮牧，也因為身體有病，帶有一定「養起來」性質，不過因他還未及六旬，「學習班」還是要參加的，只不過是半天，下午回家休息；還有一些老同志，如鳳子等，因壓力巨大的「學習班」，而猝發心臟病暈倒，文化部方面也不好逼得太緊，萬一出了事不好辦，不得不讓她休息幾天，後來也是上午來下午不來。呂驥這麼做，顯然是封鎖口風：「四人幫」剛倒臺，他們的黨羽、爪牙還在，都在掌著權，鬥爭形勢很複雜，他以閉門謝客來求一定的安全保護。待局勢明朗後，年逾花甲的他毅然出現在「分辦」的遊行隊伍中，手揮小旗，高呼口號，神態興奮，怡然自得。
天安門廣場紅旗如海，人群如潮。那時候，動輒就遊行歡慶，群眾大場面很多，但哪次也沒有這次歡慶打倒「四人幫」這樣如火如荼，群眾的歡樂發自內心，持續三天，每天上街人數逾百萬，沒有一點疲態。
文化部的隊伍，是從沙灘經東華門南河沿（今皇城根遺址公園）出來往西拐，經過天安門，再從府右街北拐返回沙灘。當隊伍行進到過了中山公園將近南長街時，只見從南長街的北面走出一支小小的十幾人的隊伍，右拐向天安門行進。這支隊伍很引人注意，一是人少，二是人老，三是沒什麼標語牌、漫畫牌之類，只是人人手中有個小紙旗，不過，卻有一個極引人注意的不大的橫幅：「國務院政策研究室」。這是鄧小平力主整頓時建立起的一個重要的秀才班子，也可算是小平同志的高級幕僚智囊團，主持其事的是胡喬木，成員都是理論、宣傳、文化各方面的一時之選，多是部級幹部，當然都是與「四人幫」沒有任何瓜葛的。
一九七五年，國務院政策研究室協助鄧小平以及胡耀邦、萬里、趙紫陽等做了不少工作，因而也被「四人幫」恨之入骨。「批鄧、反擊右傾翻案風」甚囂塵上時，以胡喬木為首的國務院政策研究室的日子非常不好過，也是挨整受壓，情況和「分辦」類似，只不過整他們壓他們的是更高一層的。所以，當我們與這支十幾人的隊伍相遇時，由於兩方面不少人是相識的，先是揮動手中小旗相互致意，繼而呂驥離開了遊行隊伍，那邊的胡喬木也出來了，二人先是握手，繼而緊緊地擁抱，眼眶中閃爍著淚花！
「分辦」和政策研究室兩支遊行隊伍不由都停了步，大家鼓掌歡呼，互相招手示意。喬木與呂驥相互擁抱了好幾分鐘才分開，再握手再問候，然後才依依不捨地回到各自隊伍中。
中國有句名言：「心有靈犀一點通。」國務院政策研究室和文化部幹部分配辦公室，隸屬不同的領導系統，平日沒有工作上的聯繫。當然不排除文藝界個別名家與胡喬木和政研室其他人有私下聯繫，如郭小川就是一例。由於兩個單位的處境、遭遇及成員的心情太相近了，彼此都十分理解。故喬木與呂驥的街頭擁抱，可以說代表了兩個單位數百人以及中國大多數文化人、知識分子的心聲和感情：我們都是虎口餘生，重獲解放呀！

在「分辨」與政研室的兩支隊伍停步的短短時間，走在我們前面的文化部各司局的遊行隊伍繼續前進，他們中有的人回頭看著發生的場景，不知心中作何感耳？

這裏需要一點說明：胡喬木在之後的改革開放中，身負要任，卻又回到左傾的老路上去，做了很多錯事，起了很不好的作用：他是整胡耀邦、趙紫陽的策劃者兼理論打手，反「精神污染、自由化」時，他迫害已改正錯誤回到正確道路的周揚，親自動手把劉賓雁開除出黨、強迫吳祖光退黨，以致在思想理論界和社會上，不光彩地得到「左王」的綽號，實令人遺憾。而其子在「官二代」的橫行不法中犯了罪，他又四處求情，十分差勁可恥。但在一九七五、七六年「四人幫」肆虐期間，他與之鬥爭，還是應予以肯定，包括在南長街口他與呂驥真情流露的擁抱。

于、浩、劉註定垮臺，郭小川不該殞命

文化部在中央各部委中，是「四人幫」直接控制最嚴的單位，程度要甚於國家体委、人民日報、新華社。文化部的頭頭、骨幹都是「四人幫」的幫派體系中的重要人物。所以，十月六日中央一舉粉碎「四人幫」後，文化部的問題立即提上中央的工作日程，馬上採取措施，派華山、石敬野、黨向民到文化部宣布中央決定：于會泳、浩亮（錢浩樑）、劉慶棠和張維民隔離審查；文化部的工作由華、石、黨三位組成的領導小組全面負責，華山任組長。

華山來自解放軍，不是那位以報告文學著稱的作家華山。石敬野可是出身於團泊窪幹校。一九七二年秋，他第一批被選調到出版口，分配到新華書店北京發行所工作。這顯然不太適合這位長期做宣傳工作、「文革」前畢業於中共中央黨校文藝理論研修班、到劇協後還分管過一段《戲劇報》工作的領導幹部。後來他輾轉到了北京市文化局擔任領導工作。老石人很好，也很穩，在五七幹校時是我們的二排長，公認的「建築大師」。他怎麼一下被提拔到文化部的二把手呢？原來一九四九年南下時，他到了湖南，同華國鋒一起工作，曾接任華國鋒的中共湘潭縣委書記，華調任中共湘潭地委書記後，又把石敬野要去當地委宣傳部長。一九五九年，老石從地委宣傳部長任上入中央黨校學習，一學就是五年，才與華國鋒分開。華在湖南由地委書記而省委書記，頗得毛澤東賞識，調到中央委以重任，毛澤東逝世後，華一下成為集黨、政、軍大權於一身的中共中央主席。石敬野與華國鋒有十年的共事關係，此時老華想起老石，把這個文化部出來的又熟悉情況的人，放回文化部，當是題中應有之義，而且是「救場如救火」。那位黨向民據說來自中央黨校或是中央組織部。

沒幾天，又來了賀敬之參加新的領導小組。一九六九年，賀敬之被《人民日報》調回去，沒有像郭小川那樣一起下文化部五七幹校。但《人民日報》是「四人幫」控制很嚴的「兩報一刊」，賀敬之在那裏也「不得煙抽」，挨批挨整少不了，還被弄到首鋼去長期「深入生活，學習改造」，情況並不比我們好多少，遠不如與他同時被調回外交部的張穎。

文化部新的領導小組中，有兩個是來自劇協的熟人，我們當然高興。他們主要抓運動，清查于會泳、張維民、浩亮、劉慶棠及其骨幹、爪牙的問題和罪行。發生在「分辦」的「四人幫」垮臺前夕的最後猖狂一跳，大規模公開地迫害原文化部和文聯各協會的同志，當為最新之案。在華、石、黨、賀領導下，我們對以那位梁師傅為首的工作隊進行了反擊，逼問他們如何接受指示，如何策劃，如何行動，連張維民、侯再林也被拉到「分辨」回答。

他們可是老經驗、老油條，說起自己的問題來，吞吞吐吐，避重就輕，能推就推，能賴就賴，不過還是暴露出一個罪惡的未及全面實現的計劃：以揭發郭小川為中心，全面整治我們這批人，至於分配工作，不過是釣餌；于、浩、劉狂喊分辨有大魚，我們這才曉得他們整「分辨」的人，大抓郭小川，是一個矛頭向上的大陰謀！

一個多月的「分辨」學習班，隨著「四人幫」垮臺、文化部的新生而宣布結束，我們十分慶幸。不過我們也不禁在想：如果「四人幫」再晚幾天垮臺，從全國到小小的「分辨」，情況會迅速惡化到何種程度，實難估計，大概我們這些文人會再次成為犧牲品！

由此，又想到這個被當「大魚」來釣，還未及出水的郭小川，認為他應該出山了。論其能力、影響比文化部四位新領導要強，他應立即從河南回京，出來工作，擔負重要職務。據說有人還向文化部領導小組以至黨中央寫信建言。

可就在十月下旬，傳來了郭小川非正常地死於河南的消息。大家一愣，甚而推論這可能是「四人幫」的殘渣餘孽下了毒手，因為已經傳出于、張、浩、劉指派穿軍裝的專案人員（文化部內有軍人）去河南搜找過郭小川。

後來弄清的大概情況是：郭小川一九七五年冬離京後，就到有名的紅旗渠所在地河南林縣「深入生活」，實則可能是躲避「四人幫」及其爪牙的直接迫害。之所以選擇河南，表面上是中央組織部的指派，實則可能是紀登奎等人，包括王震將軍的保護，去河南就是明證。建國後，紀登奎一直在河南工作，從河南省委書記任上調到中央，河南還是他說了算的，保護藏起一個郭小川，不算什麼太困難的事，何況有中央組織部的正式安排。

郭小川孤身一人在河南生活將近一年，雖是自由身卻不能公開拋頭露面，與朋友大多失去聯繫。不過，他在那裏寫了不少詩作。「四人幫」垮臺的消息，傳到河南林縣的郭小川處當然要晚一點。他奉命立即動身回京。他在安陽中轉時，住招待所高幹單間，吃了安眠藥還躺在床上吸煙，不想旅途奔波疲勞，使他朦朧睡去，手中未熄的香煙掉在床上引燃了褥子，把泡沫塑料床墊燒了一片。但未成火災，被服務員及時撲滅。可是泡沫塑料燃燒時，不僅使郭的身體大面積燒傷，還因釋放出的有毒氣體，使郭小川窒息死亡。

一代英豪、詩界翹楚、人品詩品皆為上乘且錚錚鐵骨九死無悔的郭小川，就這樣不應該地死在了河南。二〇〇〇年，曾在安陽公安系統工作過並親自辦理此案的一位老同志在《大河報》上寫文章詳述了歷史上的此事。當時消息被證實後，大家不禁垂首歎息。甚而還有傳言：郭小川已被內定為主管文藝的中宣部副部長。如果郭小川不死，真的擔任了此職，那文藝工作的狀況後來不致於如此。

郭小川終究還是死了。人死不能復生，那就籌辦他的追悼會吧。由於郭小川已調到中央組織部，主辦權在人家那裏，「分辨」插不上手，幫不上忙。不過，「分辨」的許多人都參加了郭小川同志的追悼會，文藝界的名人張光年、馮牧、嚴文井等劫後餘生的郭的老戰友都來了。

悼詞是由當時中組部副部長、一個坐火箭上來的二七機車車輛廠姓高的女工念的。她念得結結巴巴，一點感情也沒有。也難為了她，她哪知道郭小川是誰？他的鬥爭經歷和死又是怎麼回事？別人寫稿她來念，例行公事，合乎規格，無可非議。中國什麼事都講規格，規格往往淹沒了實際。讓一個粗通文字的女工宣讀對一個大詩人、堅貞不屈的革命文藝戰士的悼詞，本身就是一個笑話。這位女副部長架子派頭還蠻大，當然不久也就下臺了，同吳桂賢等人一樣，回到她該去的地方了。

這個不正常、反差極大的郭小川追悼會，當時就使我們反感，至今這種感情及印象仍縈繞於心。

後記

一九七六年十月，大地春回，國家新生。文壇的各路人馬及全國各行各業的英秀之士的落難，也告一段落。

中國傳統文化是講劫數的。「文革」動亂，是中國歷史長河中的一劫。在劫難中，有丟掉性命被「屍解」的；大多數還是歷經磨難，闖過險關，而劫後餘生，再振雄姿，否極泰來。這也是一條歷史規律。以此觀點回顧認識之，就會心平氣和而不致猜三想四，心有不安了。

燈市口那座文聯大樓中的一些文藝界有代表性的諸多文人中，頭一個被「屍解」的是老舍，接下來是田漢、陳笑雨、楊朔、邵荃麟、侯金鏡、孟超、陶君起以及年輕的朱學逵和許樹娥。文藝界諸多文人、藝術家中被「屍解」的多不勝舉，難以一一列名。

劫後餘生，更當奮起。「文革」前文聯各協會的人，老一輩名家且不言，中年的不少成了術業有成的專家學者，如電影界的邵牧軍、周傳基，文學界的唐因、唐達成（二唐曾是「右派」，一九七八年後才「改正」復出回到作協），美術界的畢克官，舞蹈界的王克芬等等；青年的也大多成為各方面的負責人，學術專業上很有成就，如劉錫誠、謝永旺、閻綱、吳泰昌、繆印堂、吳步乃等。掛一漏萬，舉不勝舉。在我們之後，大批文藝才俊如雨後春筍般湧現。

事情已經過去四十多年，許多歷經磨難否極泰來的老一輩文人名家，已陸續撒手人寰，我們當初的年輕人，也已年逾古稀、耄耋上下了。把這些往事如實記錄下來，既可告慰先行者，可也溫故知新汲取教訓。不說不記聽任其湮沒，不是對歷史負責的態度。

老來愛憶舊，種種往事，常縈繞腦中，驅之難去；尤其見當年身歷其境者，已陸續駕鶴西行，更產生把這段難得的經歷、見聞寫下來，留一歷史見證汲取教訓的念頭。如果再不寫下來，這些歷史材料也就隨著人去史失。那是十分可惜的。

這就是拙作的成書之因。

這段歷史雖已成過去，春色又重現於人間，但不應忘記或根本不知曉。年輕人也應該通曉略知，小到積累歷史知識，大到避免受欺騙重蹈覆轍、悲劇再度發生，都是必要的。

季羨林、張光年二老以日記形式披露了當年蹲牛棚、下五七幹校的種種倒行逆施，成書出版，目的是以儆後世，千萬不要「七八年再來一次」，更不能以現實中還有很多不盡人意之處，反過來又追憶肯定已經逝去的大批大鬥的文革動亂。歷史的災難和經驗教訓只能汲取反思，促使其不斷改革前進，使社會進步發展得逐步臻於美好；倒退復辟是絕對沒有出路的。

我在才、學、識上，難望季、張二老之項背，但拙作保證一點：真實，如實記錄，不加妄言，讓事實說話，供人們品思。

本書開始寫作於一九九四年，係應香港《大成》雜誌主編沈葦窗先生之約，寫成萬字一節共十節的十萬字連載，從一九九五年六月在《大成》上刊登，據說反映還可以，人們尚愛瞧：至少知道大陸的「文革」具體是怎麼回事。但剛刊出四節，沈先生不幸猝逝，《大成》停刊，不僅拙作連載中斷，剩餘的六節原稿及所有圖片全部迷失，而我又沒有留下底稿。一九九七年春，再從頭另寫。書稿完成後，卻十餘載未能面世。幾家出版社對拙著很感興趣，但限於客觀環境的制約：「文革」題材屬於禁區，都面有難色。一家出版社鼓起勇氣決定正式把拙著出版，按規定要向有關主管部門申報送審，期間沒道理的刁難不少，我儘量委曲求全適應其要求，刪改了某些內容，最後還是以「全篇涉及『文革』內容，不宜安排」而予以封殺。看來世上文過飾非、不願正視已發生過的歷史錯誤的，還大有人在。這只能使我仰天長歎、徒喚奈何。

若這部只是紀實而不深論、還不斷說些好話的拙作，有一天得見天日，我且引一句戲詞：「我當謝天地。」並向曾關注過拙作、卻沒能早日看到對自己經歷的具體描繪，而時間不等人地駕鶴先行的文人前輩們抱拳道歉了。

這也算「跋文」或「後記」吧。

胡金兆

一九九五年春完成十節連載稿
一九九八年夏整理寫成全書稿
二〇一一年底做最後修訂

讀歷史13　史地傳記類　PC0252

文人落難記

——田漢、孟超、陶君起、張君秋、郭小川的文革遭遇

作　　者 / 胡金兆
主　　編 / 蔡登山
責任編輯 / 陳佳怡
圖文排版 / 郭雅雯
封面設計 / 陳佩蓉

發 行 人 / 宋政坤
法律顧問 / 毛國樑　律師
出版發行 / 秀威資訊科技股份有限公司
114台北市內湖區瑞光路76巷65號1樓
電話：+886-2-2796-3638　傳真：+886-2-2796-1377
http://www.showwe.com.tw
劃撥帳號 / 19563868　戶名：秀威資訊科技股份有限公司
讀者服務信箱：service@showwe.com.tw
展售門市 / 國家書店（松江門市）
104台北市中山區松江路209號1樓
電話：+886-2-2518-0207　傳真：+886-2-2518-0778
網路訂購 / 秀威網路書店：http://www.bodbooks.com.tw
國家網路書店：http://www.govbooks.com.tw

2013年2月BOD一版
定價：430元

國家圖書館出版品預行編目

文人落難記：田漢、孟超、陶君起、張君秋、郭小川的文革遭遇 / 胡金兆著. -- 一版. -- 臺北市：秀威資訊科技, 2013.02
面； 公分. -- (史地傳記類)
BOD版
ISBN 978-986-326-002-8(平裝)

1. 文化大革命 2. 文集

628.75 101019448

讀者回函卡

感謝您購買本書，為提升服務品質，請填妥以下資料，將讀者回函卡直接寄回或傳真本公司，收到您的寶貴意見後，我們會收藏記錄及檢討，謝謝！如您需要了解本公司最新出版書目、購書優惠或企劃活動，歡迎您上網查詢或下載相關資料：http:// www.showwe.com.tw

您購買的書名：＿＿＿＿＿＿＿＿＿＿＿＿＿＿＿＿＿＿＿＿

出生日期：＿＿＿＿年＿＿＿＿月＿＿＿＿日

學歷：□高中（含）以下　□大專　□研究所（含）以上

職業：□製造業　□金融業　□資訊業　□軍警　□傳播業　□自由業

□服務業　□公務員　□教職　□學生　□家管　□其它＿＿＿

購書地點：□網路書店　□實體書店　□書展　□郵購　□贈閱　□其他

您從何得知本書的消息？

□網路書店　□實體書店　□網路搜尋　□電子報　□書訊　□雜誌

□傳播媒體　□親友推薦　□網站推薦　□部落格　□其他＿＿＿＿＿

您對本書的評價：（請填代號　1.非常滿意　2.滿意　3.尚可　4.再改進）

封面設計＿＿＿　版面編排＿＿＿　內容＿＿＿　文／譯筆＿＿＿　價格＿＿＿

讀完書後您覺得：

□很有收穫　□有收穫　□收穫不多　□沒收穫

對我們的建議：＿＿＿＿＿＿＿＿＿＿＿＿＿＿＿＿＿＿＿＿

請貼
郵票

11466
台北市內湖區瑞光路 76 巷 65 號 1 樓
秀威資訊科技股份有限公司 收
BOD 數位出版事業部

....
（請沿線對折寄回，謝謝！）

姓　名：________________ 年齡：________ 性別：□女　□男

郵遞區號：□□□□□

地　址：____

聯絡電話：(日) ________________ (夜) ________________

E-mail：____